"中国金融体制改革中民间借贷规范化研究：
以债权人利益保护为视角"的成果（项目编号：12YJC820014）

吉林财经大学法学院地方法治与区域经济发展研究中心

中国金融市场化改革中民间借贷规范化研究
——以债权人利益保护为视角

仇晓光 ◎ 著

中国社会科学出版社

图书在版编目（CIP）数据

中国金融市场化改革中民间借贷规范化研究：以债权人利益保护为视角/仇晓光著．—北京：中国社会科学出版社，2017.5
ISBN 978 - 7 - 5203 - 0031 - 5

Ⅰ.①中… Ⅱ.①仇… Ⅲ.①民间借贷—规范化—研究—中国 Ⅳ.①F832.479 - 65

中国版本图书馆 CIP 数据核字（2017）第 052843 号

出 版 人	赵剑英
责任编辑	张　林
特约编辑	闫纪琳钺
责任校对	高建春
责任印制	戴　宽

出　　版	中国社会科学出版社
社　　址	北京鼓楼西大街甲 158 号
邮　　编	100720
网　　址	http://www.csspw.cn
发 行 部	010 - 84083685
门 市 部	010 - 84029450
经　　销	新华书店及其他书店
印　　刷	北京明恒达印务有限公司
装　　订	廊坊市广阳区广增装订厂
版　　次	2017 年 5 月第 1 版
印　　次	2017 年 5 月第 1 次印刷
开　　本	710×1000　1/16
印　　张	17.75
插　　页	2
字　　数	273 千字
定　　价	78.00 元

凡购买中国社会科学出版社图书，如有质量问题请与本社营销中心联系调换
电话：010 - 84083683
版权所有　侵权必究

目 录

前 言 ……………………………………………………………… (1)
  第一节　信用：民间借贷法制化语境下的诠释 ……………… (1)
    一　民间借贷信用危局 …………………………………… (2)
    二　民间借贷信用的法律解读 …………………………… (5)
    三　传统信用体系与现代信用体系的联结 ……………… (8)
    四　金融体制变革中民间借贷信用体系法律建设的
       初步构想 ……………………………………………… (10)
  第二节　研究综述、目标和方法 ……………………………… (14)
    一　研究问题与意义 ……………………………………… (14)
    二　研究现状 ……………………………………………… (15)
    三　研究架构和内容 ……………………………………… (16)

第一章　民间借贷的界定与风险成因 …………………………… (20)
  第一节　民间借贷的法律界定 ………………………………… (20)
    一　民间借贷与正规金融 ………………………………… (20)
    二　民间借贷与非正规金融 ……………………………… (23)
    三　民间借贷与金融体制改革 …………………………… (24)
  第二节　民间借贷风险类别和生成 …………………………… (25)
    一　民间借贷风险的类别 ………………………………… (26)
    二　民间借贷风险的成因 ………………………………… (28)

第二章　金融变革和民间借贷治理规则生成的理论基础 …………… (31)

第一节　民间借贷规则与契约理论 …………………………………… (31)

一　民间借贷规则的历史溯源 ………………………………… (32)

二　规则、制度、秩序的异同 ………………………………… (34)

三　规则群中元规则及其功能 ………………………………… (36)

四　民间借贷元规则 …………………………………………… (37)

五　民间借贷元规则的体系和金融信用 ……………………… (37)

六　非正规金融机构中的契约理论 …………………………… (38)

七　非正规金融契约履行中传统自我风险防控的对策 ……… (48)

第二节　民间借贷法律规范与激励理论 ……………………………… (58)

一　理论缘起：金融业垄断面临的挑战 ……………………… (59)

二　理论需求：民间借贷市场开放的需要 …………………… (62)

三　民间借贷法律规范激励功能理论剖析 …………………… (64)

四　实践：金融综合改革实验区模式中的民间
借贷立法探讨 ……………………………………………… (73)

第三章　金融创新和民间借贷市场外部治理机制缺失及对策 ……… (81)

第一节　外部问题一：大数据格局下互联网金融借贷
风险监管 ……………………………………………………… (81)

一　互联网金融借贷中网络民意监管与规范 ………………… (81)

二　大数据格局下新型网络小额信贷的监管 ………………… (91)

第二节　外部问题二：借贷市场中金融消费者权益的保护 ………… (101)

一　民间借贷市场金融消费者法律服务机制的反思与
路径选择 …………………………………………………… (101)

二　民间借贷市场中金融消费者权益的法律保护 …………… (111)

第四章　金融创新和民间借贷市场内部中介机构问题及对策 ……… (121)

第一节　民间借贷中介机构的问题 …………………………………… (121)

一　民间借贷中介机构潜在的风险 …………………………… (121)

二　民间借贷中介机构的商业伦理问题 …………………（123）
　　三　民间借贷中介机构的契约性责任规制 ………………（134）
第二节　民间借贷中介机构相关制度完善 ……………………（145）
　　一　民间借贷"看门人"机制风险与防控 ………………（145）
　　二　民间借贷中介机构的风险与法律规制 ………………（156）
　　三　借贷市场乱局中企业联保风险及应对措施 …………（170）

第五章　金融风险和民间借贷市场风险防控措施 ……………（181）
第一节　系统性金融风险监管 …………………………………（181）
　　一　系统性金融风险下私募股权基金管理人的监管 ……（181）
　　二　民间系统性重要金融机构的监管框架 ………………（193）
第二节　民间借贷中权益人利益风险与监管 …………………（197）
　　一　民间借贷中权益人分类及域外经验 …………………（197）
　　二　权益人利益风险与监管：以高利贷为例 ……………（204）
第三节　民间借贷资本流动风险与监管 ………………………（216）
　　一　民间资本在并购领域中的法律监管 …………………（216）
　　二　民间借贷机构退出机制中的法律监管 ………………（224）
第四节　借贷高需求现象的反思：农村金融现实困境 ………（236）
　　一　我国农村融资困境及对策 ……………………………（236）
　　二　微型金融服务"三农"的作用和模式 ………………（242）

第六章　民间借贷法律监管制度框架设计 ……………………（249）
第一节　民间借贷立法变革 ……………………………………（249）
　　一　民间借贷经济 …………………………………………（249）
　　二　民间借贷金融机构 ……………………………………（253）
　　三　民间借贷金融行业立法 ………………………………（256）
第二节　民间借贷行业监管的框架设计与机制建设 …………（258）
　　一　民间借贷机构形式与业务模式的法定化 ……………（258）
　　二　借贷业务与人员的规范化监管 ………………………（260）

三　借贷机构运作的规范化 …………………………………（261）
　　四　隐性风险的法律防控 …………………………………（262）

第七章　结论 ……………………………………………………（265）

参考文献 …………………………………………………………（268）

前　言

信用是民间借贷市场法制化的根基。金融信用，是提供贷款和产生债务的基础。在许多场合，金融信用也可以指借债方偿还债务的信誉和能力。[①] 民间借贷信用绝非从狭义角度来审视，更应是一个广义的研究问题。正如公司信用是一种综合性的现象，是一种"信用束"、"规则群"，民间借贷信用绝非仅仅指金融借贷机构的资本或金融资产，其内涵是借贷市场内部的金融机构、高管的信用，更包含着借贷市场外部网络借贷信用、借贷权益者信用等。[②] 唯有从广义的视角来考察，才能真实的建设借贷市场信用体系，真正地完善民间借贷市场法制化建设。

第一节　信用：民间借贷法制化语境下的诠释

民间借贷法制化一定程度上就是民间借贷信用的重塑。民间借贷信用，包含内涵的信用及外延的信用，内涵信用是指金融机构的金融资产和权益、高管人员及职工所附有的信用要素；外延信用是指金融机构所处的民间借贷市场中的金融交易环境、金融法治环境、金融政策环境以及实体经济和虚拟经济的成熟度。内涵信用和外延信用共同构成了民间借贷信用体系。就民间借贷内涵信用而言，金融资产的质量是否优良、金融权益分配是否合理、高管人员专业能力是否过硬、职工素质是否符

[①] "信用贵如金"，信用意指一个人能够先取得金钱或是商品，日后再行付款的限度。维基百科。

[②] 参见王坤《公司信用重释》，载《政法论坛》2012年第3期。

合要求等均十分重要，直接影响着金融机构个体信用质量。而民间借贷外延信用，则更为关注的是民间借贷的整体性信用，金融交易法律规则的健全和明晰、金融政策的开放和包容、实体经济发展中结构的优化以及虚拟经济发展的适度都决定着民间借贷的整体诚信环境。基于立法机关对于民间借贷开放深度和广度界定的迟疑，当下民间借贷信用问题已经显现得极为严重，直接影响民间借贷法制化的建设。无论是温州、鄂尔多斯的民间借贷风险、高利贷问题、实体经济转型困境，还是"官银入股民间借贷"、虚拟经济滞后、金融机构中职工素质的低下都已经成为削弱民间借贷信用的因素。除此之外，政府出台的金融政策或立法均带有不确定性和滞后性，这就在民间借贷信用环境差和政府顾虑开放民间借贷之间形成了一种恶性循环。因此，我们应积极明晰民间借贷信用要素，重构民间借贷信用体系，进而强化民间借贷市场法制化建设。

一 民间借贷信用危局

民间借贷市场正面临着对既有信用机制的检讨和未来信用体系的重构问题。民间借贷金融风险的表象性原因是金融政策的僵化和法律规则存在漏洞和缺失，造成了民间借贷非规范化发展，引发高利贷、非法集资、金融诈骗等法律问题乃至于社会和市场问题。[1] 若追根溯源，民间借贷产生的诸多风险源均有一个共同性的深层次诱因，即民间借贷信用的困局问题。在金融体制深化改革中，民间借贷信用处于被忽视的位置，无论是政府、社会和市场均将关注点集中在对正规金融信用体系的建设和维系上，而民间借贷信用问题及其重要性直到温州、鄂尔多斯等地的借贷风险爆发之际才被政府和理论界认知。[2] 民间借贷信用危局大致包括了金融信用问题、法律规范信用问题、传统信用与现代信用连接问题。

---

[1] See Steven H. Zhu and Michael Pykhtin: A Guide to Modeling Counterparty Credit Risk, GARP Risk Review, July/August 2007.

[2] 2012年上半年，浙江全省法院共受理民间借贷纠纷案件58037件，涉案标的额283.9亿元，同比分别上升26.98%和129.61%。温州、舟山以及湖州地区上升最为明显，增幅分别达96.42%、87.37%和57.61%。除金华地区略降外，其余地区民间借贷案件同比均呈上升态势。参见《浙江民间借贷案件达五年来最高》，载《新京报》2012年7月11日。

(一) 金融信用困局

民间借贷信用正在经历金融体制变革中信用体系重构的阵痛。传统金融体制僵化，排斥对民间借贷即非正规金融的吸纳。在金融市场中，正规金融机构开展的业务供给了市场中绝大部分的消费者，与此同时，金融消费者也一如既往地将信用评价完全地给予了正规金融机构。年度金融机构评选、金融界风云人物、各类金融政策的出台、消费者对金融机构及其产品的关注、政策和法律对金融风险的控制、高校学生对金融企业的选择乃至于公众对金融机构的认知，无不以围绕正规金融机构展开。相比较下，非正规金融机构从来都承载着无实力、不可持续、投机获利、严格管控、不可相信、缺失信用的境地，这种困局的深层次根源在于传统金融体制的僵化和体制变革中的"阵痛"。

金融信用是通过其内部即金融活动者信诺守信、按约履行的行为形成的，是其外部政策、法律正面积极支持而给予的，是社会、市场中的投资者和普通公众据前两个因素而认可的。在承认"天生差异"的前提下，民间借贷和正规金融在信用体系建设的本质上并无根本区别。正规金融体制的信用环境极大程度上是由国家、政府和法律强制性的给予，有力地塑造了正规金融机构的信用形象和环境，而民间借贷缺失这种"关心和支持"，尚未形成信用环境。更进一步，我们不能期望政策和法律对民间借贷信用"一步到位"的设计，毕竟，金融体制深化改革应循序渐进展开；从另一个角度来看，这也为公众了解和接受民间借贷的信用预留了充足的时间。

(二) 法律规范困局

民间借贷信用的重塑正面临着法律缺失的困局。我们看到，从《放贷人条例》、《网络民意调查办法》到《民间借贷立法》都是随着民间借贷信用危机而出现的立法诉求，不仅反映了政府和公众的要求，而且折射了民间借贷市场自身对于法律支持的需求。从本次温州、鄂尔多斯等地的民间借贷风险来看，公众对于民间借贷缺乏信心是造成金融风险连锁反应的主要原因之一，而民间信用的缺失是核心要素。曾经被公众赋予信用的民间借贷在遭遇"高利贷、官银入股、恶意追债"等问题时已经无信用可言，厚德尚品的商人不乏存在，但毕竟是极为少数的代表，

"跑路潮"下，温州长期以来较为稳固的草根式金融信用体系被打破。"在以前，两个熟人之间借钱，只需打个借条便可，现在温州人之间彼此不再那么相互信任了，借钱必须抵押或担保，或者干脆不借。"①

在不考虑"产业升级、经济转型"等外力因素的影响下，法律规范的完善是民间借贷信用所面对的重大问题。②《放贷人条例》、《个人破产法》迟迟未出台，背后隐含着中国本土文化、道德、习惯等诸多非法律因素，这些非法律因素对法律规范的负面影响在此问题上凸显出来。更进一步，这种困局的表象是法律的缺失，而深层的原因则是政策的不稳定。法律是政策的延伸，当下在政策对民间借贷给予支持的情况下，法律应有所为，在政策允许的框架下，从维系民间借贷交易效率、交易安全的因素考虑，积极完备相关法律。

(三) 传统信用体系的崩溃

国有金融机构的转型、政府信用的厘定、道德风险的扩大、金融产品的创新、金融交易范围的扩大等因素直接导致了传统民间借贷信用体系的崩溃。传统信用体系的崩溃主要有两个诱因：一是直接来自金融交易范围扩大和金融产品创新所引发的传统信用机制不足，以致难以维系当下的金融交易安全，曾经基于"血缘性、地域性、业缘性"形成的信用在现代化金融交易中失去了原有的信用基础，金融交易不再局限于特定领域，全球范围内金融交易规则和金融产品冲击了民间借贷赖以存在的"狭隘性信用"；其二是间接地来自正规金融信用冲击，间接降低公众对民间借贷信用的信赖度，随着国有金融机构更加市场化、政府在市场中逐步退出以及正规金融机构中高管层不断出现道德风险，公众对于正规金融呈现的信用样态愈加不信任，在"正规机构信用度低，非正规机

---

① 在民间借贷风险爆发之际，极端性的非理性解决方式，如"老板跳楼、主动自首"等从另一个角度来看也是维系自身信用的一种表现。海鹤药业董事长叶可为因向民间融资13亿元，其主动向政府寻求重组，目前公司已进入资产清查核算阶段。参见《温州：民间信用的救赎》，载《财经国家周刊》2012年1月22日。

② 温州民间借贷体系的问题，除了整个金融体制原因外，最主要的原因是温州的实体经济出现了问题，包括产业空心化、产业升级落后以及企业家过度涉足资本市场。不少企业成为民间借贷链条的融资平台，实业发展空有其表。参见《温州民间信用体系困境：老板跑路现象仍有发生》，中国证券网，2012年1月26日。

构信用度更低"的惯性思维下,公众对民间借贷信用的依赖度呈下降趋势。这两个诱因导致了民间借贷传统信用体系的崩溃。

(四) 新信用机制建设的困局

民间信用体系的建设已经开始,但仍存在着诸多变数和困难。民间借贷信用体系的全面建设涉及各个问题,其中如下三个层面的建设极为重要:其一,是金融体制的转型,金融体制市场化改革将为民间信用体系提供一个政策上的支持和鼓励;其二,是民间借贷法律体系的建设,从《民间借贷立法》到《个人破产法》的设计和退出涉及能否为民间借贷的规范化发展提供多维的立法支撑;其三,是实体经济的转型发展,这是避免出现民间借贷风险的主要诱因之一,再开放的政策和完善的立法也无法阻止资金追求利润的不竭动力,只有经济发展模式转型,调控产业空心化等实体经济发展问题,才能避免市场中资金因逐利而从"低下金融渠道"获利。可见,政策、法律、经济发展三个层面协同建设是重塑民间借贷的重要保障。

二 民间借贷信用的法律解读

民间借贷信用的重塑,法律规制占据着极为重要的位置。从宏观层面来看,多部关于民间借贷的立法需要研讨和制定;从微观层面来看,民间借贷机构的准入规则、治理规则、退出规则均需要详细的明晰。[1] 我们认为,对于民间借贷信用的法律制度建设,至少应关注两类主体,其一是民间借贷机构的法律规范,其二是金融中介组织的法律规范。当然,此两者内部均包括各类形态的金融机构或金融中介组织,并且治理机制和监管机制存在差异。"阳光化和规范化"后的民间借贷不应也不会再以传统维系信用的办法来支撑自己的信用体系,新信用体系的建设必须以法律规范为根基。择其要者,民间借贷信用法律的制度性构建应从以下方面来完善。[2]

---

[1] 参见胡舒立《民间借贷、政府信用和道德风险》,载《财经》2002年第23期。
[2] 参见曹远征《讲信用是民间借贷打不烂的原因,地下不阳光化》,凤凰网,2012年2月28日。

（一）民间借贷信用法律环境

信用体系的建设从长远来看并非来自政府的给予和政策的支持，而是源于自发式为主的经年的法律规范累积。民间借贷信用环境可以在政策支持下获得公众短期的认可，但真正的信用体系需要依赖法律制度的支撑和规范，经过经年的累积，培育日渐成熟的信用环境。在深化金融体制改革后，民间借贷机构应是开放的金融市场，在完善法律规范制度的前提下，多元化的民间借贷机构和正规金融机构在共同的平台中竞争和发展，形成良性的业务战略和规划，由此公众才能享受真正有价值的金融信用。

（二）金融机构的准入和退出渠道

民间借贷机构准入和退出渠道对于强化金融机构的信用极为重要。金融机构在市场中的业务活动直接影响着金融消费者权益，对于金融机构资信的考核与处于风险边缘金融机构的衍生风险性控制主要在于准入和退出门槛的设计。从民间借贷机构的准入资金要求、业务展开范围、金融产品销售渠道、业务推广手段、发起资金来源审核方面来对进入金融市场的民间借贷机构进行严格的审核，这种审核应是一种明晰而非模糊的资格审核，为避免出现人为的"准入寻租现象"，降低进入金融市场的成本，法律应对以上审核标准给予明晰的规定。在退出渠道方面，相比于正规金融机构，更需要在法律上为民间借贷机构开辟多种退出的渠道，以确保民间资本"可进可退"，而非"有来无回"。缺失资本退出渠道的民间资本必然会精巧地设计出"草根式的退出渠道"，这样将引发不必要的金融风险。

（三）金融机构破产与债权人利益保护

民间借贷信用风险最为敏感的发生点在于金融机构破产之际，债权人利益受损，继而引发连锁性衍生风险传递，最终致使金融信用体系毁损。在民间借贷业务中，债权人的地位相对较为强势，但基于偿债能力的不可确定性和市场经济波动的不可预测性，债权人仍然面临着偿债风险，此时控制好债权人风险是切断金融风险传递的关键环节。当借贷关系中存在多方担保情况时，风险传递样态则相对更为复杂。债权人若急于收回借款而强制性地催缴多家担保企业，便极有可能因此而引发担保企业的偿债风险；但若债权人不及时清债又存在债权无法清偿的风险，如何平衡两者之间的风险仍存在规则设计空间。① 在民间借贷机构破产阶段，应将金融秩序的安全置于法律规则设计的首要位置，其次是各利益主体权益的保护，毕竟，金融借贷风险往往发生在这个"多事"的环节。

（四）中介机构的规范化发展

金融市场中的中介组织的规范是保障民间借贷信用建设的重要手段。在金融业务开展中，各类金融交易和金融产品的销售，都间接地伴随着中介组织的倾力"审核"。在审慎面对当下市场中"看门人机制"失灵的困境，必须提前规范化金融中介机构，以此提升民间借贷机构开展业务和金融产品的质量，增进民间借贷的信用度。中介机构就是为民间借贷征信的专业性服务机构，对此，从中介机构的治理规则、高管标准要求、业务流程和收费标准、市场中竞争规范等环节均应由法律给予明晰的规范，在良性竞争的环境中培育出高质量的金融中介机构，才能间接地滋养高信用的民间借贷体系。从金融市场的发展来看，中介组织必将在这个过程中扮演十分重要的角色，并发挥巨大的作用。

（五）金融市场经理人的监管

民间借贷信用体系的建设，需要对掌控金融企业或中介组织的经理层给予必要的规制。公司和各类金融机构发展的历程证明，经理层的规范直接影响着企业在市场中运营的效率，并直接对企业所服务的金融消费者的利益产生至关重要的影响。尤其在民间借贷机构中，在尚未建立起民间借贷机构市场化的经理人的情况下，应重视对高管层的法律制度性规范，无论是公司高管的注意义务或忠实义务，在民间借贷机构中应有其崭新的含义和具体的规定。我们认为，与普通公司相比，民间借贷机构的高管层应承担相对多的注意义务，同时，其忠实义务的对象范围应有所扩大，金融消费者的利益和公众的公共利益是否应考虑进来值得注意。究其原因，金融机构对市场和社会的辐射效应和影响要比普通公司广泛，这种影响决定了金融机构应承担更多的社会责任。相应地，引导金融机构正常运营的高管必然需要承担更多义务。这种义务的承担，

---

① 担保企业为被担保企业偿债，容易引发自身债务风险，由此发生债务危机。

并非是过多或法律之外的,而是在政策和法律框架之内,毕竟,法律需回应公众对公共利益保护的诉求。

三 传统信用体系与现代信用体系的联结

民间借贷在当下的政策和法律变革下,对既有的金融信用体系赋予新的蕴意,从内涵式的信用考察到外延式的信用评估,均可以寻找到现代化法律式的信用体系制度框架,也可以架构起传统信用和现代信用之间的联结。[①] 传统信用体系的缺陷在当下金融市场化改革和信息现代化的影响下呈现出扩大趋势。冲破"地缘、血缘、业缘"的金融交易,使得交易者之间的信用一再突破所应有的底线,甚至信用基础已完全丧失。而现代化信用体系建设是由相对恒定的法律制度来维系,使得信用体系可以持久地存在,这也是现代化信用区别于传统信用体系的重要标志。传统信用体系的模式在特定地域内仍然发挥着其固有的优势,而现代化的法律制度又难以完全地回应实践中所有的特色文化和习俗,只有两者有所选择地结合,才能以法律制度维持并继续发挥传统信用机制的效力,并扩散式地发挥现代化法律制度创造信用体系的作用。这种联结是为了适应民间借贷独有的特点,在未来信用体系的建设中,发挥两者的共通性优势机制,将会开启民间借贷信用体系建设的新局面。

(一) 传统信用体系的瓦解

现代化信息手段加速了传统民间借贷信用体系的崩溃,以网络金融借贷为代表的信息流动打破了"草根式"的信用基础。[②] 2012 年初以来,民间借贷风险的衍生影响持续扩大。以温州地区为例,年初以来当地的商业银行的坏账率持续上升。据温州市银监分局统计,截至 2012 年 6 月

[①] Michael B. Gordy: A Comparative Anatomy of Credit Risk Models, Journal of Banking and Finance, Vol. 24, No. 1/2, 2000, Board of Governors of the Federal Reserve System FEDS Paper No. 98 – 47.

[②] 以网络为平台的 P2P 贷款模式首创于英国,核心是利用互联网的技术便利和成本优势,实现金融脱媒。这种在网络上点对点提供贷款平台服务的商业模式,近年来也在中国悄然兴起。2009 年以来的两年间,国内树以此类旗号、提供贷款服务的网络平台已从寥寥数家增至上百家,但确切数目无人知晓。参见《传统民间借贷模式野蛮扩张 隐含着巨大风险》,新华网,2011 年 9 月 26 日。

末,温州市银行业本外币不良贷款月高达181.4亿元,比年初增加94.47亿元;不良贷款率2.69%,比年初上升了1.33个百分点,不良率创造了近十年来的新高。更进一步,截至2012年4月末,工、农、中、建四大国有银行温州分行不良贷款率从年初平均0.74%飙升至2.03%,这一数字的不断扩大,印证了由民间借贷引发的金融风险并未消失,而是呈现出扩大化趋势,这种毁损金融信用的风险,已经传递到国有银行体系中。[①] 传统民间借贷信用在风险传递中的作用荡然无存,更对正规金融体系产生了强烈冲击,这表明了民间借贷与银行系统的相互依赖关系,更印证了传统民间借贷信用的"脆弱"。

(二) 现代信用的新特点

民间借贷的现代化信用强调尊重传统"地缘、血缘、业缘"所形成的既有的信用基础和交易习俗,建立完善的民间借贷法律制度以"恒定和保障"当事人权益,继而建设金融信用环境。究其本质,以法律制度代替中国社会中的"人情、习惯、面子"等潜规则,实质上是人们对民间借贷信用所依赖的保护机制的更替,以法律制度代替潜规则。其特点有两方面,一为法律制度的明晰化。相比于传统金融潜规则信用而言,法律制度对于民间借贷活动均最大限度地给予明晰的法律规定,对当事人的权利和义务给予清晰的界定和安排,这有别于潜规则中模糊性的信用安排。二为法律制度的确定性。法律规则具有模糊性,但相比于潜规则信用而言,法律更具有确定性,民间信用中模糊性是金融风险爆发的诱因,相比而言,法律规则能够给予金融市场、金融活动和可能产生的风险一个清晰的预判。

(三) 传统信用体系缺失和现代信用体系不足

民间信用的传统体系有其存在的合理性和生存的土壤,固有的优势也不能为现代法律制度所替代,现代信用体系的建设以法律制度为基础,同样有传统民间借贷信用机制所无法比拟的优势和替代的可能,问题的关键在于如何平衡两者的关系。中国"乡土社会"风俗习惯下的传统民间借贷信用虽然面临信用体系缺失,但绝不会在现代化法律制度的影响

---

① 参见《银行不良率飙升 温州信用危局蔓延》,载《21世纪经济报道》2012年7月14日。

下完全退出历史舞台,而正渐渐地进入法治社会中。同时,新的民间信用体系也需要法律制度来维系,可见,对于民间借贷信用体系的建设而言,两者之间是相互补充、相互增益的关系。

(四) 传统信用体系与现代信用体系的联结

传统民间信用体系和现代法律制度所建构的信用机制可以有效地联结起来。例如,在城市社区、村镇等区域内成立的民间借贷机构,可以有效地利用地域性优势,发挥传统民间借贷信用体系的优势来搜集和甄别所需要的金融消费者的资信信息;而在地域上无法利用这种优势的城市性民间借贷机构中,则可以充分借助金融法律制度来提升民间借贷交易的信用度。这种联结并非仅仅呈现在金融机构在不同地域内准入环节,在后续发生债务风险之际,催债阶段同样也需要有所针对地选择不同的信用维系机制。两类规则的适用性分配的考核标尺,可以从成本、效益分析方法来考量,不同类别金融风险的防控适用迥异的规则会产生不同的效益。因而,事实上,民间借贷的规范化进程,也就是重塑民间借贷体系,用法律制度更替传统信用机制的过程。

四 金融体制变革中民间借贷信用体系法律建设的初步构想

中国金融信用建设一定程度上也是民间借贷法制化建设问题,面临三大挑战:一是市场经济的挑战,市场经济是诚信经济,政府在市场经济中要面临转变职能的需求,面对逐步扩大的信用危机,应加大建立信用制度的力度;二是信息时代的挑战,网络化和信息化要求必须建立社会诚信档案;三是现代法律制度对传统信用体系的冲击和重构,依赖"乡土规则和风俗人情"式的信用机制在信息时代背景下已经无法给予民间借贷充足的信用保障,需要从法律制度建设层面来修补金融信用机制。[①] 更进一步,在信用体系重塑的过程中,必须务实性地回应金融信用缺失的因由,即"历史沉淀和制度性约束、信用机制和法律法规不健全导致的守信成本高及失信成本低的问题、金融交易中信息不对称的问题",同时关注信贷市场、票据市场、上市公司这三大信用缺失问题,只

---

① 参见戚莹《论金融信用》,法律教育网,2003年11月10日。

有如此，才能有效地从民间借贷信用的建设层面来回应当下银行信贷资产恶化、金融交易成本增高、金融产品创新力不足、金融资源配置失衡的困境，最终建设新的民间借贷信用体系。① 具体来看，应注重以下方面的信用建设，包括政府信用、金融市场信用、消费者权益保护等。

（一）信用体系与政府信用

政府信用建设包括职能的转变和政策的问题。政府对市场经济的尊重与呵护，体现在政府需要退出属于市场经济的范畴，不应过多地利用行政权力干预金融市场中的经济活动。政府干预最大的弊端是影响金融交易效率和提高金融交易成本，存有不适当行政权力的市场是不完全竞争的市场，为寻租行为提供了可能性和生长的土壤，金融机构和消费者所关注的是如何降低寻租成本，而非提高交易效率，政府信用将会丧失。② 行政权力无法识别和有效地管控金融市场中的活动，只能徒增市场交易成本，而衍生出的管理寻租成本同样是巨大的。与此同时，政府不适当地介入金融市场，会造成政策的不确定性和金融市场对政府举措的不可预期性，这种环境不可能营造出成熟的信用机制。

（二）信用体系与金融市场

金融市场的诚信机制亟须解决信用记录问题。全面详细的信用记录，是解决金融市场中信息不对称问题的重要手段，对于民间借贷信用建设而言尤为重要，在超越"地缘、血缘、业缘"界限的情况下，民间借贷机构和对应的消费者只能通过诚信体系来了解交易对方资信。可见，综合性的金融机构、企业和个人的信用体系的建设以及便捷可行的查询路径是建设金融市场信用机制的重要环节，不可否认的是，这种诚信体系的建设将会是一个长期过程。当下的信用记录在税务、工商、海关和银行等多个部门中，金融消费者极难了解金融机构真实的信用级别，同样

---

① 《金融信用的本质》，http://wiki.mbalib.com/wiki/%E9%87%91%E8%9E%8D%E4%BF%A1%E7%94%A8.

② 改革主要体现在以下方面：一是废除、清理了大量不合理的行政审批项目；二是厘清了中央与地方之间的审批权限、不同政府部门之间的审批权限，防止滥设审批、重复审批；三是优化行政审批程序，提供便民、高效、透明的服务。参见周立《政府主动放权减行政审批 约束权力寻租活跃市场》，中山网，2012年6月29日。

金融机构在缺失个人信用记录的市场中也无法有效考核自然人的信用记录和资信，这就需要我们将不同类别金融机构保有的诚信记录汇总在一个特定部门，以备监管部门和公众查询。

（三）信用体系与传统信用优势

民间借贷是一个相对庞大和复杂的"金融群"，既含有实力较强的大型金融机构，也包括实力偏弱的微小金融个体，传统民间信用优势对于仍在特定地域内从事金融活动的个体仍能发挥出特定作用。这种优势尤其体现在社会、村镇中设立的小微型金融机构，其服务的对象范围相对特定、开展业务的种类单一、履行的手续相对简单，考核金融借贷者的资信仍可以借助地域优势和血缘性优势。可见，基于民间借贷的多元化样态，如农村新型合作组织、学校等单位集资、私募基金、项目资金合作、地下钱庄、小额贷款公司、村镇银行等，传统民间信用优势在相当多的小微型金融机构中仍然可以适用。当然，传统信用约束机制的应用边界仍有待考察，毕竟特定地域内的交易者在当下也存在着流动的可能性，如何结合并分配好传统信用约束机制和法律规则是一个仍需探讨的问题。

（四）信用体系与金融消费者权益保护

银监部门的监管是金融机构治理水平提高的重要支撑，外力监管对于改善单一金融机构治理发挥着重要作用，是金融信用市场稳定的基础。任何信用因素培育和环境建设的最终"落脚点"都体现在银监部门监管的质量和单个金融机构治理水平的高低以及金融消费者权益的保护之中。我国应在完善监管机制时，注重对金融消费者权益的保护、金融知识的普及和金融立法的推进。

金融产品和服务同传统商品及服务存在区别，相比于后者而言，金融消费者在购买金融产品和服务时更容易受到利益的伤害。[①] 面对这种困境，各国不仅陆续出台了诸多监管法案，对本国金融监管体制进行必要

[①] 消费者权益在金融产品或服务的消费活动中容易受到侵犯的原因是：金融产品或服务的消费活动一般不受消费者权益保护法的保护；金融产品的复杂化使金融消费者权益受到侵犯的可能性大大增加；金融机构的规模和实力使消费者弱势地位更加突出。参见邓纲《金融消费者保护体制及其相关问题》，载《法学杂志》2012年第5期。

的改革，也逐步地设立专门审判金融案件的金融审判法院（法庭），以便全面、便捷、高效地对金融消费者形成保护。①

加拿大针对金融消费者的保护，设立了消费者事务署及其内涵的六个内设机构；美国借《多德—弗兰克法案》设立了消费者金融保护局。加、美两国体制的设计体现着共性和区别，两体制均是专门针对金融消费者的监管机构，相对于其他行政机构而言，两者更显示出一定的独立性和综合性。两者之间也存在一定的区别，这种区别体现在服务的对象类别上，前者相对简约和明晰，后者相对更加体现出了综合性服务对象的模式。② 同加、美两国相比，我国金融消费者的保护机制处于监管初期向成熟模式发展的"过渡期"，包括了工商管理部门、银行监管部门、司法系统、消费者权益保护协会等政府和民间组织的共同"努力"。我们认为，体制的建设需要有一个不断完善的过程并在这种进程中汲取宝贵的经验，在尚未建立一种成熟监管机制的环境下，这种"综合交叉性"的多部门监管体制可以对保护金融消费者权益起到一定的作用。

（五）信用体系与金融知识的普及

金融知识的普及对于在市场和社会中培育金融信用环境和发挥金融监管机制功能极为重要，金融立法的实效性作用也受金融知识在民众中传输的影响。金融知识在传播中，可以提高消费者对金融产品的认知能力和金融风险预防能力，普及的渠道应从学校教育和社会、市场宣传三个层面来考量。学校教育、社会宣传、市场普及三个角度推广金融知识相辅相成，形成完备的金融知识传输路径。当金融知识成为学校必修的内容、社会共识的基本常识、市场普及的投资理念，金融市场的风险监管机制和金融立法也就有了实施的坚实基础，金融信用也找到了生成的"土壤"。

制定专门的《金融消费者权益保护立法》，并设置专门的金融监管部门和在法院体系中设立专门的金融法庭，符合规模庞大、纠纷复

---

① 参见邢会强《金融法院（庭）比较研究》，载《金融服务法评论》第 3 卷，法律出版社 2012 年版。

② 参见邓纲《金融消费者保护体制及其相关问题》，载《法学杂志》2012 年第 5 期。

杂的金融市场的基本需求。从金融消费者权益保护的需求角度出发，必须通过立法对金融消费者类型、金融权益内涵、监管部门职责给予明晰的规范，详细地对金融市场中相关主体的权利、义务、责任进行规范，系统地形成金融消费者权益保护立法。总体来看，民间借贷信用体系的建设和培育，依赖于金融知识的普及、金融消费者权益保护法的制定、监管机构的设置、专门金融法庭的设立和复合型金融法律人才的培养。

第二节 研究综述、目标和方法

一 研究问题与意义

法学研究无疑要回应重大的社会问题，而民间借贷市场的法制化研究无疑是当今中国金融市场中最受关切的现实问题之一。究其原因，一是"金融抑制"、"异质借贷款者"因素存在的前提下必然催生着非正规金融（民间借贷）的生成和发展，而政策制定层与立法层主观性地试图通过法律规制来抑制非正规金融只能产生负面效应；二是民间借贷因监管边界模糊、主体规制缺失、利率限制失控以及资金来源管控宽松等原因规避着立法的监管。目前客观存在于民间借贷市场中的"老板跑路"、"高利贷"等问题逆向倒推立法层面的金融体制深化改革，要求我们重思民间借贷市场如何治理，民间借贷风险如何防控。更进一步，民间借贷的合法性身份与具体规制路径和模式是否面临探讨与立法呢？本书提出的方案就是重塑民间借贷市场信用体系，在"非正规金融逆向生长"的背景下从监控民间借贷风险源的视角构建"民间借贷金融治理和立法设计"，其意义包括：

第一，在理论研究方面，引入非正规金融逆向生长的研究视角分析法律问题，有利于形成制度反思和理论分析的基础，使民间借贷市场寻找到合法性的权利基础与匹配性法律规则基础。

第二，在制度研究方面，提出"市场治理与风险防控"视域下民间借贷市场的规制重点与立法建议。我国"十二五规划"中明确要求"深化金融体制改革"，必然要求在既已形成的金融制度基础上，更进一步进行民间借贷市场化改革。可以预见，细致地规范并"阳光化"民间借贷市场将成为金融市场化改革中的重点。本书以维护金融市场和谐因素和社会稳定因素为前提，从保护市场中经济主体（如债权人）的利益安全出发，分析民间借贷的主体准入、借贷利率、资金来源的适用情形与具体规则，以此保护借贷双方权益并构架出整体民间借贷治理框架，有利于提出可实行的具体制度方案。

第三，学科交叉研究的探索。学科出自人为的划分，基于民间借贷制度的成本收益和私法属性，在解析民间借贷规则设计、立法构建和司法实践的问题上运用法经济学分析方法被西方法学者所普通推崇。本书将在跨学科视野下采用法经济学分析方法，这不仅是通过采集真实权威案例数据而推论出有说服力结论的手段，而且是商法学研究方法的深化和实践。

二 研究现状

就我国的研究现状而言，相关成果主要论及以下方面：第一，民间借贷市场问题的本质和原因。民间借贷问题是金融体制改革滞后于实践金融业发展的必然结果，自古即存在的民间借贷在当下展现出现代性金融风险问题（巴曙松，2012）。自 2011 年初，温州民间借贷危机已经导致债权人利益危机、老板出逃现象频发，究其原因在于部分产业资本追逐风险利润、行政权力介入借贷关系等。第二，小额贷款公司等金融机构的设立和作用。一般的认识是，小额贷款公司等金融机构是化解民间借贷所引发风险的对策，可以有效地缓解小型企业贷款难、借贷利息高的问题（王保树，2008）。第三，民间借贷市场的合法化建议。共识性观点包括风险监管法律体系尚不健全，仅有原则性规定，缺乏可操作的行为指引，并且民间借贷的合法身份一直未得到法律的承认，行政干预大于法律规范（岳彩申，2009）。但国内既有的成果对民间借贷合法化后的规范化治理给予的关注显然不够，借贷行业规范化的立法迫切需要得到重点关注和研讨，值得细致深入研究（岳彩申，2013）。

国外对于民间借贷市场（非正规金融行业）的发展持肯定和鼓励态度，西方各国对民间借贷多持一种"支持、鼓励、监管"的规范原则。

共识性的观点使公司形式基础上的合法化的民间借贷金融机构可以形成较好的治理机制，以维护债权人权益，融通民间资本，完善多层次金融市场。美国芝加哥大学商学院 Adair Morse 教授及知名经济学家陈志武教授均认为，民间借贷应理性看待、合理保护、合法发展。从美国的经验来看，民间借贷市场发展较为成熟，如，在治理机制上体现在监管债权人权益（即放贷人利益）的放贷机构在美国很早就已存在。在风险防控上也已有多重对策，如调控放贷人资格、借贷利率、规范借贷地域限制（《里根—尼尔银行跨州经营与跨州设立分支机构效率法》/The Riegle - Neal Interstate Banking and Branching Efficiency Act of 1994）等方面的法律规范均已较为成熟。各国经验值得借鉴，在规范化民间借贷市场的过程中，我们尤应关注立法中关于商事借贷、自然人破产法律保护等方面的立法经验。

三 研究架构和内容

内容与思路：本书整体结构包括七章内容：

前言。具体内容包括：第一节，信用：民间借贷语境下的诠释，尝试通过在民间借贷语境下重释信用问题，引出本书论证的逻辑起点。第二节中详细阐释了本文研究的内容、目标及方法。

第一章，民间借贷的界定与成因。本章共分为三部分，主要探讨了民间借贷的法律界定及成因问题。具体内容包括：第一节，民间借贷的法律界定，分析了民间借贷与正规金融、非正规金融及金融体制改革之间的关系。第二节，探讨了民间借贷的风险类别和成因。

第二章，民间借贷治理规则生成的理论基础。本章共分为两部分，主要探讨了民间借贷规则形成的理论基础问题。具体内容包括：第一节，民间借贷规则与契约理论，探讨了民间借贷规则的历史、异同、元规则体系及契约理论之间的关系。第二节，民间借贷法律规范与激励理论，探讨了激励理论的缘起及现实需求问题，进一步剖析激励理论对民间借贷法律规范的影响。

第三章，民间借贷市场外部治理机制缺失及对策。本章共分为两部分，分别探讨了民间借贷体系以外因素对于该市场的影响。具体内容包括：第一节，从互联网金融网络民意及新型网络小额信贷两方面，探讨了大数据格局下新型互联网金融运行模式市场治理机制的缺失及对策。第二节，通过对当前民间借贷市场金融消费者权益保护的不足，探析了完善金融消费者权益的保护法律对策。

第四章，民间借贷市场内部中介机构问题及对策。本章共分为两部分，分别探讨了民间借贷中介机构存在的问题及应对策略。具体内容包括：第一节，民间借贷中介机构问题，主要探讨的是民间借贷中介机构的风险，主要涉及商业道德风险、契约性责任规范，并从道德视角来审视中介机构的契约性责任。第二节，民间借贷中介机构制度完善，主要从金融乱局企业联保风险、"看门人机制"、借贷登记中心三个方面提出完善建议。

第五章，民间借贷市场风险与监管的实践措施。本章共分为四部分，分别从系统性金融风险、债权人利益风险、资本流动风险和农村融资困局四个角度探讨民间借贷市场中容易引发风险问题的监管对策。具体内容包括：第一节，系统性金融风险的监管，主要从系统性金融风险中私募股权基金高管的诚信义务和系统性金融机构监管两个方面提出监管建议。第二节，主要探讨民间借贷中权益人利益风险与监管，同时以高利贷为例，分析权益人利益的风险与监管对策。第三节，主要针对民间资本参与并购风险问题以及民间资本退出市场环节提出监管建议。第四节，通过对农村金融现实困境反思，进一步思考民间借贷的高需求机理。

第六章，民间借贷法律监管制度框架设计。本章共分为两部分，主要探讨民间借贷监管制度的立法建议。具体而言：第一节，民间借贷立法变革，分析了民间借贷经济下的立法特点与变革过程。第二节，民间借贷监管制度的框架设计与机制建设，分别从借贷机构、业务人员、运行机制以及隐性风险四个方面探析民间借贷法律监管制度的完善。

第七章，结论。

观点：第一，民间借贷问题的出路在于通过法律创新引导金融资源的优化配置，非正规金融发展理应得到法律的激励性制度规范与监管，法律应客观引导其发展。第二，金融权益的存在是民间借贷存在与发展的合法性基础。第三，民间借贷的立法应注意几个要点，即利率控制、资金来源控制、借贷资金用途监管，立法规则的设计应以保护非正规金融机构金融权益、打击假借民间借贷之名扰金融秩序为立法原则。第四，债权人利益应受到重要保护。民间借贷的衍生风险监控核心在于能否通过法律监管与市场治理减少债权人利益受损的风险，并在风险发生时切割风险源以避免"多米诺骨牌"效应。

创新：第一，民间借贷规范由抑制型策略向治理型策略转变，即由强制性排斥向鼓励性规制方向规范民间借贷市场的发展。第二，金融抑制与异质借贷者视角的引入，强调非正规金融的不可替代性与法律应据此而设计民间借贷立法规则，任何期望以强化正规金融机构解决民间借贷引发的问题都将落空。第三，民间借贷立法的建议。必须区分民事借贷与商事借贷的差异，基于"借贷匹配"的视角从规范商事借贷层面出发构建民间借贷法律规则，以债权人利益保护为重，立法的重点应集中在规制主体边界、借贷利率、放贷区域、资金来源方面。

研究方法：第一，比较中外民间借贷制度的逻辑体系和立法。本书将建立在对民间借贷市场的本质、价值、原则和目的展开理论研究与探讨，从而为构建我国民间借贷市场立法提供理论依据。第二，前提性问题的解决。简单的"拿来主义"与"空想书斋"不适合我国国情，本书对"金融业开放与民间借贷规范化"这两个前提性问题的解决依赖于实证研究调取数据和开展经济分析是课题开展的基础。第三，规则设计与实践检验。由于金融立法本身的技术性特征，本书致力运用法经济学分析的方法解决设计民间借贷市场的监管，放贷人的资质和资金来源，自然人破产风险监控，以及如何与国际开放型金融体制及金融业相接轨等规则设计问题。

重点难点：第一，民间借贷规范化的理论、立法和实践。突破既有的金融体制系统，寻求民间借贷规范化的理论根基必然会面临巨大的困难，而这也是本书的重大价值所在。第二，民间借贷治理机制的技术性设计。解决民间借贷规则设计的技术性问题（如借贷技巧与利息计算）将是本书研究问题的难点，作者通过考察温州等民间借贷市场，近距离接触民间借贷规则的实然性状态，有的放矢地研究。第三，民间借贷的立法建议。本书的特色在于立足我国金融业尚未完全开放的现状及温州民间借贷所出现的实际问题，针对民间借贷体系展开比较研究，继而充分提出科学合理的民间借贷立法建议。

第一章

民间借贷的界定与风险成因

针对民间借贷的科学界定和风险形成原因，是考察借贷市场内外部治理存在问题的基础，更是针对民间借贷市场中多发、易发风险问题设计法律监管对策的重要考量要素。实践中，各种借贷风险问题的不断爆发，一定程度上是法律因素之外的诱因引起，这要求立法者在设计民间借贷法律规范框架时，更应着重将法律规则之外的经济、文化、习惯、传统等因素纳入考量范围。

第一节 民间借贷的法律界定

一 民间借贷与正规金融

民间借贷和正规金融之间的关系颇为微妙，竞争与依赖并存、风险与防控同在，这种境况的存在有着深厚的历史原因与现实因素。正规金融并非是理所当然地具有成长的开放性和规范性，而民间借贷业也并非天然地具有隐蔽性和风险性，两者本质属性上的相似决定了在金融市场中二者之间必然应以一种竞争关系共存。国家、市场和社会对民间借贷存在的"偏见"源于其不同于正规金融的成长模式和营利方式，这也当然地使民间借贷成为国家以控制金融风险为目标的政策和法律的监管重点。"引导而非堵塞、规范而非抑制"的金融体制改革取向决定了对待民间借贷的政策走向和法律规范的设计取向，任何法律监管对策都应以巩固正规金融并培育富有竞争力的民间借贷为前提。

(一) 民间借贷与正规金融的联系

民间借贷从缘起上看更多的是一种"自发和内生式的金融",来自市场经济对于资金的需求自下而上地成长起来。与之相对应的是源于国家或监管部门出于对经济市场的调控和规范而由顶层设计出来的正规金融,往往在金融体制尚未进入深化改革中的金融市场中,这种来自政府规范化的正规金融力量极为庞大。民间借贷同正规金融的另一种区别在于信用的来源。民间借贷的信用来自借贷主体双方的共同给予,基于相互信任、了解和认可的信用支撑起了民间借贷的信用基础,相比之下,正规金融的信用色彩更加强调国家监管层面所赋予的信用度,与民间借贷截然不同。

民间借贷和正规金融本质上都属于金融资本,作为金融资源的民间借贷和正规金融都代表着一种利润的追求和投资的模式。两者不仅代表着金融机构资本和工业资本结合而生成的新的垄断性资本,更代表着一种对金融利益的极度渴望,同时,作为投资获益的金融工具,两者更加以一种投资模式呈现在市场中。[①] 追逐利润,是两者的本质特性,更是两者相通的属性,从营利模式、经营范围到业务活动,两者均是在各类信用的基础上,通过对市场中的金融资本需求者放贷或投资而获取利益,在这一点上,极难区分两者的异同。尽管表现的形式与存在的功能方面都相互对应,但所不同的是,其背后代表的金融利益群体和具体的治理机制。基于此,我们不能主观性地否认民间借贷存在的合理性,同样不能无所顾忌地大力推行正规金融机构来抑制民间借贷发展,原因在于二者存在的目的都是获取合法的利益。可见,在金融市场中,同属金融机构的民间借贷和正规金融两者之间应存在一种公平竞争、相互助益、共同发展的密切关系。

此外,正规金融发源于民间借贷,在金融体系中生存的传统正规金融是由民间借贷演进而来的,两者相互依赖,不能彻底分割。金融市场

---

① 金融资本是金融机构资本和工业资本融合的体现,集中在三个方面:一是产业资本在扩建过程中和银行资本相结合;二是产业资本在多元化的产业延伸过程中和银行资本相结合;三是产业资本在收购、兼并、重组过程中和银行资本相结合。产业资本在其流通周期里与银行资本的融合,是现代资本运作的必然。

中存在着正规金融和民间借贷（非正规金融），对于两者的区分尤其是对民间借贷概念的界定在学界有诸多的争论和评述。可以肯定的是，民间借贷和正规金融之所以区分开，最为关键的节点在于两者分属不同的监管体制内，正规金融受到来自国家金融监管部门的管控，而民间借贷则游离于这种正规金融关键机制之外。从金融原初性产生时考察，金融资本演化于产业资本和商业资本，但其本源仍固守在资本中，从高利贷资本、银行资本到金融资本，对应着资本运动的过程，而事实上，在资本运动中我们可以看到正规金融在一定程度上起源于民间借贷。[1] 产业资本、商业资本到变革中的高利贷资本和银行业资本，正是代表着民间借贷的前身（产业资本、商业资本）渐进地过渡到正规金融形式的演变过程。可见，具有竞争性的关系的民间借贷和正规金融之间存在着千丝万缕的联系，在有本源与演变中有共通的趋向。

（二）民间借贷与正规金融的区别

民间借贷与正规金融同属金融资本，两者之间更存在着互助性竞争的关系，但二者的区别也极为明显，资金来源、金融权益、监管机制、风险控制、营利模式、业务范围、政策支撑等诸多方面均存在着不可忽视的重大区别。民间借贷的原初性特点与当下金融市场道德、法律环境的状态决定了其同正规金融将在业务范围与监管机制这两个要点上不同，其核心原因在于，相比于正规金融而言，在相同的境况下民间借贷往往展现出更高的金融风险。"疏导而非堵塞"是正视民间借贷发展应树立的调控理念，既然民间借贷有其特性，并且这种专有的"草根性金融"属性伴随着民间借贷发展了数百年，那么政策和法律的要点应在开放式地监管民间借贷而非强制性地关闭民间借贷参与金融市场业务的大门。[2] 在承认民间借贷风险性较大的前提下，应以民间借贷区别于正规金融的因素出发，分析民间借贷的风险源及其传播风险的路径和方式，

---

[1] 金融资本给资本笼罩了一层神秘面纱，它使人很难看到资本的本质。从形式上看，金融资本是在独立的运动，其实，金融资本也是资本的一种反映形式。

[2] 防范金融风险是金融监管当局的责任，但以此为由限制民间办银行，就像是民警为了保护社区的安全就垒墙限制居民的出入。

继而在政策支持和法律监管配合下引导其同正规金融相辅相成地健康发展。①

民间借贷同正规金融之间的区别之处往往成为政策关注的重点和立法监管的要点，这显然出于政策和法律更多的"信任"正规金融的安全性和风险可控性，在正规金融风险较小的前提下审查民间借贷的不同点，以正规金融为标尺来对民间借贷进行"检修"。这虽然有一定的实践依据，但二者发展模式和成长路径的不同决定了依照正规金融而"模式"化的监管民间借贷可能产生不必要的负面效果，将会影响民间借贷的"生长力"。相比于正规金融而言，民间借贷最大的优势在于其对资金需求者资信的评估能力和对金融产品的创新能力，在不顾及此优势与创新力的情况下强行主观地以正规金融监管模式为导向，对民间借贷采取监管措施，必将适得其反。同时，缺失评估资信能力和金融产品创新力的民间借贷也极难在金融市场中寻找到属于自己的平台和市场。

二 民间借贷与非正规金融

非正规金融的概念十分广泛，有学者认为非正规金融内涵丰富，一般包括：（1）非信贷金融机构；（2）服务于企业或个人的金融交易机构；（3）金融中介服务机构。还有学者从特征角度分析非正规金融，认为"在借贷双方和储蓄者之间存在着从简单信用安排到复杂金融中介机制的联系"是非正规金融的特征，这有别于正规金融。多数的观点赞同将非正规金融定位为一国金融体系法律和相关规范调控之外的金融机构。美国学者 Anders Issksson 则认为，非正规金融就是国家某些经济部门的金融活动并未受到来自国家官方的监管和规范。学者 Aark Schreiner 认为，非正规金融是基于未来现金承诺而制定的不依法定体系为依据并可追索

---

① 例如：2011年银监会加强了非法集资、高利贷、金融传销、民间融资等领域的风险防范，并指导银行业金融机构加强与民间融资领域的"防火墙"建设。主要举措包括：全面开展风险排查，跟踪信贷资金流向，严禁信贷资金流入民间借贷市场；严禁银行员工参与高利贷、非法集资等非法金融活动，严禁银行员工在小额贷款公司、担保公司等机构兼职；督促银行业金融机构审慎开展与融资性担保机构、小额贷款公司、典当行等中介机构的合作。

的合同或契约。

国内对于非正规金融的认识和研究很大程度上受到国外研究成果的影响。多数学者认为非正规金融与正规金融是相对应的概念，是指金融体制中尚未进入国家金融信用监控和中央银行监管范围内的金融市场，可以细化为非正规金融中介机构和非正规金融交易市场。当下来看，中国非正规金融形式以民间借贷为主，其又可细化为民间借贷、私人合会、私人钱庄、高利贷现象等。

可见，非正规金融同民间借贷两者在内涵和外延层面虽然存在一定的交叉，但概念与范围上截然不同。非正规金融主要生长于金融体制，金融体制欠发达国家存在二元结构体制，这是金融体制渐进完善中的产物。相比之下，作为非正规金融体系下的一个分类，民间借贷则广泛地存在于金融体制发达和不发达国家中，其生成的"土壤"在于一国金融体制管制。非正规金融在政策允许的情况下会以正规金融的样态进入金融市场，接受国家金融监管的同时，提供金融服务。而民间借贷则极难完全转入正规金融范围，将会以一种半公开的形式在民间借贷市场永远存在。

民间借贷和非正规金融的衍生风险在于借贷偿还风险，其根源在于借贷利率过高，超出借贷者常规下所能承受的收益，进而引发无力偿债，这其中多是高利贷问题。高利贷既是一种经济现象，又是一种社会问题，它的存在绝非仅仅通过经济学知识所能解决，而需同时辅以法律、文化等方面的素材才能全面对其解析。同正规金融相比，高利贷更深深地扎根于民间借贷，但从理论上讲，这又不能被认定为区分正规金融和民间借贷的界限。

总体而言，全球金融市场中均存在着非正规金融现象，国外在对非正规金融界定时常包含以下内容：货币借贷、轮转基金、储蓄和信用合作社、钱庄、典当、批发商，以及某些非政府组织等。

三　民间借贷与金融体制改革

有学者认为金融深化改革的标志就是形成一个健全、有效的金融体系,这个体系包括高效审慎的监管体系和富有竞争力的商业性运营体系。[①] 我们认为,金融深化应以一种开放的视角来审视和分析,金融体制深化改革,应是一国金融体制的改革模式和进程,而非单纯的金融体制改革的路径和办法。在这种前提性认知的背景下,无论是与民间借贷紧密相关的民间地下金融、私营经济发达地区的私营钱庄,还是已经被纳入到国家监管中的民营金融机构,都应属于金融深化的结果,其区别仅在于被划分为金融深化的直接结果还是衍生结果。"非正规"的金融活动虽然尚未受到国家监管,但属于国家金融体制深化改革中需要关注的问题,而非被排除在金融深化之外。更进一步,从民间借贷发生和演进历程来看,具备合理性的民间借贷必然要渐进式地进入金融监管范围之内,以长期发展的视角来审视民间借贷,会发现其已经成为金融深化改革中的一个"规范性模板"。

第二节 民间借贷风险类别和生成

民间借贷潜在的可能性风险不能成为阻碍民间借贷"阳光化和规范化"发展的障碍,明晰风险源及其类别和成因将有助于政策和法律从规则设计层面有的放矢地调控和引导民间借贷的健康成长。[②] 从形成因素角度考察,民间借贷风险的发生是金融元规则和金融信用出现问题的表现,实践中借贷风险体现在两个方面,一是金融市场中的诚信风险和经济结构性风险;二是民间借贷的治理机制与业务和产品创新的风险。[③] 长期来

---

① 参见姜旭朝、丁昌锋《民间借贷理论分析:范畴、比较与制度变迁》,载《金融研究》2004年第8期。

② 国内金融改革的步伐稳健加快,民间资本进入金融领域的大门被渐次拉开:从设立温州市金融综合改革试验区到决定在浙江省丽水市开展农村金融改革试点工作,再到银监会5月26日正式出台《关于鼓励和引导民间资本进入银行业的实施意见》,鼓励各类投资者投资入股银行业金融机构,可见,民间资本正更深层次地参与到金融改革当中,这不但有利于完善金融市场体系,更有利于促进金融改革的良性发展。

③ 2012年间,温州9成以上的家庭、个人,近6成的企业参与民间借贷,民间借贷规模超过1200亿元。其中用于一般生产经营的仅占35%。事实证明,实体经济失调的间接影响就是催生了大量的民间借贷,民间借贷为追逐高额利润将会无所顾忌的进入金融市场,从事具有风险、但回报利润相对丰厚的金融借贷领域。

看，诚信风险是民间借贷风险源的根本所在，需要"徐徐医治"，而治理机制与业务和产品创新的风险则是表象的风险因素，可以有针对性地出台政策和配套法律规则。金融风险的成因存在多样性，社会诚信体系建设的缓慢、金融二元结构的差异、经济结构转型的滞后、政策及法律规则的相对静态都是诱发民间借贷风险的因素。作为一个交叉性的风险监管问题，民间借贷风险的管控必须从多元化的角度出发，不仅要在政策和法律上给予必要的监管，而且应从风险的成因层面加以审慎关注和应对。

一 民间借贷风险的类别

（一）诚信风险和经济结构风险

民间借贷的风险分为原初性风险和表象性风险。原初性风险是指金融市场中的诚信风险和经济结构性风险，作为民间借贷的原初性风险，诚信环境和经济结构问题决定并影响着表象性风险的范围和危害程度。信用在货币经济形成之前就已经存在，而金融诚信更是在金融市场成型之前缓慢生成，诚信在金融领域极为重要，不仅是金融市场的生命，而且是金融资产中存在且不可为任何货币替代的财富。金融交易、产品创新、治理规则等诸多事关金融风险和安全的问题都以金融诚信为基础，这种无形的金融资信信赖表现出人与人之间、人与金融机构之间、金融机构相互间的诚信，以此为前提和依托进行相关的金融产品创新和金融类业务开展。金融交易成本、非法集资诈骗风险、借贷风险、金融安全性风险等各类市场中存在的成本与风险，在"厚德尚品"的诚信市场中均会得到有效的抑制，这种诚信环境下的"契约性效应"不同于外力的强制性规范，其在借助人和金融机构内部诚信环境与文化滋养的基础上有效地调控人和金融机构的行为，在一定程度上降低了金融交易成本和可能存在的金融风险。[1] 更进一步，金融诚信文化是金融生态环境的基础

---

[1] 金融诚信的评估非常重要，甚至在市场中已经凌驾于其他任何标准之上。而事实上，世界范围内的金融市场之间总体已经在诚信理念、诚信规则之间存在着原则性的共通之处，例如，说谎与欺骗被认为是违背道德的行为，否则没有哪个市场能够长久的保持真诚和互信的金融交易；每个市场都尊重和保护其成员的财产所有权，否则没有人能够保护金融交易的"成果"。参见［美］理查德·T.德·乔治《经济伦理学》，李布译，北京大学出版社2008年版，第58页。

性核心内容，代表着金融市场中相关主体对交易双方所缔结契约或承诺的认可和遵守，金融市场衍生性或表象性风险均是缺失诚信在金融交易中的外在反映。成熟的金融市场是法治市场，但法治意味着政府除非实施众所周知的规则以外不得对个人实施强制，但这在当下我国金融市场中显然不能达到，因而，应积极地审视金融原初性风险的存在，以构建诚信金融市场作为引导和调控民间借贷发展的基础。经济结构问题是原初性风险中相对表象在外的风险源。

经济结构不仅表象着一国国民经济的组成和构造，而且反映着实体经济和虚拟经济之间的格局，当实体经济内部出现问题，不能给予从事实体经济的人员以充足的利润率，则必然会导致本在实体经济中形成的资本寻求利润增值的渠道，此时，民间借贷就成为极佳的选择。在这一过程中，若期望削除资本进入民间借贷逐利的取向，必须从改善实体经济发展状况出发，调整经济结构，赋予实体经济以活力和动力，让实体经济中的商业可以"有利可图"，从本源上"切断"资本选择民间借贷从事金融虚拟类投资获利的动机。逐利是资本的本性，更是商人的本性，由人类私欲衍生出的民间借贷产品创新将会滋生潜在的金融风险，试图强制性地管控附带着人类本性的逐利行为效果必然不佳，只有挖掘实体经济内部的利润增长点，以调整实体经济结构来吸引资本的重新认可和进入才是抑制资本过度进入民间借贷的"固本良药"[1]。

（二）治理机制与业务及产品风险

作为民间借贷的表象性风险，治理机制与业务和产品创新的风险的监控同样重要。民间金融治理机制在于"阳光化和规范化"，合法的身份与细致的规范是保障其在金融市场中常规性健康发展的对策，而金融产品创新的风险则可以被划入治理机制之中。因此，在政策和法律打开民间借贷合法化之门后，借助法律规则对民间借贷在市场中生长的样态、开展金融业务的种类、创新性金融产品的设计乃至于民间借贷机构的治

---

[1] 我们并非将民间借贷的风险完全归咎于市场本身，毕竟，政府一直在发挥着重要的宏观调控作用，对市场的发展起着重要的指引作用，但在暂时不考虑政府政策和立法的合理性与规则的效率性的情况下，诚信环境与经济结构问题着实成为诱发民间借贷的原初性风险。

理机制等问题应给出明晰并具有针对性的回应。例如，国内首个民间借贷改革试点"温州金融综合改革试验区"的建设要点和重点在于"减少管制、支持创新、鼓励民营、服务基层、支持实体经济、配套协调、安全稳定"[1]。这是自 2011 年以来国内中小企业危机倒逼金融深化改革加速的直接结果，其具体内容在合法化民间借贷身份的前提下会涉及金融创新和金融组织形式等多方面具体问题的变革。正如中国金融机构内部制度与管理不严、缺乏必要防范机制等问题一样，民间借贷的规范化发展必将是一条渐进式的长期"征途"，而从长远看，中国金融体系下的民间借贷安全性问题将是金融体制问题中持续关注的重点。[2]

二 民间借贷风险的成因

（一）经济价值体系尚未形成

市场经济需要具有活力且可以持续发展的价值体系作为政府和投资者的理念支撑。市场经济价值体系内涵多元化，外延极为丰富，从政治视角、经济视角、文化视角、社会视角、历史视角都可以发现市场价值体系的内容，但试图在短时间内寻求到能够被各方均认可的共识性价值则颇为困难。从价值的功能上看，能够保障市场经济的良性运行必然是当下和未来市场经济价值体系所追求的目标，价值所包含的所有内容也均应以此为基础而展开。同时，基于价值的普适性和普世性，必须将个人、社会、市场以及国家共同的价值追求纳入到价值体系中，以此才能协调国家和市场的关系，在此基础上激发个人的经济活动意愿。在探寻和抽离市场经济价值时，尤其应对个人所追求的价值予以关注和重视，人类是一种对价值有高度依赖的动物，它不仅需要依靠既定的价值来维持自己的社会性存在，而且需要在发展的十字路口通过价值选择来引导和塑造自己的未来。[3] 可见，社会、市场、国家对于市场经济价值体系中价值内容的界定和赋予，应在一定程度上体现出对个人价值的尊重和保

---

[1] 李徽熬：《周小川温州调研金融综合改革 减少管制》，载《新京报》2012 年 4 月 11 日。

[2] 参见孙健、王东《金融霸权与大国崛起》，新世界出版社 2008 年版，第 298 页。

[3] 参见张铭、刘洋《市场经济时代与政治价值体系之调整》，载《东岳论丛》（济南）2011 年第 2 期。

护，承认、认可并维护这个前提性基础，市场经济价值体系才能形成和成长。因此，从市场的非正式制度因素出发，在伦理道德、风俗习惯方面应遵循中国社会和市场的特色，有所选择地传承下千百年来商帮的诚信文化，并辅之以现代法治精神和理念，以此抽离出市场经济的价值核心。在将"经商济世"，"守信不欺"，"敦厚质朴"，"精而不奸"，"仁中取义真君子，义中求财大丈夫"等商帮精神，和当代的契约精神、法治理念融合在一起时，将会生成蕴含诚信文化的金融市场价值理念和市场经济价值体系。[①] 但目前来看，这种期待的价值体系远未形成。

（二）经济体制改革尚未完成

民间借贷风险的成因体现在市场经济价值体系尚未形成和经济体制改革尚需深入两个方面，前者解决的是金融诚信和金融道德的建设问题，后者解决的是实体经济转型发展问题。市场经济价值体系形成和建设应从多元化的视角来审视，中国传统商帮文化中积极的因素并未能很好地传承下来，缺失儒学等理念支撑下的现代市场经济中尚未找寻到共识性的市场经济价值。[②] 由于金融诚信和金融道德以市场经济价值体系为依托而存在，故，应从构架市场经济价值体系出发，从形成和构筑市场经济价值的层面来培育金融市场中的诚信和道德。此外，中国实体经济的转型发展一直困扰着政府和学界，当温州产业"空心化"导致资本流向金融市场后，政府已经不能否认实体经济存在的严重问题。涉及经济体制改革、经济增长模式的转变、内需渐进式扩大等诸多核心和重要问题均对发展实体经济有着决定性影响，只有认清发展实体经济是扩内需的必然要求，其内在逻辑是实体经济的发展与内需扩张，才能够在经济总量和结构上实现平衡，以出台"组合拳"式的政策和法规的方式引导实体经济重新走上"正规"，继而服务于虚拟经济，合理引导市场经济中资本

---

① 文化的力量是无限的，商帮文化同样如此。

② 存在于中国社会两千年的"官本位"思想赋予了权力经济存在的充分理由，在权力经济社会里，"权力"是社会的中心，是追逐的最高价值、核心价值。而中国的商人就是在这一社会形态下逐利、生存、开拓和进取，传统商帮的文化虽然尚浅，但毕竟是市场经济的本源性道德基础，当代市场经济应汲取其中的精髓文化。参见徐志频《当商帮已成浮云》，福建教育出版社2012年版。

的流动。①

本章小结

本章旨在通过界定民间借贷的法律边界，尝试比较了民间借贷与正规金融、非正规金融及金融体制改革之间的异同，并探讨了民间借贷的风险种类及成因。同时，民间借贷风险问题说明民间借贷机构道德伦理存在着不可自动修复的复杂风险诱因。这种风险诱因在民间借贷机构中体现得尤为明显，已经被扩大和复杂化的商事组织的伦理道德滑坡日渐渗透到立法监管部门、金融机构高管群体、市场中"看门人"行业，间接地弱化并阻碍着法律规则应然性功能的发挥。因此，在下面的章节中我们将继续探讨民间借贷规则形成的理论基础，尝试发掘民间借贷规则形成的理论机理。

---

① 参见张其佐《实体经济是战略转型的基础》，载《中国经济时报》2011年12月23日。

第二章

金融变革和民间借贷治理规则生成的理论基础

民间借贷市场法制化规范的基因是各类法律规则,这需要从借贷规则入手对市场中的"元规则、激励性规则"进行分析,此外,从金融契约视角解析借贷市场更会呈现出民间借贷市场法律规范设计中各方利益主体博弈的全貌。温州金融综合改革实验区是一个模板,很好地展现了国家主导推进民间借贷市场开放和规范化发展中激励性规则的重要性和设计取向,这主要体现在放松金融管制、降低投资门槛、借贷机构形态多样化等方面。更为清晰的把握民间借贷治理规则生成的理论基础,也必然将会在民间借贷市场内外部法律治理规范的设计中发挥科学积极的作用。

第一节 民间借贷规则与契约理论

金融体制改革不仅是当下的政策,而且是中国从经济发展、社会发展的层面一直坚持的不变国策。在取得诸多金融体制变革的成果的同时,我们不难发现金融市场中仍存在诸多违背法律规则游离在正规金融之外的非正规金融活动。无论是刚刚被纳入法律常规性监管的民间借贷问题,还是"温州金融综合改革试验区"的尝试,都是非正规金融向正规金融市场所发起的一种"制度变革性挑战",毕竟,实践中太多的金融活动存在于法律监管之外。这不是民间借贷力量"不守规则或缺乏责任"的体现，而是正规金融规则在设计之初，就没有切实紧密地遵循金融市场中的"元规则"，破坏了元规则培育起的信用基础。我们应借助当下深化金融体制改革的契机，反思正规金融规则中更为深层次的"元规则"及民间借贷信用的设计与理论基础。

新制度经济学为我们极好地提供了分析市场经济制度的工具，顶层制度的设计，必须回应市场的实际需求和发展现实。金融活动中存在着诸多的游戏规则，不仅包括一般性规则，更包括基础性规则，而作为基础的规则是一国的限制制度和该国金融市场的文化理念和经济思想的沉淀的凝结。探寻金融市场元规则的当代含义和基本内容，应从中国的社会主义制度和本土性的民间借贷规则层面出发展开分析，这也是探寻社会主义的精神和金融市场中的文化理念精髓。

一 民间借贷规则的历史溯源

金融主体的活动是在市场规则指导下进行的，各类金融机构的展开均受制于一定的规则之下。事实上，市场经济的发展与金融市场的建设均不能同良好的秩序规则分离开，尤其是金融市场的元规则为金融主体提供了健康发展所必需的秩序和信用环境。

（一）规则的内涵

在语言学中，英语单词 rule 之本源及其追溯或衍生出的词义包含了经验的常规、系统规则等内容。[①] 对于规则的内涵而言，我们更应探讨其语言学定义背后所承载的历史和文化的理念精髓，毕竟，流于表面形式的定义必将随着时间和环境的变动而修正，真正能够长存的，是那些包含于规则之内的理念、精神。规则中分解出来的精神性理念可以从人类的心理深处说明规则调节人们行动的理由、效果。

制度经济学中对于规则探讨视野相对宽阔，已经将非正式规则纳入探讨的范围之内。基于新制度经济学的框架，新经济史代表人物诺斯在其曾提出的"制度国富论"中，极其推崇制度的作用。对于制度内涵，

---

① 语言学上，规则（rule）是指"直尺、标尺、知道、通知、管理、规则、规章、规定、条例、知道、统治、管理、行动或行为的指导等"。

他认为,制度是社会游戏的规则,是人们创造的、用以限制人们相互交流行为的框架。制度一般由非正式规则(思想习惯、伦理道德、文化习俗、意识形态等)和正式规则(宪法、法令产权等)组成。当然,制度经济学更关注的不是制度的性质及其文化性理念,而是规则的定义、范围、功能、类型。①

在正式规则和非正式规则之中,都蕴含着另一类规则的划分,即市场规则和自然规则。规则同样有其他诸如政治规则、法律规则或技术规则、游戏规则、道德规则的划分,而市场规则和自然规则的划分更能体现出规则中迥异力量的存在。我们认为,自然规则即元规则的理念,在一定程度上决定着市场规则的设计。蕴含着权利基础、意识形态和文化背景的自然规则是一种自生自发的、内在的规则,相比之下,市场规则是自然规则外在化的一种体现,虽然也包含着诸多内生性规则,但更多的是由自然规则衍生出的自发规则,"血酬定律"式的自然规则是实实在在存在的。

(二)规则的历史演进

规则的生成和发展在古代既已存在,正如,为了发现自然法观念的真正起源,我们必须回到圣·奥古斯丁,回到教会神父们,回到圣·保罗,甚至于需要回到更为古老的西塞罗、斯多葛学派哲学家、古代伟大的道德家及其诗作(特别是索福克勒斯)。② 在中国,夏、商、周以习惯法为主的奴隶制法律虽然体现了王权与族权的统一,并渗透了神权思想,但毕竟已经形成了奴隶制法律规则。《尚书·盘庚》中记载有"以常旧服,正法度",即表明商代已具有成文性法律规则。西周时期的《周礼》更是推动了法律制度的进一步发展,包含了刑法、民法、行政法、诉讼法等内容。发展到战国时期以郑国"国之常法的铸刑书"为代表的成文法陆续制定和公布。可见,中国古代即已经存在对于规则的考量和设计,

---

① 有时需要改变规则;有时起作用的是非正式的规范,有时非正式的规范也发生变化以至消失。诺斯在研究的过程中,极为看重规则的实践作用及如何取舍正式规则和非正式规则,其取舍的标准重在利益获取的度量。

② 参见[法]雅克·马里旦《自然法理论与实践的反思》,鞠成伟译,中国法制出版社2009年版,第16页。

表明了人类对于成熟秩序和稳定规则的向往和追求。在社会规则日渐丰富的进程中展现出两个特点：一是对于规则的探讨时间久远，无论国内外，均可以追溯到数千年之前；二是在规则不断修改与完善过程中，均注重规则的理念构思、制度架构、规则与实践相适应等要点，并且充分地将规则的理念和内容同特定历史时期的经济、文化、政治、社会、市场乃至哲学理念相结合，以达到规则真正可以有效地为国家、社会和市场服务的效应。例如，哈耶克在研究自生性秩序的生成和发展问题上借重了经济学、心理学、法学、历史学、哲学等诸多领域和学科的知识，动态性地将这些知识运用到规则的分析中。在《理想国》和《法律篇》及其后续巨著中，都试图以哲学为基础为构建理想化的社会规则提出规划。同时，在规则的分析和设计问题上，诸多学术流派都提出过宝贵且有价值的意见。[1]

二 规则、制度、秩序的异同

规则、制度和秩序之间紧密联系，但却存在差异。秩序不仅是一种规范性制度环境，而且是一种已经处于发展成熟阶段的规律性现象，在秩序下，宏观经济和社会动态都是稳定的，同时，某些规律性事件所产生的结果也是可预期的。而制度和规则更多地在存在时间段和范围上略低于秩序，另外，愈加多的观点倾向于将制度和规则等同化。对于三者之间的关系，需要从以下几个方面来考量。

（一）制度与规则之间的关系

制度与规则之间有部分重合的地方，但更多的时候，存在差异。当规则被使用在社科领域中时，狭窄语境下的规则同制度的内涵十分接近，可以被认为是一种"规范或标准"。但在许多环境下，规则和制度的关注点不同。规则和制度之间并不存在完全相互对应的关系，自然规则或市场规则可能需要不同的或多种的制度才能建构成功，也可以理解为多种

---

[1] 对于规则研究，近现代形成了诸多的分析方法，例如，波兰尼与格兰诺维特的"嵌入性"方法、哈耶克的文化进化论、布坎南的立宪经济学、格雷夫的历史制度分析方法、青木昌言的比较制度分析方法、奥斯特罗姆夫的多中心方法、理性选择制度主义、社会学制度主义、历史制度主义等。

不同的制度可以构建一个同性质的自然规则或市场规则。可以发现，同样的某类制度但将其置于不同性质规则下，其可能展现出的形态和发挥的功能亦会大相径庭。

（二）规则、制度和秩序的异同

规则、制度和秩序并非完全相同。秩序作为宏观层面的规律性运行模式，而规则和制度是秩序在运行过程中精神、理念和约束在现实中的一种反应和实施。更进一步，秩序作为宏观运行的规律将保持着一种稳定的状态，这种环境给予了市场和社会一种效率与和谐的期望，并且是能够实现的。规则和制度在秩序的框架下，应符合秩序的价值理念和目标追求，只有这样，规则和秩序才能在既有秩序框架下发挥出自己所具有的功能，增进效益，社会达到和谐，使市场更加富有效率。因而，规则和制度在一定环境下都可以作为秩序形成的前提性基础，只有当规则和制度的运行精神理念、实践价值和衍生效应得到了来自国家、社会、市场认可之后，才能渐进转化为秩序。

（三）习惯性规则的生成和发展

习惯性规则生成是哈耶克所主张的"三重规则中的第二重"，其认为人类在经历的前后相继的各种社会结构类型中所学习到的各种传统，是人们并不曾刻意选择但却广泛传播和盛行的规则，这些规则的产生相比于"遗传规则"和"设计规则"而言，则显得更为重要。[1] 习惯性规则在发展的过程中因传承能力与内容的相关性强于遗传规则而逐步成为规则的核心地位，同时，习惯性规则因其传承性与设计规则的本源性而一定程度上优于后者。从而我们发现，正如哈耶克所言，"在社会进化中，具有决定意义的因素并不是个人生理的且可遗传的特性的选择，而是经由模仿成功有效的制度和习惯所作出的选择。尽管这种选择的运作仍要通过个人和群体的成功来实现，但这种实现的结果却并不是一种可遗传的个人特性，而是观念和技术，一言以蔽之，就是通过学习和模仿而传

---

[1] 哈耶克认为，"遗传规则"是人类经生物遗传而获得的本能性规则，"设计规则"是"人们经由可以采纳或刻意修正而采用来服务于那些明确且已知的目的的那些规则"。

播延续下来的整个文化遗产"①。

(四) 元规则的形成与功能

规则可以具体划分为元规则、一般规则以及专门性规则。鉴于规则的演变流程与产生程序,在对于市场中的具体规则的合理性进行分析时,应追根溯源,解析一般规则上层元规则的利弊,即分析规则的初始状态环境和设计因由。元规则是由年代悠久的自然性惯例演化而来,继而衍生出系列规则,这种路径依赖维系着规则持久性存在和发展。元规则发挥着三个方面的功能:成为具体规则设计的依据、秩序形成的来源、弥补制度不足的凭借。其在实践中则发挥着更为具体的功能,例如:降低市场中交易成本,为投资者提供行动的预期性指引,成为人们行动的激励依据,约束和监管行动者的具体行为,实现元规则的精神和理念,达致国家、民众的期望。

三 规则群中元规则及其功能

规则是约束金融主体行为的一种机制,不仅包括正式的规则,同样也包含非正式的规则。规则既规定了金融体制的基本模式,确定了相关的制度安排,包括了法律、规章、条例等规范性行为规则,同时也包括了文化理念和意识形态等。由规则到具体的法律规范或政策条例,经历了千百年的演进历程,是从最高层级或最初状态发展到最低的准则或相对成熟模式的过程。这些非正式规则日渐地从规则成长为各类具体准则,代表了社会和市场对其接受态度之转变。最基本或最初的规则即为元规则,元规则所承载的不仅是非正式规则的内容,而且是其背后的文化理念和伦理道德。往往,只有符合元规则理念或道理基础的具体规则才是符合逻辑的。鉴于元规则所承载的内容,更多的同道德伦理、宗教信仰、文化理念、风俗习惯相联结,因而,由元规则所衍生出的正式规则若缺少非正式规则相匹配,则在多数情况下难以发挥出设计者所期望的功能。

---

① 哈耶克:《自由秩序原理》,上海三联书店1997年版,第68页。

四 民间借贷元规则

民间借贷市场正常运行需要一定的秩序和规则维护。显然，市场经济规则是一系列金融规则和规范的总和。依据规则的逻辑性划分，民间借贷市场规则应同样存在元规则、一般性规则、专门性规则的区分。更进一步，民间借贷市场元规则是由民间借贷市场理念和相关非正式规则所组成，是民间借贷市场信用的基础。民间借贷市场一般性规则是由竞争规则、交易规则、机构进入和退出规则、商业仲裁规则、金融权益归属规则等组成，而专门性规则是由民间借贷市场中特殊性的法律规范和政策所组成。可见，民间借贷市场秩序构建，首先体现在对民间借贷元规则的设计之上，进而是一般性规则和专门性规则的设计。若期望对民间借贷市场规则进行深入分析，则有必要探求市场元规则的发展历程。在民间借贷经济元规则产生与形成的过程中，民间借贷元规则是民间借贷机构运行的基础性规范和依据，是民间借贷秩序规范内容的最高标准。例如，市场主体的行为，都是由民间借贷经济元规则所确定，主体之间依据元规则提供的信息和可预期的确定性来进行民间借贷市场活动。

五 民间借贷元规则的体系和金融信用

（一）民间借贷元规则的形成

民间借贷市场元规则源于传统交易规则和商事习惯，经历了千年历史沉淀。民间借贷市场元规则经历了多个发展阶段才渐进地演变成型，从市场经济中的非正式规则，到市场经济一般规则和专门规则的形成，最后演进到市场经济元规则和民间借贷市场元规则的形成。可以认为，市场经济的发展催生了市场经济元规则、一般规则和专门规则的生成，依托于市场经济的民间借贷市场在逐步发展过程中，日渐形成了属于自己的元规则。当然，两类元规则之间有层级高低之分，民间借贷市场元规则显然较市场经济元规则低。在民间借贷市场的元规则中，体现或包含着社会和经济、政治和文明的理念和习惯，这些都折射在元规则及一般或专业性规则上。在人类金融史发展进程中，民间借贷市场元规则不断地转化为金融主体内在的自律性习惯，与此同时，元规则自身也在不断地演进变革。

（二）民间借贷元规则的特征

民间借贷市场元规则具有原初性、稳定性、系统性、约束性和前瞻性的特征。原初性特征决定了元规则同样具有客观性的特征，由经济个体和市场交易自发性地形成了被国家、社会、市场相关利益体所认可的规则，是其他相关规则的原初样态。民间借贷市场是变动的，但是作为民间借贷市场中的元规则，则不会轻易地随市场波动而改变。

（三）元规则与金融信用风险

元规则是民间借贷市场的信用基础，而信用则是元规则在民间借贷市场中的体现。元规则历经千百年传承，呈现出趋于稳定的信用环境，一旦民间借贷市场出现问题，一定程度上表明信用环境遭到破坏，元规则遭到违规。以民间借贷市场为例，民间借贷市场信用根基是完备体现在各类法律规范对借贷机构完善的监管及对借贷业务高管人员和职工的监督上，一旦借贷市场发生风险，最为直接的反应是法律规则出现漏洞，而深层次原因则是民间借贷市场的元规则出现了问题。

六　非正规金融机构中的契约理论

非正规金融机构近年来以极快的速度发展，其规范化和治理机制也受到关注和重视。然而，对于如何设计非正规金融机构的组织样态、控制其发展风险、完善保护金融权益的对策、约束高管行为的规范等环节都存在亟须解决的问题。从法学视角来审视，各类对策的设计均可以从收益、成本或道德理念等层面进行考量和解析，但难以探析到各类主体之间真正利益纠纷原初性问题之所在，也不易探查到各利益群体之间破解问题的意图和最终目的的边界。问题的关键在于，政策和法律在考虑非正规金融机构合法性和规范化问题时，若仅仅从成本或收益出发来考察各项规则的设计，不足以明晰利益群体真正的意图，继而较难设计出能够起到激励性效果的法律规则。合同法学的研究视角为解析非正规金融机构问题提供新的研究思路，金融契约理论在非正规金融机构建设中发挥着重要作用。通过对非正规金融机构组织样态和各项问题进行金融契约式解读，利于我们更为深刻的认知当下市场中的金融风险及潜在问题的成因，以及针对非正规金融机构的监管和治理机制的改进方法。

（一）非正规金融机构的组织样态和潜在风险

正规金融机构和非正规金融机构并存于民间借贷市场中，在金融体制变革下，非正规金融有望以"合法化"的身份在市场中进行经营，但其组织样态和潜在风险应仍处于探讨阶段。就现阶段的发展来看，小额贷款公司、典当行等金融组织样态成为非正规金融机构的主流，而其他组织形式仍然在逐步摸索中。对于潜在风险而言，市场的共识是非正规金融机构比正规金融机构有着更多潜在金融风险，且防控处于十分困难的境地。对于这种状况的治理和监管对策，法律研究更多的集中在对于"合法化、规范化"政策的肯定和支持，集中在金融风险的管理型和惩罚型防控机制建设上，而缺失从金融契约角度利用激励性规则来建设风险防控和治理机制。

1. 组织样态

非正规金融机构在近年民间借贷风暴的席卷下，被动式的被推到了"合法化、规范化"的历史进程中，在金融体制改革的背景下，市场中出现了多样化的非正规金融机构样态。例如，小额贷款公司、典当行等相对正式的组织形态，金融服务咨询公司、融资贷款公司等非正式的组织形态等。从其发展来看，非正规金融机构的组织形态仍然严重受限，未能达到开放式金融市场的标准和要求，既有的形态发展也存在困阻，例如，小额贷款公司的资金来源和资金规模等在一定程度上阻碍其向更大规模发展。对于金融市场而言，需要更多的非正规金融机构在市场中为金融消费者提供金融服务，既有非正规金融机构数量和质量仍未能满足市场需求，非正规金融机构的组织样态需要更进一步优化和拓展。

2. 潜在风险

非正规金融机构在发展中面临着诸多的问题。在潜在风险上，非正规金融机构的监管风险、公司经营风险、金融产品创新风险、业务开展风险、高管责任风险以及不可控的政策风险等均会对其常规发展产生影响。其中，多数风险是当下非正规金融机构较难预测的，从国家的金融政策到机构的治理机制，以及对公司管理层和员工的监管都存在客观困难，在控制风险中所承担的直接成本和间接成本一定程度上削弱了民间资本投资者的利润回报。其根源在于政策的不确定性和法律规则运行的成本，对于后者而言，借重规则设计的调控可以达到一定的改善效应，这就需要我们从规则中的激励元素出发，来考量对规则的改进式完善。

3. 政策导向

政策对于非正规金融机构的发展极为重要。自 2011 年起的针对非正规金融机构的开放式规范化，即是在国家深化金融体制改革背景下推出的金融开放政策，无论是"合法化"抑或是"规范化"的法律规范推进，都源于政策的肯定和允许。历次金融体制改革，只有在支撑的坚定和持久支持下，才能取得一定的实效，而当政策发生波动甚至取消后，所取得的金融体制改革成果都会逐渐消失。由此可见，若期望完善非正规金融机构治理机制，进一步推动非正规金融机构在市场中的发展，使其规范化和成熟化，必须稳固金融政策层面导向，这是开放金融市场的根本所在。

4. 法律规范趋向

法律规范在调控非正规金融机构发展中起着至关重要的作用。政策空间下，非正规金融机构代表着民间资本的"阳光化"发展，法律规范在组织形态、公司结构、治理模式、风险监控、业务种类等方面都加以规范，保证其正规运行，可见，法律规范是引导和辅助非正规金融机构发展的重要工具。现阶段的问题在于，法律规范仍然是在政策允许的框架下给予规制，这虽然是客观事实，却为更为明确和完善的规制非正规金融机构造成了困阻。在政策未确定和明晰的情况下，法律规范以惩罚型和管理型规则为主，缺失激励型元素的法律规则缺少强力推进民间资本的发展动力，也缺乏更大程度上推动非正规金融机构发展的依据。

（二）非正规金融机构中的金融契约理论

非正规金融机构缺少金融契约理论的支撑和研究，对于治理机制和风险控制规则的设计而言，是一种缺失，更导致诸多监管对策难以达到立法的最终目的。金融契约理论以公司法的契约理论为基础，从合同法视角来解读非正规金融机构的组织样态等各种问题，从金融契约视角来看，非正规金融机构是由民间资本、资金需求方、资金提供方、雇员、政府监管部门之间达成的一种显性和隐性的契约网。各种组织样态和规则之间，都隐含着契约网下横向或纵向利益主体之间的"合意"，规则的设计和改进亦应以此为基础，在契约网中镶嵌入激励性规则以推动非正规金融机构治理机制和风险控制整体框架的完善。

1. 发展现状

政策和法律规范是宏观层面影响非正规金融机构发展的主要元素。从微观层面来看，法律规范设计是直接作用于非正规金融机构的调控对策，应以其为主要的规范工具。非正规金融机构的法律规范机制，尚未形成较为成熟的治理模式和监管对策，风险控制机制更是以"政策性和应急性"为主，这同其规范化发展的时间和经验不可分割。但从金融市场的开放趋势和金融机构的发展趋向来看，随着新型非正规金融机构的逐步成长，新型金融产品也必将逐渐出现在金融市场中，潜在的金融风险也会逐步增加，这需要从法律规范层面来设计出一个长期性的具有导向和指引作用的规范模式。

2. 金融契约理论

非正规金融机构的长期规范化发展，需要引入金融契约理论。金融契约理论以公司法的合同解释为依据，是运用合同法视角来看待金融机构法律规制的一种分析方法。从金融契约理论来看，各类金融机构都是由金融契约网组成，金融机构中的各类利益群体，均是相互之间达成明示或默示的合同而结合在一起。基于合同关系，利益群体在合同网的框架下相互之间因按约履诺、长期合作、守信尽职、持续经营而发生的各种机制变革和利益纠纷，也均按照契约中的合意和约定来解决。

3. 非正规金融机构中的契约元素

从金融契约理论来观察非正规金融机构的结构，会发现各种不同的契约性元素深深影响着非正规金融机构的发展。从组织形态来看，在国家监管部门和民间资本之间存在契约关系，国家监管部门同民间资本以明示的契约约定或者在市场中的组织形态、业务种类以及处罚办法的方式订立契约，在这个契约框架下后者以小额贷款公司、典当行等形式存在；从非正规金融机构的业务种类来看，在监管部门、非正规金融机构、金融消费者之间达成一种契约，监管部门同非正规金融机构之间明示的约定业务种类的范围和风险控制的方法及对策，而非正规金融机构则同金融消费者之间同样明示的约定了业务范围内产品的质量和违约的处理方式；在监管部门和金融消费者之间也存在一种默示的契约，前者对后者做出一种允诺，在法律框架下负有保护后者金融投资安全的责任和义务；监管部门、金融消费者和金融市场中介之间也存在契约关系，后者对前者负有一种保证提供非正规金融机构相关信息审核准确、真实性的义务；其他，诸如高管人员、公司雇员同金融消费者之间等都存在契约关系。

4. 非正规金融机构的规则种类

法律规则的属性影响着规则自身的作用和活力，非正规金融机构的规范规则可以分为三类：即惩罚型规则、管理型规则和激励型规则。三者之间相互搭配，共同组成了公司治理规范和风险控制机制。管理型规则集中体现在对非正规金融机构结构和治理框架的整体设计以及高管人员、员工的行为规范中，同时，金融中介机构的治理机制和高管行为等也适用这种管理型规范。而惩罚型规则集中在针对非正规金融机构、金融中介机构在经营中开展业务、人员行为、治理机制、风险防控之际出现问题时的追责和惩罚机制，这种从成本和收益元素出发而设计的惩罚型机制在当下的法律规范中发挥着重要作用，尤其对于刚刚开启的非正规金融市场而言，尚未成熟的政策和法律规范必然会引发潜在的金融风险，而只有借重惩罚型规范才能对风险起到阻却和管控的效果。从金融市场的长期发展来看，规范市场中金融机构的法律规则仍应以激励型规则为主，惩罚型和管理型规则在作用于市场中的经济个体之时是从管控人性的角度出发，而人性"恶"的动机和欲望虽然需要管控，但"疏胜于堵"永远是相对合理的路径，这就需要设计激励型规则来引导经济个体的合法性行为。三类规则各有作用，需要相互配合，长期看应以激励型规则为主。更进一步，三类规则设计所考虑的因素仍是契约理念和元素，从规则设计的本质来看，惩罚型、管理型、激励型规则都是以契约为基础，均内涵契约的权利、义务和责任。

（三）金融契约理论在非正规金融机构中的适用和作用

金融契约理论在非正规金融机构中发挥着十分重要的作用，有着丰富的适用路径。具体到实际规则设计来看，从非正规金融机构的合法化、规范化的依据解读；到非正规金融机构在市场中各类形态的设计成因、各类风险控制对策的设计等均有金融契约的元素。与此同时，金融契约元素体现在对非正规金融机构中高管人员的道德标准界定和约束上，高管人员应具有高标准的金融道德，其约束机制也具有多样性，金融契约元素发挥着重要的引导和规范作用。更进一步，对于培育非正规金融机构所在市场中的金融信用环境而言，同样也发挥着重要的作用，信用环境的培育以现代契约为基础，而金融契约正迎合了金融市场的信用机制建设，所应注意的是在培育信用环境的同时需要结合中国传统信用元素。

1. 非正规金融机构的规则种类

从规则的调控对象上观察，非正规金融机构规范规则的种类可以明晰为以下几类，公司形态规则、公司员工管理性规则、公司业务操作规则、公司业务监管规则、公司信息披露规则、公司破产解散规则等。各类规则共同组成了公司的整体治理机制，其中，各类规则从性质上划分，又分属于不同种类的激励型、管理型或惩罚型规则。作用于不同对象而生成的规则在适用不同性质规则之时，应考察作用对象的特点和规范的效果，以及规则设计之初所期望达到的调控目的。这种规则的分析和配置，都可以在金融契约理论中找到对应依据。

2. 金融契约的作用

金融契约的作用在于解析规则的属性，以此来评估不同规则适用的依据及其适合分配的位置。契约是以合同为基础的一种在利益群体之间的协议，其内容必然是协调、规范、调控不同群体之间权利、义务和责任的约定。正是基于这种双方或多方自愿式的约定，在利益群体之间达成协议后，能够利于各方自愿的在契约框架下履行约定，而一旦违反约定，所应承担的惩罚性措施或其他责任也可以"心甘情愿"地来承担。契约的作用在于此，对于惩罚型规则而言，从契约角度来看应更多地配置些可能违约性的事项；对于管理型规则而言，则应更多地配置公司治理性事项；对于激励型规则而言，则需更多地配置公司权利性事项。但三者之间也存在重叠，在可能存在重叠的情况下就涉及一个规则种类选择的问题，例如，在管理型规则和激励型规则重叠之时，两者均可选，那么从激励人性的因素来考量可能后者更易调动人的积极作为因素。因此，金融契约能够较好地辅助和优化非正规金融机构规则设计中的三类规则配置。

3. 民间借贷市场中信用环境的培育

金融契约是培育市场信用环境的基础。民间借贷市场的信用环境培育是一个长期过程，除了传承和保留传统文化中有益于信用培养的元素外，还需要依赖现代契约性精神和要求来推动信用环境的日渐形成。其培育基础包含多个方面，例如，金融机构的信用机制、中介机构信用机制、消费者的信用、监管部门的信用机制、司法系统的信用机制等。诸多利益体的信用机制都可以从金融契约元素中寻找到信用培养的"土壤"所在，以非正规金融机构为例，从上述的公司形态规则、员工管理规则到业务操作规则、信息披露规则等，都同契约元素不可分割。可见，契约元素是经济个体培育信用机制的最基本单位，由契约元素而扩散式的衍生并影响的信用环境是稳定且长期的。

（四）金融契约下的非正规金融机构的激励规则

非正规金融机构的法律监管、治理等规则，应以激励性规则为主，而其基础是金融契约。目前来看，适用于非正规金融机构的治理规则以管理型、惩罚型规则为主，从长期发展来看有悖于鼓励非正规金融机构发展的政策和金融体制改革的方向与本质。开放式的金融机构经营和治理，以及高管人员的行为规范，应以积极鼓励型规则为引导，从激励个人内心动力和动机的角度来影响其行为，进而作用于金融机构的常规治理。对于当下的金融机构的规范化，应逐步地增加激励性规则并适当减少惩罚性和管理性规则，当然，这种增加和减少并非盲目性的，需要慎重对待。

1. 激励规则的作用

在三类规则之中，激励规则可以起到引导经济个体合法逐利的动机，在充分释放人性的基础上来规范其在市场中的行为。人性中善恶并存，对于追逐投资利润的心态已经成为金融市场中民间资本投资者的常态心理，以严格管控方式来规范这种投资行为的策略往往不能起到理想效果。虽然，严格管控策略在短期内可以取得良好的治理效果，但多数是资本规避打压风险、寻求安全避险、等待政策宽松的投资策略，而并非出于真正的认同和遵循法律监管的心态。这种背景下的调控政策只能取得表面性效应,与金融市场和金融机构长期发展的最终目标显然相去甚远,远未达到政策和法律的设计目的。相比之下,激励规则从承认、尊重、释放、理性规范的因素来规制和调控经济个体的行为,在尊重人性的前提下规范人的行为可以收到长期性的效应,疏而不堵是激励规则的重要作用。

2. 非正规金融机构的激励规则

激励规则在非正规金融机构的各项机制设计中,应占主要位置。非正规金融机构及其业务是相对于正规金融而言的,是金融体制深化改革背景下开放金融市场的一种成果。同正规金融不同,非正规金融的发展是一种渐进式、放松监管式的政策性产品,法律规范在这个前提下给予规范。其直接效果是政策给予的发展空间多大,则非正规金融可能发展的环境就有多宽松,发生的自由度与动力相应增强,由此,配合政策而规范其发展的法律规则应积极从鼓励发展、理性规避风险、支持成长、拓展发展空间的角度来设计具体规则和运行机制。其中,在非正规金融机构组织形态的多元化放宽、新型金融产品等业务的设计和开展、经营模式的改进和转变、高管人员权利的实现形式、员工个人薪酬的回报等环节均应主要以激励型规则来引导和规范。金融体制深化改革是打破金融资源垄断和金融体制僵化的完善性变革,其要求激励经济个体和体制改革,释放微观经济的潜在力量,在这种背景下更应注重并发挥激励规则的积极鼓励性作用,使其服务于非正规金融的发展。

3. 金融契约与激励规则

金融契约是激励规则设计和完善的基础。蕴含自由意思表示的金融契约是经济个体之间达成协议的基础,其构成了激励性规则生成的土壤。激励性规则的重要作用在于释放和鼓励人性对合理、合法利益的追求,而其外在的行为需要法律规范和调控,强制性规范多只能借重惩罚性和管理性规则来给予经济个体成本上一定的负担,以此引导其不为何种行为,但负担成本从另一种角度来看也是对人性的惩罚,间接导致受惩罚个体产生排斥效应,继而影响其后续行为。而激励性规则若能给予经济个体追逐自身利益的合法、合理空间,从释放人性的角度来鼓励其追逐合法的利益，则能一定程度上实现趋利避害，引导其避开高成本的违法路径而正确开展投资活动。

4. 金融契约视野下非正规金融机构中激励规则的设计

非正规金融机构中激励规则的具体设计应把握几点：其一是贯穿金融契约自由精神，在政策允许的框架下，给予非正规金融即民间资本一定的自由空间，鼓励其组织新型多样化的金融机构，以协调资本投资者、监管部门和金融消费者之间的利益；其二是给予金融机构中高管人员获取收益方式的自由选择空间，从支持多种方式的利益收取的层面给予高管人员更多的薪酬回报渠道，以鼓励其在非正规金融机构工作；其三是给予金融机构设计金融产品的自由权利，金融产品创新本质上需要宽松的空间，以激励规则为引导，鼓励其创新性设计金融产品，以服务于不同的金融消费者的需求。

(五) 契约理论视野下的风险控制及治理机制

非正规金融机构在规范化的发展中，受到来自监管部门、投资者和金融消费者的极度关注，重要的原因在于其曾引发的民间借贷风险等金融问题不仅对虚拟经济造成了冲击，而且对实体经济产生了负面影响，甚至给社会的稳定发展带来了不和谐因素。可见，风险控制及治理机制不仅对于非正规金融机构自身的建设极为重要，其衍生效应更值得重视。从契约视角来看，应从以下几个方面来把握其规则的设计：即风险控制环节的层级安排、各层级之间的契约关系、违约后追责机制的设计、契约下补偿规则的考量；治理机制中契约关系、利益主体之间的契约性权利与义务安排、违背治理规则的契约性后果；司法系统介入非正规金融机构契约网的界限、条件、后果、监管；金融消费者在契约网中的定位及其权利、义务。

1. 非正规金融机构的风险控制机制

契约视野下的非正规金融机构风险控制机制应注意解决不同层级契约之间的风险性控制约定和后续责任追责机制。在监管部门和金融机构之间、监管部门和高管层之间、监管部门和金融中介之间所缔结的契约应包括了金融风险控制对策，这种对策设计以激励性规则来提升防控风险的收益，以惩罚性规则来增加引发风险的成本，当两者差距达到一定程度时，显然多数利益体会选择遵守激励性规则而控制风险的发生。当然，问题的难点在于如何平衡和设定两者标准，这或许需要从实证分析角度进行更为深入的研究。

2. 非正规金融机构的治理机制

契约视野下的非正规金融机构治理机制应注意解决不同主体之间权利、义务的搭配和违约后果的设计。鼓励其行使自己的权利和履行自己的义务是非正规金融机构治理机制的本质，在政策和法律给定的空间和框架中，金融机构内部或外部涉及的利益群体应积极且全面的在契约协议下表达自己的利益诉求，以此形成微观层面的治理机制。这种治理机制的形成，可以一定程度上消除因利益诉求表达不充分而后续引发的非法或不适当获取权益的负面后果。

3. 司法系统介入的边界和条件

契约视野下的非正规金融机构尤应关注司法机关对利益纠纷的介入。契约协议是非正规金融机构发展的重要依托，过度的司法介入将会打破这种契约性协议，而强制性的加入国家司法系统管控元素也必然影响各利益体后续处理纠纷方式的判定和策略选择。基于此，在金融契约框架下能够解决的纠纷，并不需要司法系统介入，而这种介入的界限，即是各利益体之间的契约内容是否违背了政策底线和法律的强制性规定。对此，司法系统应主动并积极了解相关的金融政策和法律中涉及的强制性规定，当不适当或违法介入金融机构契约下的纠纷并造成负面影响时，司法系统应承担一定的"契约性责任"。

4. 未来的发展趋向

契约视野下非正规金融机构的各项规制在未来的发展和完善中，应以激励性规则为主来设计。金融市场中的经济个体的发展，应回应市场经济的发展需求，即以市场需求为导向，以自由化的发展模式为引导，在政策和法律强制性规范的框架下给予经济个体发展的各项权利，而这种环境的生成，必然应以现代契约理念和内容为基础，以激励性规则为运行机制的主要工具。

综上，合同法视野下的公司是由契约组成的"协议网"，从契约的角度来观察公司能够分析到各利益主体之间在从事各项工作时的真正的意图和目的。在金融体制变革背景下，政策和法律都在探讨如何规范非正规金融机构的组织和风险控制，这些都涉及各利益主体之间的权益分配和保护，其实质是一种契约性利益的维护，更是对各方利益"预前协议"的一种明晰和维护。本质而言，都是在国家允许的框架下缔结契约、履行契约、维护契约、控制契约风险，显然，从金融契约的视角能够更多地观察到非正规金融机构风险的根源和规范风险的对策。事实上，从治理机制和风险控制机制的规则来看，其内在的含有契约的元素，而这种元素"天然"地带有激励性动力，因而，以金融契约中的激励性元素为基础，以激励性规则的设计为导向，整体性建构非正规金融机构法律规范框架是发展的趋向。在这一进程中，法律所应关注的是激励型规则、管理型规则、惩罚型规则之间的界限和在非正规金融机构中的合理配置。

七　非正规金融契约履行中传统自我风险防控的对策

非正规金融契约视野下的金融交易治理和规范化不同于正规金融契约，其独特的契约规范效力和治理机制维系着其强大的生命力。民间金融领域中的私人信誉机制、关系型交易、非法律性违约成本、关联性的连带责任、非法追债对策和公权力的介入是非正规金融契约履行得以保障的重要基础。从正规金融和非正规金融在国家金融市场中所占比重来看，非正规金融交易量总额逐年上升且比重较大，潜在影响着金融市场的稳定，并影响着正规金融的交易质量。尤其在经济发达地区，非正规金融在推动经济发展、培育小微企业发展方面均承担着正规金融无力"承载的任务"。而在这种境况下，金融交易者和监管部门对于非正规金融交易契约在金融市场中执行和履行效力仍心存疑虑，事实也证明，缺失法律监管的非正规金融交易契约极容易出现风险，所引发的金融危机不仅摧毁正规金融市场的秩序，而且会对金融交易者、社会产生损害。由此，政策和法律对于非正规金融交易契约的监管被视为是规范和控制其风险的重要措施。但不应被忽略的是，非正规金融契约自身的自律性机制及其生命力的正面功效应予以积极的推进和发挥，绝不应被视为是法律之外的"无用之物"。事实上，从政策和法律的形成及其渊源来看，非正规性因素极大程度的影响着正规规则的设计和效力，这种潜在影响虽然难以为数据所测量，却实实在在地发挥着不可忽视的作用。期望通过法律规则来规范非正规金融契约可能产生两个效应：其一是法律规则适应非正规金融交易的发生环境和"纠错及规范化基础"；其二是法律规则在适用非正规金融交易中对于发生的环境和生长的基础之间产生了"排斥现象"，即法律规则徒增规范非正规金融交易的监督和管理成本。因此，在设计和适用法律规范过程中，应注意非正规金融契约发生和履行中的固有特点和社会、文化因素的传承及影响。从非正规金融契约运行和治理机制来看，需要从个人和家族信誉、地缘和血缘关系、民间自律机制设计、非法暴力追债、公权力介入等方面来深度解析。

（一）正规治理机制在非正规金融契约中的适用

非正规金融交易有其特有的契约模式和维系契约正常运转的机制，这种私人治理机制发挥作用的机理完全不同于正规金融契约。事实上，无论是正规金融契约抑或是非正规金融契约，都不同程度地存在着金融风险，两者差异在于金融风险发生的因由、领域、传递方式、影响范围、防控机制、善后对策等方面。本质上而言，两者均是金融交易不同样态的表现形式，关键区别在监控和治理机制。由于正规金融契约的治理机制是国家来设计，具有一定的规则修改和政策可控性，所以即便出现风险时，监管机制也会"半自动式"的运转以修补规则或政策中存在的问题。与之相反，非正规金融契约一旦发生风险，则难以依赖其私人治理机制来"修补和善后"。正因这种境况的存在，非正规金融市场、金融交易者、市场秩序监控者、民众等多方利益群体均向政策制定者提出设计和完善非正规金融契约治理机制的建议，其中重要的对策就是引入正规治理机制。但可能出现的问题是，基于非正规金融契约和正规金融契约两者之间形成的基础和治理机制都有所不同，因而运用正规的治理机制来调控非正规金融契约出现的问题和风险过程中需要面对的几点是：其一如何调控两者的不适用现象；其二如何降低因正规治理机制调控所造成的传统非正规金融治理机制固有效应的降低；其三如何协调两者关系以在保障私人治理机制固有功能的基础上，最大限度地发挥正规治理机制的作用。

1. 调控两者的排斥现象

正规治理机制在适用非正规金融交易的过程中会出现排斥现象，需要"弹性化"正规规则才能有效地调控该问题。正规治理机制是由国家政策、法律规范等正规规则组成的，由国家强力来保障实行，具有固定化、清晰性、稳定性、硬性化的特点。非正规金融交易多发生于存在"地缘、血缘、业缘"型的关系型群体中，这种金融交易的基础来源于关系型的信任，可以认为关系型的信任是私人治理机制的基础。与正规规则不同，关系型的信任虽然同样具有固定化、稳定性的特征，但同时具有约定事项模糊性、履行程序不确定性、追责机制概括性等特点。非正规金融交易发生依赖的基础存在诸多的特征同正规规则之间明显存在差异，不可否认，正规规则的设计和规范目的就是要通过强制性的约束力量来规范一些"模糊"的问题，但不应忽视的是在非正规金融交易中，诸多特征都积淀着百年历史传承下来的文化因素，绝非简单的政策或法律强制性可以在短期内更改。

基于此，调控两者之间的这种排斥现象就显得极为重要和迫切。我们认为，解决排斥现象的关键在于"弹性化"正规规则的制定标准和适用条件，同时给予正规标准一种开放式的设计和修改环境。对于非正规金融交易的特殊环境和运行机制基础应予以正面的肯定和支持，而非单纯的排斥，正规规则设计中注意"提升"非正规金融契约治理机制中具有文化特色、关系特色的运行机制，从规范化层面明晰其"正规化"的规则样态。当排斥现象发生时，注意梳理和剖析排斥问题深层次的矛盾，当这种矛盾是正规规则未能很好地吸纳私人治理机制的因素时，应考虑修改此类规则；当这种矛盾是正规规则所适用的问题潜藏着难以在短期内改变的传统文化因素时，应考虑重新设计此类规则，或弱化这种规则的强制性，以提供此类规则在适用私人治理机制过程中一个适度的成长和完善空间。排斥现象将长期存在，调控的目标是最大限度缩小两者之间的差距和降低排斥现象增加的正规规则适用成本，事实上，正规规则适用成本的逐步降低，将是非正规金融市场中正规信用机制逐步建立的过程，更是非金融市场渐进法制化的过程。

2. 维系私人治理机制的固有功能

非正规金融交易吸纳和适应正规规则是一个长期的过程，在这一历程中，为保护和维系非正规金融交易的正常进行，不应也不能对旧有规则进行革命性改革，而应在一定程度上保持私人治理机制的固有功能。私人治理机制是非正规金融契约得以运行的保障，内涵的规范性功能不应忽视，即便在当下非正规金融逐步"阳光化和规范化"的过程中，仍应在一段时期内保持其传承下来的功能和作用。从政策制定上看，使政策和"底层矛盾集中区域"保持一致并可以借助正规规则设计的弹性和空间来为私人治理机制留存必要的空间，以发挥私人治理机制的重要作用；从法律规则上看，立法者应注重实践问题的调研和务实性的分析问题，同样可以使理论研究富有生命力，这样经过不断磨合和冲突的正规规则才能具有包容实然治理机制的作用。

3. 发挥正规治理机制的作用

从金融市场发展的趋势和市场信用机制的建设来看，未来对于非正规金融交易的规制对策仍应以正规规则来治理。正规治理机制由两部分组成：其一是国家政策，其二是法律规范。两类正规治理机制的内容和治理方式不同，但均是以强制性的国家规范来对非正规金融交易进行调控。正规规则逐步代替并完全取代非正规规则即私人治理机制是可以预期的，在这种背景下，有必要从长期因果观的视角来审视正规规则的作用。规则运行成本和收益的因素是影响正规治理机制能否长期运行的关键所在，当正规机制同非正规金融交易适应性逐步提高，非正规金融交易者对正规规则的规制模式和调控方式逐渐认可和接纳后，会倾向于将可能发生的金融契约纠纷诉诸正规治理机制来解决。由此，在规范非正规金融交易的对策上，未来正规规则的规范必将成为主要手段。

（二）个人和家族信誉

在非正规金融契约中，私人治理中的信誉机制是维系其运行的重要凭借。非正规金融契约中的信誉，并非单独指金融交易主体的自然人个人，也指自然人关联利益群体，例如，自然人的家人、家族、朋友、同事、单位等。从家人到单位之间的信誉高度对于增加金融交易主体自然人的信用度呈现一个递减的趋势，这种现象同利益主体和自然之间的关系紧密度和利益相关度存在密切关联。自然人的家人同其自身存在血缘关系，这种不可用资本衡量的因素成为自然人增加自己信用度的一种天然的依据，随之的家族、朋友等在信誉程度用于自然人个体中的"筹码"逐步下降。其原因在于，后面诸多利益体同自然人个体之间存在的传统文化中难以用货币衡量的这种"关系资本"在逐步降低。当然，这种排序也存在例外，例如，当排序在后的个体自身的资金、资产、人脉、资源、机会等各种可以彰显和证明个体经济实力、社会实力、市场实力的综合性"信用"极强时，其能够为自然人提供更多的增信因素，这种现象适用于朋友、同事、单位等各个利益相关群体。正如，政府部门的工作人员，其个人信用度要高于农村的农民，其背后信用度差异的原因，不仅体现两者个体之间的信用差距，更因两者工作单位不同而产生的信用评估差异。在认识这一点的情况下，在忽略单个主体信用能力增强的情形，通常来说，自然人个人及其家族信誉构成了非正规金融交易的信用评估基础。

1. 个人信誉

个人信誉是非正规金融交易发生和契约达成的重要基石。个人信誉内涵丰富，不仅包括个人的现金、存款、投资等物质性可用货币评估的资产，还包括个人品格、德行、心地、价值观等不能用货币来衡量的无形资产，两类资产共同构成了个人信誉的内容。其之所以能够成为个人同金融市场中其他主体交往的资本，是因为两类资产可以直接或者间接的化为可供"交易或使用"的资本。细而言之，个人现金、存款和投资等资产可以在市场中通过交易成为交换的货币，而依赖个人良好的品格和德行，可以换来交易主体的信任，这种信任所带来的交易机会等会间接地为个人提供获取各类资源的可能性，继而为个人提供获取资本的空间。在不同时间，个人对两类资产的依赖性不同，两类资产相互影响，在市场信用机制较为成熟的环境中，厚德尚品的德行会为个人带来更好的投资机会，同样，雄厚的资产状况也会增加个人在市场交易中的信用度。由此可见，个人信誉的两类资产对于维持和增信个人的市场交易资本均十分重要。

2. 家族信誉

家族信誉是个人信誉在市场交易中的延伸，深深地影响着个人信用的高低。在东方文化中，个人永远是家庭中的一分子，这种因血缘而存在的关系很难因距离和时间的远近、地位阶层的高低而隔离。在审视个人资产多少和品格高低的同时，交易对象多会将评估的范围拓展到个人背后的家族上，家族的资产、名誉等有形和无形的资产均会对个人的信用产生影响。这种影响是持久性的，当个人信誉出现问题时，会由家族信誉来填补个人信誉的缺陷，由此可见，家族信誉是个人信誉的外延，一定程度上影响着个人信誉的高低。事实上，个人信誉和家族信誉之间相互影响，互相增益，良好的个人信誉会增加家族信誉，而较高的家族信誉也同样会在非正规金融交易中，使交易对象更加了解交易对手和其背后的家族情况，这为交易主体提供了一种可供参考的信誉评估参考，有利于评估个人信誉的高低。当然，这种依赖家族信誉而评估个人信誉进而决定是否同交易主体进行交易的方式，存在一定的金融风险。非正规金融契约的风险在此类交易中表现得十分明显，家族信誉可以增进个人信誉，但在多数情况下，个人资产和家族资产是相分离的，除了情感因素下家族对个人进行资金救助外，多数情况下家族资产同个人资产之间并没有直接的连带关系。因此，个人交易受损，债权人并不能直接索取个人背后家族的资产，此时家族资产并不能真正的增益于个人资产。此时，个人信誉发生风险，容易引发金融交易风险。非正规金融交易将个人信誉和家族信誉紧密联系在一起，存在一定的合理性，毕竟，个人资产和家族资产之间存在不可分割关系，在东方文化视野下，家族资产可能随时会成为个人资产。但是，从法律规则层面来看，个人资产同家族资产之间的"玻璃门"是永远存在的，基于这种区别，交易对象往往会因法律规则视野下两者的差异而误判个人信用，继而发生不合理的金融交易行为。在这种境况下发生的金融契约风险是非正规金融交易和正规规则之间适用的矛盾。

（三）地缘和血缘等关系性资本

地缘和血缘等关系性资本是维系非正规金融交易和契约的另一重要基础。地缘和血缘在东方文化下极为重要，是联结民众的影响因素的核心所在。因地缘的存在，人们之间相互熟悉和对对方资信相对清晰，因血缘关系的存在，人们之间相互更加信任，可见，两类关系性资本均不同程度的发挥着增信的作用。这种增信作用在增加金融交易双方主体之间的相互信任的同时，也带来了潜在的风险。地缘和血缘的关系一方面使得交易主体彼此信任，另一方面也因碍于这种"关系和面子"，使得交易主体在心理上未能主动地了解更多的交易对手的资信，在交易过程中未能像在正规金融交易中那样做一些应尽的资信了解和分析，在完全依赖这种关系性资本的背景下，虽然可以减少很多调查和分析的流程和时间成本，却因对交易对手真实的资信情况缺乏了解，容易埋藏潜在的风险。

事实上，地缘和血缘会衍生出诸多关系性资本，东方文化下民众的"面子、哥们、朋友"等都承载着一种义务性的付出，既包括无形的脑力、体力付出，也包括有形的货币付出，这些都是地缘和血缘能够代表一定信誉的原因。但随着现代商业文化对传统文化的侵染和人们逐利动机的逐步加强，地缘渐进失去影响空间距离过大下的非正规金融交易行为，而血缘关系也渐进地失去了早期其巨大的影响力，因此，如何评估此类关系性资本的价值，在实践中是一个极难回答的问题。尊重并发挥关系性资本在维护非正规金融交易中的作用，将成为一个十分重要的话题。

（四）民间自律机制

非正规金融交易契约的维护一定程度上依赖于民间自律性机制。不同于正规金融契约，正规规则在规范非正规金融交易契约的范围和力度上，某些情况下弱于民间自律机制。在这方面，民间自律机制具有规范范围广、规范内容详细、规范标准富有弹性、规范机制差异化、规范责任宽松等特点。相比于正规规则，民间自律机制更适宜规范非正规金融契约，主要原因在于当下的非正规金融契约独有的特征同民间自律机制相互适应。正如上文曾指出，非正规金融交易同正规规则之间存在适应性问题，民间自律机制的特点和非正规金融交易之间存在相互对应的关系，其根源在于民间自律性机制主要源于积年中非正规金融交易习惯的"升华和固定"。民间自律机制的问题在于，自律性机制虽然适应性较好，但因仍局限于自律性机制,未能"升华"为法律,其强制性和权威性受限,一定程度上不能真正的强制性的按照交易发生时约定的规则来解决出现的纠纷。同时,民间自律性机制解决纠纷的能力受交易主体自身"实力"的影响,个人强势、资金雄厚、关系广泛的交易主体有能力推动民间自律性机制在解决纠纷过程中持续的运转,相反,个人弱势、资金薄弱、关系单一的交易主体则很难有能力在发生纠纷中主动性的依赖民间自律机制来解决问题。因此,民间自律性机制的作用因交易主体的差异而显现出不同的效应,如何发挥其更大的作用同样是一个需要更深入探讨的问题。

民间自律机制需要逐步"阳光化、规范化",这均因为这种未能嵌入国家强制性和权威性的规则无法在实践中应对金融契约的履行或纠纷。更进一步,缺失国家强制性规范的非正规金融契约的风险正在逐步渗透正规金融领域,这显然需要借重正规规范来调控非正规金融契约问题。民间自律机制在规范化过程中,需要金融交易者、市场、监管部门、立法机关、学界等解析自律机制中已经较为成熟的、尚待规范化的、合理的习惯或规则,由此形成基础性的针对非正规金融交易的正规规范规则。而对于一些虽然在民间自律机制中发挥作用,却难以进入正规规范中的习惯等民间规范,则需要从正规规则的层面考量如何渐进或者弹性化的将其转化为"半正式规则",以待后期逐步完善。在这一进程中,尤应注意对市场中介机构、行业协会、学界学会、高校理论界组织、非正规金融机构等所发出的"声音"的分析和采纳,真正的民间自律机制多是从前述诸多主体中发挥出来的,顶层规则设计必须注意对实践经验的汲取。

(五) 非法暴力追债

非法暴力追债是非正规金融契约中民间自律机制的一种"变异"。民间自律机制维护非正规金融契约的履行和相关的追责机制,当契约发生纠纷并产生责任时,自律性的追责机制往往失去真正的效果。这种境况的出现,同血缘、地缘等关系性资本的存在密不可分,正因关系资本的存在,交易者之间才存在信任,也正因关系资本的存在,交易者之间才一方面碍于"关系和面子"不主动适用自律性追责机制,另一方面因自律机制缺乏强制执行力也干预抗拒追责机制。由此,利益受损方从保护自身权益出发,寻求非法暴力追债的手段,可以认为是民间自律机制在实施中的一种演化、延伸和"变异"。百年来，非法金融契约在追责环节上从未断绝非法暴力追债问题，这不仅说明私人治理机制存在的固有问题需要正规规则来修改和完善，而且印证了私人治理机制中某些顽强的"生命力"，需要纳入到正规规则中来引导和发展。当非法暴力追债现象发生时，金融交易者之间所曾依赖的信誉机制基本处于失效状态，是因为信誉而衍生出的信用问题瞬间崩溃，只能凭借暴力手段维护自身权益，这种困境的存在表明私人治理机制固有缺陷的不可调和性。解决该问题的唯一手段就是运用正规规则来调控私人治理机制中的某些缺陷，渐进以正规规则替代私人治理机制。

事实上，基于非法暴力追债发生的原因来看，在社会和市场中是不可能彻底地消除这种现象，对其的规范应从两个方面入手，其一是前述的以正规规则替代私人治理机制，即运用法律机制来规制追债问题；其二是严格的法律管控。非法暴力追债一方面确实出于债权人维系自身利益而在借助法律机制无法维护自身利益的情况下所进行的追债手段；另一方面，不排除会有一些非法分子借非法暴力追债而获取非法的利益。由此，必须对那些通过非法手段而获取利益的犯罪问题给予严厉的法律制裁。从收益和成本分析来看，必须辅以刑事和民事制裁。

（六）公权力介入

在对非正规金融契约履行的激励机制中，应注重将公权力纳入到法律机制中，以在发挥法律规范作用的前提下，更大程度上借由公权力保障非正规金融契约履行。非正规金融契约，天然的带有一种非正规力量保障实施因子。在不断的机制设计中，我们会发现，正规规则设计得再精巧和细致，也无法确保将可能发生的所有问题都规范在内，同时也无法将传统中非正规规则蕴含的习惯、文化等因素都剔除出去。在这种大背景之下，针对那些仍然在非正规金融契约履行中发挥作用的传统因素，只能积极应对，而从社会、市场中的影响性因素来看，只有借重公权力才能适当的规范非正规金融契约中的传统维系机制。

1. 非正规金融契约履行中的传统影响性因素

非正规金融契约履行中的传统影响性因素在当下的规范化市场中仍有一定的影响，需要对其进行规制。在公司治理机制相对完善的环境中，传统影响性因素的影响强度较小，与之相反，在公司治理机制欠缺的环境中，正规规则则不能发挥充分的作用，甚至其正常的规范作用也会大打折扣，这种规则运行成本是客观存在的。出现这种现象的原因是，在治理机制欠缺的环境中，正规规则无法找到其能够发挥作用的系统性体系，更为重要的是，这种环境中并非治理机制至上，而是传统影响性因素如习惯、关系等文化性因素发挥着重要的作用，正规规则仅是一种应对非正规金融契约外部利益体的一种工具，其实效性不显。可以发现，当非正规金融契约的成立和履行是发生在中小企业中时，需要正规规则之外的力量来对其给予规范。

2. 正规规则应对传统影响性因素的失控

正规规则在调控传统影响性因素时存在失控状态。这种境况主要出现在国资企业尤其是国有企业当中，部分中小民营企业也存在上述现象。在国资企业中，正规规则发挥作用的空间受限，难以真正地发挥规则设计之初所赋予的期待，而在民营企业中，更因治理机制不健全而难以发挥正规规则的作用，作为"橡皮图章"式的正规规则无力应对来自非正规契约履行中出现问题的"挑战"。这种失控的状态表现为多个方面，例如，正规治理机制不健全、治理规则滞后于公司业务的发展、治理规则缺乏民营企业中特有的人性化和人情化因素的考量、高管和员工不重视治理机制等多方面的因素。在这种状态下，对于出现的非正规金融契约履行问题，出现了一种以权威性、关系型、习惯型等传统影响性因素为主导的，以正规规则为辅助性的治理模式和非正规金融契约履行模式。对于正规规则应对传统影响性因素的失控问题，除对正规规则进行改革之外，仍应重点考量法外之因素，例如，公权力的适当介入。

3. 公权力的功能

公权力介入公司治理，曾一直为法学界所诟病，但事实上，我们认为公权力对于当下的中小型企业，尤其是民营企业的治理环境和履约问题而言极为重要，发挥着不可或缺的作用。公权力可以细化为多元化的权力类型，行政权力和监管性权力等均是公权力的衍生和细化。在对于中小型民营企业的监管中，行政权力直接影响甚至在一定程度上决定着民营企业是否能够在市场中继续经营下去，虽然这种现象一直为学界所批评，但是在传统因素仍然影响着企业的经营，而正规规则又无法对其给予有效的规范的境况下，我们不得不承认行政权力干预下对增进企业治理水平的作用。当行政权力能够合理、适度、适时、妥当的干预企业治理时，会有效地弥补因正规规则缺失而造成的治理机制无法发挥作用的缺陷。公权力的功能是长期存在的，但应适度发挥，而不能完全依赖。

4. 公权力应对传统影响性因素的作用

公权力下的行政权力适度、合理的介入公司治理机制，更多的是应对因正规规则缺失，而引发的传统文化因素对非正规金融契约所产生的冲击问题。在这种情况下，应合理的厘定公权力介入公司治理的边界，越界则公权力有可能成为毁坏常规公司治理作用的推手，而介入过浅又不会发挥企业所期待的作用。这种边界的厘定即是政策制定者和法律规则设计者之间沟通的共识性界限，同时，这种界限更体现为一种行政权力和市场发展之间的磨合过程。可以认为，这种边界是一种动态中的边界，而其最终界定，将随着公司治理文化的改进而不断适时变化。

第二节 民间借贷法律规范与激励理论

中国金融体制改革是在民间借贷逆向生长过程中进行的，民间借贷的成长促使金融体制设计者不得不关注民间借贷行业高速发展的模式和反思金融垄断体制显现的问题。[①] 改变民间借贷的野蛮生长为规范成长是当下政策与立法共同关注的重要体制变革。温州民间借贷登记服务有限公司的成立开启了民间借贷"阳光化"和规范化发展之门，至于服务中心的运营和发展，设立其他民间借贷机构渠道的打通均期待政策的更进一步明晰和法律的规范。在这种背景下，温州金融综合改革试验区的成立，有效地推动了部分处于隐蔽或半隐蔽的民间借贷机构的"阳光化"，使得多年来一直游走在合法与非法之间灰色地带的借贷机构日渐得到官

---

① 中金公司在 2011 年 9 月末发布的《中国民间借贷分析》研究报告中估算，至 2011 年中期，中国民间借贷余额达 3.8 万亿元，同比增长 38%，占中国影子银行体系总规模约 33%，相当于银行总贷款的 7%，温州当地的民间借贷余额则为 1100 亿元。

方的认可与法律的规范，正在逐步地与正规金融形成挑战和良性竞争、共同发展。未来的金融体制改革，正应在这种日渐接纳民间借贷的态度下进行，真正从活化民间财富、监管非法金融、增益普通投资者和惠益普通百姓的层面达到深化金融体制、改革金融垄断的目的。无疑，这一进程中最受政策和立法者重视的是如何从激励规则角度出发推进民间借贷行业的规范化发展。事实上，无论金融垄断所面临的挑战，还是借贷市场走向开放发展的必然趋势，激励性规则在民间借贷市场规则的设计中都发挥着至关重要的作用。

一 理论缘起：金融业垄断面临的挑战

金融业垄断的形成与延续有着深厚的历史因素与政治因素，时过境迁，金融业垄断正面临着挑战。国家的稳定和发展依赖于经济的强盛，而金融业又是现代经济的核心与关键，因而，金融业的发展模式同一国的经济、政治紧密相关，影响至深。金融业体制改革之时，不可避免地要影响支撑金融利益背后实体经济利益，进而触动实体经济所代表的利益群体，这正是金融业垄断改革的困阻根源所在。地方金融业的发展和金融权益保护的力量对金融垄断形成了挑战，正缓步开启金融业开放之门。

（一）金融业垄断的挑战

地方金融业的发展对金融垄断形成了挑战。金融业的样态与发展内涵一定的历史传承因素，不仅包括政治体制的制约性影响，同时也包含着一国经济体制的延续。传统经济模式下的金融业存在发展的路径依赖问题，在考虑社会与市场平稳运行的前提下，金融业的变革将会是渐进式的演进，而非革命式的改革。这种渐进式的变革，可以采纳地方性金融体制改革的模式，我国"温州模式"的变革即是最佳例证。国家垄断金融资源的负面性效应在不断显现，这催生了如"温州模式"地方性自下而上的金融改革"声音"[1]。事实上，地方金融体制的变革是在地方政

---

[1] 当国家、地方政府、民间资本对同一种资源均有强烈的需求时，各方博弈不可避免，这在近期的"稀土资源争夺"中展现得淋漓尽致。参见《稀土比毒品更容易让人上瘾？央企和地方暗战升级》，中国经济网，2012年4月17日。

府支持下进行的。当地方资本进入金融市场后，必然会引发同国家金融竞争的问题，如在金融竞争中获取更多的存款份额与信贷市场占有率。这同长期以来我国国企的市场占有率与规模密不可分，国有金融在支持国有企业发展这方面提供了必备的支撑。国有金融机构代表着国家的利益，其通过国家政策的影响，为自己配置更多的金融资源，不断地将地方金融排挤出金融市场。在国有金融挤压地方金融的过程中，金融垄断负面问题不断出现，推动了金融体制变革。

政策和法律对金融权益的保护对金融业垄断形成了挑战。在国家追求垄断资源或权益的过程中，国有金融制度安排是作为向国有企业提供资金支持的配套单位而确立的，它是国家追求垄断产权的一个重要步骤。[1] 但从金融权益分配角度看，公民应享有其合理适度的金融权益，中小企业同样享受不同形式的金融权益。这种金融权益在地方金融不断改革的进程中被渐进地分配给民企与普通百姓。金融权益包含在财产权之中，而财产权益是公民社会中每个公民均应享有的，并非由某一特殊利益群体所垄断。历史传承下来的金融资源近乎完全为国家与政府重要部门所掌握，这种金融垄断在某种层面上是间接地对普通公民金融权益的漠视与剥夺，在民众金融权益意识觉醒、政策及法律逐步对金融权益倾注关注和保护的情况下，金融垄断体制受到了挑战。[2]

(二) 改革的必然性

在传统僵化的金融体制和金融权益保护机制不健全的环境下，实体经济是如何保持快速增长的呢？如果这个问题的答案证明旧有的机制是高效的，则显然不需要对当下的金融体制进行过多的改革。中国经济的高速发展，一定程度上伴随着缺乏对财产权或金融权益的明确保护，导致对于商业经营的巨大不确定性，而企业发展的融资渠道也略显单一，

---

[1] 参见武志《中国地方金融体制的改革与重构》，东北财经大学出版社2006年版，第9页。

[2] 金融资源同自然资源不同，前者应是一个惠及民众的资源，而后者多为国家财产制的组成部分，以权利观审视自然资源国家所有权，具有主体的唯一性和权利的专有性、不可变更性和价值优先性等特点。参见徐祥民《自然资源国家所有权之国家所有制说》，载《法学研究》2013年第4期。

多依赖于国有金融机构。事实上,中国地方政府作为企业的股东或为出资设立的企业筹资提供便捷渠道,维系和"呵护"企业的正常运营,这种情况下,显然企业模糊的财产权益对于商业经营是一种常态和较好的选择。但法治在进步,传统经济发展模式和企业制度正显现出弊端,并已进入变革期,企业财产权益归属问题不再模糊,新型经济业态需要现代企业治理结构和金融体制配合。传统的经济和金融体制受到重大挑战,这使得金融体制改革带有必然性。

事实上,中国经济多年来的发展为世界经济所瞩目,但金融体制僵化、司法体系不完善、公民金融权益保护模糊、精英职业律师群体匮乏、公司债权人和股东权益的保护缺失以及经济领域腐败等问题都阻碍着经济发展模式的变革,是困扰经济发展的难点问题。在这种背景下,多年来持续增长的经济发展更是遭遇了金融业内民间借贷发展的问题,使得金融垄断改革问题显得十分迫切和必要。

更进一步,金融体制变革中的困阻仅仅是体制变革的阵痛,金融垄断的改革和金融业开放不可阻挡。中国经济的成功并非是国家垄断性资本主义模式的成功,恰恰相反,垄断性资本主义模式的负面效应已经日渐凸显,民间借贷不可控制的生长及其衍生出的风险就是国家垄断性资本主义模式下的必然产物。三十多年的市场经济改革开放所带来的经济发展,要求我们必须审视国家资本主义的弊端与改革对策。无论是国家资本主义,抑或是权贵资本主义都是中国特色社会主义市场化改革过程中暂时性出现的变革问题,不应也不会长期地存在于市场中,金融垄断体制改革的意义也在于此。金融资本在政府行政权力的强力干预下,衍生出一些市场化的金融垄断和权贵资本,但这并非是市场经济改革的结果,而是需要继续深化社会主义市场化改革的因由。[①] 改革对策就在于如何借助金融垄断改革以实现真正的金融市场经济。具体到金融体制层面的措施,包括但不限于行政权力与市场经济分离、权力内容与配置明晰、金融权益科学合理分配、监管机制健全且具有可实施性、削弱同政府利

[①] 真正的法治下的市场经济中不会长期存有"权贵资本主义"。参见张五常《权贵资本主义对市场经济的天大误解》,载《国际财经时报》2011年11月19日。

益联结紧密的权贵资本主义阻碍、放开民间和市场的金融垄断、允许民间适度地尝试金融创新，这都将有利于改革金融垄断的现状并使金融体制进入到新的成长阶段。①

二　理论需求：民间借贷市场开放的需要

金融业垄断改革进程中，政策的制定者与立法者最需要关注的是金融业向民间借贷开放之际，如何既能够保持金融资源在国家和民间的科学分配，同时又能够保障国家的经济与社会的稳定，防止因金融体制改革而可能带来的波动。在这一过程中，尤应注重为金融从业者树立正确的从业理念、政治理念，并富有前瞻性的设计风险预控机制。

（一）民间借贷开放需要正确的理念

金融从业者需要有正确的从业理念。传统国有银行为主体的金融体制安排，已经很难满足三农发展和民营经济的发展。体制外经济的金融支持主要来自民间借贷，因而，民间借贷业的兴起是在传统国有金融体制的金融深化难以有实质性进展情形下进行的。② 事实上，金融业垄断的破除面临着金融权力和权利的重新分配或再次重构，无论是快速的抑或是渐进式的，均会导致不同利益主体的利益摩擦。在这种状态下，保持国有金融掌控国家核心领域金融权益的同时，应最大限度地将金融权益惠及普通公民和各类企业。持有服务百姓、服务国家从业理念的民间借贷的代表将会对市场和社会形成一种持续长效的稳定力。经济基础决定着上层建筑的设计，我们应吸纳金融业利益的代表者。这样，就可以避免因金融业垄断打破后可能面临的利益摩擦与权益分配困境。

金融从业者应具备正确的政治理念。中国特色社会主义市场经济是一个不断开放与深化改革的现代化市场，当国家资本主义淡化出市场之际，民间借贷必将成为金融业中重要的组成部分。如何吸引民间借贷的代表者在我国的政治体制中贡献自己的力量成为一个亟待解决的前瞻性

---

① 融资市场的发达是公司等商事组织与金融市场变革的内在动力。参见朱慈蕴、沈朝晖《类别股与中国公司法的演进》，载《中国社会科学》2013 年第 9 期。

② 参见宋东林、徐怀礼《中国民间借贷的兴起与发展前景：温州案例》，载《北方论丛》2005 年第 1 期。

问题。金融业代表者不仅代表着自身的利益，同时又在一定程度上反映着虚拟经济和实业领域从业者的诉求，国家与社会都应认真对待。积极将其引入最能够代表广大群众利益的代表群体，让其服务于普通公民、服务于社会是引导其发展的重要政治引导方向。[1] 事实上，当金融业权益重新分配后，只要国家给予适当的政治地位与利益诉求渠道，其均会积极为推进我国市场经济建设贡献自己的力量。

（二）改革风险的控制

金融业开放中应注重权贵资本风险的预控。权贵资本是金融垄断的最大受益者之一，也是金融市场最大的风险隐患。借助权力而获取金融资源，同时压制着企业和民众的正当合理权益，导致了金融市场资源分配的不公和不满。金融业垄断的破除，正是削弱权贵资本获取资源的过程，必将引发利益群体的反对，同时，也会影响经济、文化以及其他领域的稳定性。因而，富有前瞻性的从多元的角度来考察并提前调控金融业垄断破除后所带来的风险尤为必要。金融业垄断的破除将会不同程度地导致金融业和相关行业的风险，变革过于激烈的金融业改革方式会影响国家的稳定与社会的安定。无论是经历激烈改革的俄罗斯，还是近年来金融危机下政权更迭的一些国家，均深受金融业变革过激之害。

细而化之，金融体制改革风险的控制应从多个层面来考量：其一，疏通已经潜在的、事实存在的民间资本，给予其恰当的投资路径，以控制因民间资本投资无门而引发的风险；其二，对于民间资本"阳光化与市场化"后的发展予以制度上的持久性保障和高质量法律性监管，以管控民间资本发展中的风险；其三，给予权贵资本流动、投资和创业的新行业、新市场。更进一步，渐进式地将民间借贷纳入国家信用保障，并予以规范管理、联结国家金融和民间借贷共同推动金融创新、建构民间信用机制以降低金融体制改革的风险。

---

[1] See Ramiro Tovar Landa: Efficiency in Financial Regulation and Reform of Supervisory Authorities: A Survey in the APEC Region, ITAM Working Paper.

三 民间借贷法律规范激励功能理论剖析

如何渐进式地对金融垄断问题进行破解，是当下中国政府与立法界面对的重大金融问题，这不仅关乎国家金融领域的安全，而且关乎能否真正地活化金融市场，增益金融机构，惠及普通百姓。金融垄断改革与民间金融规则的建立，均需要我们考虑并最大限度发挥法律制度的作用与功能，然而，金融法律功能解析已经不能仅仅局限在法学领域中寻找，思想的束缚应随着对金融法律的"实践性、交叉性与复杂性"认知而有所松动。搜寻并融合经济学、管理学乃至于心理学中与法律功能相关联的因素是我们剖析金融法律功能的前提与素材。民间借贷法律规范激励功能的认知来源于国内青年学者对于法律制度激励功能的开启性研究，激励功能的重要性与实效性在民间借贷法律规范中体现得尤为明显。民间借贷市场的建设、民间借贷立法的设计、民间借贷主体的利益以及相关利益体权益的保障都需要从金融个体与自然人个体本身建立激发和创造力的规则。可见，民间借贷法律规范的激励功能及其特殊性的研究将成为松动民间金融立法的重大任务。

（一）民间借贷法律激励的含义与特殊性

民间借贷法律激励源于法律激励，其根源在于经济学、管理学、心理学理论。管理学理论教授杜柏林认为：激励，英文是 motivation，其内涵丰富、意蕴多重。从自然人个体层面看，激励是一种自然人的生存发展状态，是一种可以激发并引导个体追求其目标的内在的动力。这种动力源于个体的内心和思想，而非外力的压迫。个体内在的动力性激励直接作用于个体的工作动力和状态。管理者层面对于激励的看法有着不同的观点，认为激励不仅是使人追求目标的过程，而且是一种意志力和持久力的动力来源。管理学中的管理者与团队负责人往往通过帮助团队成员进而激发其本人所具有的这种动力，发挥法律激励功能。民间借贷法律激励，表现为通过法律规则的设计而帮助个体发挥这种动力。因而，对于激励的内涵应从两个方面理解，其一是个人的精神状态，其二是一种催动个体的动力以及这种动力发挥效能的过程。

管理学理论对于激励的认知展现的是从团队以及管理者层面如何来

激励团队成员过程中激励的内涵。同管理学激励理论相近似但着重点却存在区别的是经济学激励理论。经济学激励理论的"实践地"主要存在于经济学理论上的信息不对称之中，其因素有两个，即逆向选择和道德风险。经济学激励理论逻辑源于一个委托代理理论的逻辑，即经济活动中存在信息不对称问题，导致了经济个体的逆向选择和道德风险，因而需要建立一个有效的遴选机制和激励机制。经济学理论中的激励是指化解经济个体之间因目标不一致和信息分散化带来的信息不对称问题的规则机制及其设计和规划这种破解机制的过程。而实践中经济学激励理论的发展趋势是用来分析并解决经济市场中的复杂的委托代理问题。

事实上，经济学激励理论中也包含着类似管理学中的团队理论，其所面对的是如何解决团队运行中员工和团队整体效率降低的问题。即便如此，我们也不能忽视管理学与经济学关于激励理论的研究方法与规范重点的区别。对于激励理论的研究，尤其是如何在未来民间借贷法律规则中解析激励因素，必然面对这三个方面的问题，一是如何激发市场个体自身的原动力，二是如何激励性的引导市场个体的行为趋向与商业决断，三是如何以市场个体为中心而扩散式的激发其他相关市场利益体。这三类问题不仅存在于管理学激励理论中，同样存在于经济学激励理论中，其区别在于前者认为市场个体的源泉性行为动力是内涵丰富且多元的，因而市场个体行为方向与结果呈现出一种不确定的状态，由此，管理学理论的研究重点体现在对金融个体激励性动力源泉的解读与对其行为趋向和结果的研究；在经济学激励理论中，认为市场个体的行动是受利益所影响的，行动的趋向与结果必然是以市场个体利益的最大化为目标，市场个体的动力源泉以及行为的结果是从自身利益最大的因素出发进行预先的设计，其研究关注点在于如何评估并规范金融个体行为的结果。但两者在考察金融激励理论核心要素方面是基本能够达成共识的，即只有在某种激励因素的激发下所引动的自主性的行为，才是激励或被激励。正是基于对激励或被激励核心要素的界定，才能体现出民间借贷法律激励功能的地位及其重要性，这种功能在一定程度上，将会作为基础性因素引导并推动民间借贷法律规范的其他功能。

民间借贷法律规范激励功能的特殊性，体现在其在某种程度上更同经济学理论中的激励含义与关注点相近。民间借贷规则的设计与架构,无不是为了在保障市场稳定、安全和主体权益的同时,能够有效地设计民间借贷制度与民间借贷激励机制,以避免市场个体的欺诈行为;设置能够得以执行的自我实施的激励性合同;建立一种交易双方能够相互信任的激励性信用机制。[①] 在期望达至以上诸多目标之际,我们必须考量市场个体在市场中存在的最根本性需求,这就是类似经济学理论中的追求自身利益最大化。因而,在对民间借贷法律规范激励功能进行研究时,应着重关注并从经济学激励理论的视角出发进行考察。

(二) 民间借贷法律规范的激励机制

法律规范的设计过程中,立法者的关注重点是如何用具体的法律规则来解决实践中的问题,但对于法律规则中所可能蕴含的多元化的功能却缺少明晰的解剖,尤其是缺少将激励功能作为法律规则的重要功能进行解读。如果代表着强权的君主及皇亲国戚成为人民的家长将可能导致暴君风险的存在,那么强权就不能被认为是维系社会秩序的最终依赖,则法治社会与市场中存在的金融法律就不应被冠以维护强权的工具和功能,其功能应在否定前者的状态被界定为引导民众行为并激励其实施法律所期望发生的行为的一种激励机制。面对不同类别市场个体对自身权益的相同需求,民间借贷法律规则应在遵循道德、政策和法律底线的环境下实现一种对市场个体引导性或非强制性的法律激励,以此来规范、诱导、激发市场中金融个体的行为,实现市场中个体权益分配与获得的理想状态。法律规则在封闭一种路径之时,必然要开启另一扇门,以引导并满足金融主体的合理需求。民间借贷激励机制就是一种利益诱导机制,这种利益诱导机制通过提供给市场个体所追求的个体权益的机会与空间,引导市场个体一是远离法律不期望发生的行为,二是靠近法律所期望发生的行为,进而实现法律规则设计的目标。市场个体在这种诱导机制下所作出的行为,应是民间借贷法律与政策在评估多元利益得失后做出的较优选择。民间借贷法律规范在这里扮演着一种对应规范化社会关系、民间借贷市场关系的角色,其希望取得预期的法律调控效果,最

---

① 参见彭贺《人为激励研究》,格致出版社2009年版,第67页。

终形成一种相对应然的法律秩序，当然，这种法律秩序是国家、社会、市场、市场个体均相对满意的秩序。单靠人的理性是不可能先验地确定维系某一社会秩序所需的伦理和法律规范的，而传统、经验、人性大致的相似性，本身就包含着指导恰当社会行为的方针。因而，在分析并考察关于民间借贷法律激励功能的发生机制的理论学说时，应将传统的经验的事实因素考量进来。①

1. 行为规范说

行为规范解读的核心是将法律规范作为金融个体行为的准则并对行为进行调控为根本出发点，围绕行为这一核心范畴讨论激励问题，并最终试图以动态多样的激励观念来弥补不同类型的行为个体差异，以求实现不一定依靠对法律设定模式的墨守，并认为法律制度激励功能没有定式的发挥模式。② 这种学说将组织行为学和管理心理学等学科的多种激励理论之间相互联系的激励理论整合到金融法律规则对于金融个体行为的规范内容与程序中，成为民间借贷法律激励功能研究中重要的研究模式。

依据行为规范化说，民间借贷规范激励是市场中行为主体在为自己的获益目标而行为时，受到来自民间借贷法律规范的一种引导或诱导性的鼓励，以调动市场主体的潜在的行为积极性。这种鼓励环境下的市场主体活动往往经历几个关键环节，如民间借贷市场与立法环境、市场主体的权益需求、借贷行为的潜在动机以及行为的具体方式和客观结果等环节。主体受激励后乃至于行为和结果发生中所经历的各个环节，均有民间借贷法律规范伴随左右，发挥着不同程度的激励功能。在对民间借贷法律规范发挥激励功能的过程中，来自马斯洛的需求层次论中的需求层次被转换为民间借贷法律中的权利层次激励。同时，我国青年法学家付子堂教授提出了法律的外附激励功能、内滋激励功能、公平激励功能、期望激励功能和挫折激励功能五种分类，并最终指出法律应当针对不同类别的个体设计出不同的激励措施。③

---

① 参见顾子安《制度演化的逻辑：基于认知进化与主体间性的考察》，科学出版社2011年版，第131页。
② 参见丰霏：《法律制度激励功能的理论解说》，载《法制与社会发展》2010年第1期。
③ 同上。

行为规范说的核心要素同经济学理论中的某些关键点极为相似，其中均以"个体权益＋索取性动机"的模式而展开。金融投资者在投资过程中会产生不同的投资需求，这种需求的背后反映的是追逐不同权益的动机。追逐利润的动机对于市场中的主体而言具有巨大的积极地激励效用，而民间借贷法律规范则可以借重法律规则的设计来避免市场主体的非法性动机，以前置性的引导市场主体的合法性行为。这种作用模式，是从主体内在的动机出发，在体察民间借贷法律激励功能的作用功能与方式的同时，积极构建一种激励性的理论架构。市场主体的追逐利润的根源在于自然人的人性基础，其复杂程度已经跨越了自然人、经济人、社会人等人性假设理论，这种复杂性极强的金融主体具有内在的反思与实现能力。具备这种能力的金融主体已经不再是仅仅追逐经济利益最大化的简单的自然人个体，同时还有对社会性动机的追求，故而，强调市场主体个性化的激励方案为当下所推崇。

2. 责任规则说

北京大学国家发展研究院创始人张维迎教授强调一种稳定且连续的模型来解读法律激励功能问题。他认为，社会制度要解决的核心问题是激励问题，即如何使得个人对自己的行为负责。如果每个人都对自己的行为承担完全的责任，那么社会就可以实现帕累托最优状态，而法律作为一种激励机制，也就是通过责任的配置和赔偿规则的实施，内部化个人行为的外部成本，诱导个人选择社会最优的行为。[①] 鉴于这种法律制度发挥功能的机理与方式，责任规则被界定为法律激励功能的核心机制。

经济学理论中的效率标准以及市场中的信息不对称构成了责任规则的理论基础。[②] 民间借贷市场中主体在实施某类行为时，一方面可能增加或减少自己的个人利益，同时，也会间接对其他主体利益产生影响。其他利益体收益或成本的增加与减少就是市场主体实施行为时的外部成本

---

① 参见丰霏《法律制度激励功能的理论解说》，载《法制与社会发展》2010年第1期。

② 信息经济学的崛起是20世纪70年代的事，到了20世纪80年代，有关信息问题的考虑已成为经济学分析的重要部分。但是那些与信息经济学密切相关的思想却可以追溯到更早的时期，对工人怠工、搭便车、再分配财富的税收对效率的扭曲等问题的讨论都涉及了信息或激励问题。参见陈钊《信息与激励经济学》，格致出版社2011年版，第11页。

或收益。此时,实现民间借贷市场最优的选择路径就是使得市场主体行为的外部成本或收益内部化,其主要对策就是通过对个体的激励与规则的强制性,使得个体对自己的行为承担完全的责任。信息不对称同效率标准紧密相连,后者在实践中的理想状态并非容易达至,毕竟,民间借贷市场中的信息不仅在金融交易主体之间存在不充分,更加不对称。掌握再多信息的投资者,面对复杂多变的金融市场也不可能获得其所需求的所有信息。当然,信息在不同主体之间的分配不同,往往较早掌握更为充分信息的投资者会较易获取投资收益,降低投资成本。故而,法律制度激励功能同样需要在应对信息不对称问题上发挥作用。在民间借贷市场中的信息不对称问题中,法律规则的激励功能在于将对主体的惩罚与奖励同其提供或获取的信息链接,将市场成本和收益均内化为投资者个人的成本和收益,这是理想化的民间借贷市场。

经济学中激励理论对于民间借贷市场中法律规则的设计而言极为重要。金融投资者一切投资行为的决策都是出于利益最大化的一种平衡。同经济学理论中的"经济人或理性人"类似,投资者的每一项决策都是在对自己的私人收益和成本做出详细分析平衡后的结果。投资者往往将收益与成本的差额作为衡量投资效果的唯一评估标准,显然,主要收益大于成本才是投资者所追求的结果。毕竟,每个人都是懂得算计的理性个体,他们都会出于自利而非出于利他的目的进行交易。[①] 从这点考量出发,民间借贷法律规则中激励功能就在于如何通过法律责任规则的设计才能最大限度合理地降低成本并增加收益,使得两者之间的差额尽量为正收益。可以认为,责任规则说是从"经济人或理性人"的角度去考察具体的民间借贷行为的效果,去架构法律规则中的内容,将市场主体投资收益与成本作为规则设计的重要参考标尺。

总体而言,由于法律激励功能所涉及的理论资源不仅广泛,而且均需要深度挖掘并相互借鉴,而且,经济学制度的分析在很大层面上由于受到唯理主义、功利主义、个人主义即主体性哲学认识论的影响,对于

[①] 参见顾自安《制度演化的逻辑:基于认知进化与主体间性的考察》,科学出版社2011年版,第1页。

制度演化逻辑的认识也存在明显偏差。① 因而，民间借贷法律激励功能研究绝不应仅仅从某一个单独学科的理论去剖析，而应最大限度借重相关学科的既有理论支撑。

（三）民间借贷法律规则激励理论的融合

激励功能的理论根基存在于组织行为学和信息经济学两派学科之间。虽然两派理论都有自己所关注的重点，但其相似与融合之处仍然存在。如何以激励乃至于民间借贷法律规则激励这一概念，作为基础性解读工具或标准来透析整个民间借贷法律激励功能问题，将是未来研究的起始点。

1. 激励机械论

自生秩序理论认为，"自然的"法，指的是社会现象的规则性，是从人们生成和适应这些与其环境相称的规则之行为中形成的。对于激励问题也一样，在人们还没有特别主动地意识去创造相关激励性规则之际，古代社会已经自发地形成了类似的激励产物。近代之所以激励问题与规则的设计被摆在了如此重要的位置上，均因关系与血缘社会愈加的向法治社会过渡，人们之间的交往与市场中的交易更多地是依赖于法律的明确规范，随之，激励功能的问题也就被置于政策与法律之中。

经济学理论中的"经济人或理性人"的解读，给予了管理学一套奖励与惩罚并重的激励性理论。奖励主要是物质性利益的奖励，但同时也包含着一定的精神性奖励，惩罚则是在政策与法律规定的框架下制定的物质性和精神性惩罚制度。在充分拓展这种激励理论的同时，学者更进一步，开始关注物质利益之外的相关欲望的影响，"霍桑试验"中对于人心理和社会因素的影响的研究，及其后续所开辟的行为科学研究道路都对激励理论的进一步深化与拓展起到了巨大作用。学者更多的将人类动机中传统型观念与个体心理和需求乃至于个体的人格因素都考虑了进来，至此，激励理论的研究路径被大大拓宽了。

---

① 参见顾自安《制度演化的逻辑：基于认知进化与主体间性的考察》，科学出版社 2011 年版，第 1 页。

2. 管理学方面的激励理论

经济学理论中的"经济人与理性人"因逐步吸收了社会性因素，已经不再局限于原激励理论中的外在物质性激励，人类情感性激励的重要性日益凸显。这种对于原过于注重物质性奖励的激励理论来说是一个重要的发展关键环节。心理管理学的马斯洛需求理论①的知识资源被借用到法律激励之中，以此为根基演化出来的激励理论持有一种观点，即由于每个人在某一特定环境与时间下的需求不同，在特定时间下可以具有针对性的对回应个体的需求并予以刺激，进而能够激励个体行动的内在动力性源泉，发挥出激励功能。同马斯洛需求层次论密切相关的还有其他可以类比的需求理论，主要包括克莱顿·奥尔佛德的生存—关系—成长需求论以及戴维·麦克利兰的成就—权力—情谊需求论。②

在激励理论基础性学科资源的发展中，逐渐在组织行为学和管理心理学派激励理论内部生成了两个重要的分支学派，分别是保健因素—激励因素为内容的激励理论以及公平激励理论。这两类重要的分支学派都是从市场个体的需求理论出发，强调市场个体对需求内容与需求关系方面的考察激励路径与方法的问题。

3. 经济学上的激励理论

经济学理论最为关注的问题并非是激励问题，但激励问题的研究却在经济学理论中得到了深度的阐释。③

就法律规范的制定而言，激励的功能一直存在于法律规则之中。无论是鼓励性语言，还是奖励性规范，都直接或间接地发挥着法律的激励性功能。从民间借贷政策到民间借贷法律，无论金融奖励或金融惩罚，都内含着一种激励性的功能，民间借贷法律规则对于市场中主体所具有

---

① 马斯洛的需要层次论并不复杂，主要在于阐述人的五个层次的基本需要，即生理需要、安全需要、爱的需要、尊重需要以及自我实现需要五个层次。

② 参见丰霏《法律制度激励功能的理论解说》，载《法制与社会发展》2010年第1期。

③ 新古典主义强调市场中个人理性行为的情况下，在一个完全竞争的市场中，个人理性的假设就可以被转换成企业的所有者追求利润最大化或成本最小化的行为。从而，研究充分竞争的定价理论并不需要考虑激励问题。[法] 让-雅克·拉丰、大卫·马赫蒂摩：《激励理论》第1卷，《委托—代理模型》，陈志俊等译，陈志俊校，中国人民大学出版社2002年版。

激励性功能愈加发挥着重要的作用。法学的部门划分与学科特点，决定了法律激励问题在专业方向上的松散性，直接影响着至今未能形成相对统一的法律激励理论体系框架。虽然，从法学理论研究，到实践中的立法及司法等诸多法律实施方面均存在着同法律激励密切相关的问题，但局限于法学研究的"热点与难点"的局部性研究，均没有从立法、执法、守法乃至于司法作为法律规则"从生到活"的一种动态的统一整体，自然也无法从法律规则的设计与实施层面来考察法律激励功能的问题。实际上，对于民间借贷法律功能的研究，应从一个较为宏观的视角出发，来对当下的民间借贷法律规则进行全面与深度的剖析，在这一进程中，法学学科的激励理论知识不足以解读法律规则的激励功能问题，必须借助其他学科的背景知识。我们综观不同学科关于激励理论中的核心要素发现，其都有关于如下要点的考量，民间借贷法律规范中被激励主体的本质性特点、激励市场主体的因素包含哪些、激励市场主体行为的因素在什么环境与状态下才能发挥作用、市场主体被激励过程中的根本原理是什么、相互之间能够互动的激励市场主体行为的法律规则是如何安排的。民间借贷法律规则在设计的过程中，必须考虑如何对上述几个问题给予回应，而这种法律规则回应激励功能问题的过程，就是对法律规则所规范的利益主体进行利益分配与规范的过程。这体现在民间借贷法律规则中强制性规则与任意性规则的设计。

　　激励理论从来不是某一个学科资源可以完全解读的，即便在探寻金融法律规则中的激励功能之时，也应以客观且综合性的视角来借鉴经济学、管理学、心理学学科中的激励理论。

　　民间借贷法律规则中内含的激励功能的深入研究，应立足于一个相对统一的体系框架，这种新创的体系框架应以经济学与心理管理学学科激励理论中的"精髓"为根基，同时既能够为现代民间借贷法律规则所接受，又能为相关民间借贷政策所融合的框架。例如，我们不能在借鉴马斯洛需求层次理论时，将其作为设计民间借贷法律规范激励的唯一基础性理论参考来源，正如我们在探讨法律中权利义务规则对于市场主体行为的激励性影响时，不能仅仅考虑权利义务正面奖励性作用，而应考虑其可能发挥的惩罚性作用。同样，我们也不能将马斯洛的需求层次论作为仅有的探究民间借贷法律规范激励理论的模式。

当然，如何完全地将经济学和管理学中的激励概念与体系抽象化并融入法学理论中仍存在困难，虽然这一困境在民间借贷法律规则中的难度相对降低。在将两类学科概念有所选择的转化或者联结法学理论之际，同样要注意如何能够在理论体系架构中形成具有法学理论特色的学科环境。在考虑其他学科理论基础特殊的同时，创新法学理论知识并非是对其他学科理论的简单累积，应设计出法学学科自己的理论产品。

相信对民间借贷法律规则中激励功能展开多学科视角的分析与研究，不仅在学科知识层面能众采经济学与管理学中激励理论的资源，而且能在增加我们对法律规则运行激励的深度理解的同时，日渐挖掘出跨学科视野下的民间借贷法律激励理论，进而完善借贷市场法律规则体系。

四 实践：金融综合改革实验区模式中的民间借贷立法探讨

金融综合改革实验区是打破金融业垄断的一个契机与试验田，从探索模式、循序渐进、控制风险出发，试验区建设将金融业改革的首要重点置于借助民间借贷以改善小微企业和"三农"金融服务。有观点认为，"鼓励和引导民间资本金融服务领域，畅通民间投资渠道，改善小微企业和'三农'金融服务，拓宽企业融资渠道，维护金融秩序，防范金融风险"是当下金融领域高层对金融垄断改革中民间融资阳光化路径的一种态度，同样也是支持温州金融综合改革试验区模式变革的探讨。[1] 更为重要的是，无论是金融权益的觉醒，还是借贷机构多样化设计和金融管制的减少，都代表着民间借贷市场正被以一种积极的激励性法律规则来引领立法的探讨。可见，改革金融垄断，解决金融市场中弱势经济群体的融资难问题显然已经成为政府界和金融界高层领导的共识，以此开启金融垄断改革、推动民间借贷的多元化路径的发展，能够更为清晰地认知金融垄断改革的条件和要点，有利于深化民间借贷的创新与长期发展。

（一）金融垄断改革的条件：金融权益意识觉醒

金融权益意识的觉醒和法律的重视给予了金融业开放的原动力。金

---

[1] 参见周小川《探索民间融资阳光化途径》，载《广州日报》2012年4月11日。

融垄断改革的成因,从制度发生学层面可以考察到两种解释:理性的主动创设生成和自发的演化生成两类,两类生成路径各不相同。借重制度发生学的原理来解析金融体制变革的形成,将会给我们提供更为有力的分析工具,能够近距离地观察到金融体制变革的动因。我们认为,全球性的金融体制的开放式趋同仅仅是民间借贷规范化得以成行的宏观体制背景,民众金融资源需求、金融产品的创新、民间借贷寻求投资渠道等因素是推动金融业开放的微观具体经济和制度因素。这些因素的存在不是偶然的,均具有客观性,具有制度的渐进式演进性的特征。在这一过程中,民众的积极争取、民间借贷潜在的寻求投资出口、立法者主动的设计规则都发挥了一定的作用,回应了客观世界对法律规则的需求,而其内在的动因均是金融权益意识的觉醒和法律回应。

更进一步,金融权益的认知和重视对于金融垄断改革下的非正规金融机构的多元化发展、民间借贷的规范化、金融风险的控制有着极为重要的影响。[1] 对于非正规金融机构的多元化发展而言,小额贷款公司、典当行、私募投资基金等均是其在市场中不断发展生成的模式,而发起人选择不同模式的动因均是试图寻找到政策允许的能够获利最大的金融机构经营模式。可以说,金融权益保护的要求与金融资本逐利的需求丰富和拓宽了金融机构的模式,引发了金融体制的制度性变革。

(二) 金融体制改革的要点:小贷公司与典当行

金融垄断改革对民间借贷规范化发展起到的重要推动作用,至少体现在两个方面:其一是推动新型非正规金融机构的经营模式,可以视为金融机构创新多元化发展的一种表现;其二是金融业对民间借贷的接纳和规制,打破了金融业的垄断,推动金融机构向更多元、更专业、更创新的模式发展。

金融综合改革试验区就是打破金融垄断的重要尝试,其主要内容就是金融创新,具有实验性、探索性,其中关于小贷公司与典当行的改革经验必将对全国具有示范和推广的意义。本次金融创新改革不同以往的

---

[1] See Jan A. Kregel: Is this the Minsky Moment for Reform of Financial Regulation?, Levy Economics Institute Working Paper, No. 586.

由国家强制性地运用行政权力来干预金融市场,而是一种自下而上的改革路径。这种自下而上的开通民间借贷的发展渠道,积极以服务意识与引导理念来挖掘民间资本的改革路径将有益于民间资本从"依靠市场到适应市场,继而服务于市场",最终从金融市场化的层面来生成各种新型金融机构,提供更为丰富多样的金融服务。

小额贷款公司与典当行作为创新性金融机构是当下疏导民间借贷的重要渠道和方式,但由于其自身存在的建设问题,不能完全解决民间借贷寻求投资路径的问题,仍需要进一步规范。小额贷款公司的资金来源与借贷利率问题已经成为其不能不面对的"变相高利贷"经营化问题。小额贷款公司的资金来源与借贷规模受限,抑制着小贷的规模性发展和盈利能力,这促使小贷的发起人通过各种办法扩充资金来源,同时利用各类收费名目来提高自己的经营利润。这种以合法模式掩盖非法经营的方式已经在金融业内成为"公开的秘密",政府监管并未起到应有的规制作用。典当行对于疏导民间借贷资金起到了一定作用,但其自身资金规模受限、借贷对象条件等硬性要求都使得典当行的发展规模不能如投资者期望的那样壮大,同时,能够从典当行借贷的群体也应受到一定的限制。对于缺乏抵押物、没有稳定收入来源的群体而言,很难通过典当公司借贷到所需资金。小贷与典当行的固有缺陷,限制了这两类金融机构的发展。

(三) 民间借贷规范化发展模式探讨

民间借贷的发展模式并非一成不变,而必将以一种多元化的方式发展,这一发展过程中金融垄断组织将不断弱化,而民间资本的发展力量则会不断壮大。近年,我国微型金融服务于实体经济的能力得到了很大改善,从国内金融改革和发展趋势看,前5家大型银行在银行业存款类金融机构存款市场中所占的份额从2002年的约80%降为2011年的约50%,贷款份额则从约80%降到不足50%,垄断现象并不明显,但基层(主要是县级层面)金融服务竞争不足,服务能力偏弱。[①] 因而,未来相当长一段时间内,若期望实现基层金融服务的相对充分竞争,除已经存在的大型和中型金融机构外,发展小微型金融机构以及社区型金融机构

---

① 参见《央行官员谈打破垄断引导民间资本进入金融领域》,新华社,2012年4月18日。

将是重要的路径，这也是民间借贷规范化发展的重要选择方式。

对于当下的金融业准入门槛高、金融产品不透明的现状，将会在民间借贷资本以合法化小微型金融机构发展后日渐得到改善。只要具有符合国家监管标准的经营资本，符合条件的金融机构专业管理人才，才能够建立符合法律要求的风险控制制度与信息搜集和披露制度，就应允许其进入金融业，面向基层市场尤其是农村与乡镇金融市场开展相关金融类业务。强制大中型金融机构在基层地区设置金融分支机构，会对基层的金融业发展与金融供给起到一定的积极作用，但这种作用不仅有限，更难以真正地解决基层地区对金融资源的需求，同时也无法疏导民间借贷行业的充裕资本。真正市场化的改革，应在开启民间借贷进入金融领域之际，鼓励民间借贷以多元化的方式在基层中提供金融业服务。

具体而言，小额贷款公司应积极推进自身的更进一步的身份转变，村镇银行与社区性银行是其发展的方向，这一变革中，应制定合法、合理、适度的准入规则吸引符合条件的自然人和民营企业进入这一领域，作为参与主体来发起或参股、控股村镇银行。同时，规范仍存续于市场中民间借贷资本，尤其是针对由规模较小的自由借贷资本设立的民间借贷登记服务中心以及民间资本管理公司，辅助性地规范化疏导较小的民间资本的投资渠道。在此基础上，针对乡镇的小微型企业、农村的生产与生活的急需性借贷、城市居民的日常生活金融消费，应鼓励各类金融机构尤其是小微型金融机构开发适当的、风险可控的信贷产品。在民间借贷逐步走出潜行发展的同时，立法部门与最高人民法院应通过司法解释或判例引导，明晰金融市场中存在的金融投资、民间借贷与非法集资的关系与界限，以避免类似"吴英案"的发生。在前述政策开放的同时，法律规范更需进行深化改革，金融法律制度的创新应成为引导金融业发展的重要助力，民间借贷立法完善中应着重关注民间借贷的主体准入标准、借贷利率的限制与评估办法、地区之间借贷监管以及各类借贷金融机构的资金来源监控等问题。

金融业的开放与金融机构的创新均源自欧美的经验。我们需要的金融业变革，是必须保持在能够控制风险的前提下，培育和引导民间借贷同正规金融充分竞争，共同获益。我们应做的是不断地检讨既有法律规则与金融业发展的冲突，继而推动金融法律规则的修正与调整。在近年来的金融体制改革中，中央政府虽陆续出台多项开放政策，包括引导民间资本的理性与合法化投资，但均存在"玻璃门"，无法实质性地推动民间借贷的发展。应注意到，市场经济是一种开放型的经济模式，金融资本的全球化流动不以主观性的管控意志而转移，民众与各类民营企业谋求自身经济发展就必然要寻求市场中可供利用的金融资源，民间借贷的开放势不可当。面对这一态势，金融立法不能落后于经济体制的变革，推动金融立法规则与制度发展相适应，才能显现出其时代性品格。

（四）金融体制改革下民间借贷的规范化发展趋势

金融垄断直接引发金融资源的分配不均，必然导致地下民间借贷的生成，而"民间资金多、投资难，中小企业多、融资难"这样突出的问题直接与民间借贷挂钩，地下或半地下的民间借贷行业已经成为市场中大家公认的解决投资难或融资难的重要路径。[1] 金融体制改革正是在这种背景下以创新金融体制、减少金融管制、支持实体经济发展为目标而发展的，这其中，变革的核心和关键就是民间借贷行业的规范化发展。

1. 进一步减少金融管制

业务发展需要减少金融管制。金融业垄断是由严格的金融管制直接导致的，减少金融管制成为本次金融业开放的先导"声音"。金融管制放松的主要原因在于大型或中型金融机构对于小微型企业或自然人的金融借贷业务缺乏兴趣，在没有营利空间的情况下，没有动机耗费更多成本去为其提供完善的金融服务。[2] 因而，在具有潜在借贷风险、盈利回报较低、服务成本下降等原因的影响下，大中型金融机构主动或被动地选择退出了小微型企业借贷市场，在金融业市场的发展中为民间借贷预留了

---

[1] 全国工商联发布的《我国中小企业发展调查报告》显示，90%以上的受调查民营中小企业表示，实际上无法从银行获得贷款，全国民营企业和家族企业在过去3年中有62.3%的融资来自民间借贷。参见《金融资源曝贫富不均：穷人去存款 富人忙贷款》，载《人民日报》（海外版）2012年4月19日。

[2] 即使是银行对中小企业所定的贷款利率比大企业要高，但因为大企业贷款量大，银行从中可以获得的绝对收益要高很多。参见《金融资源曝贫富不均：穷人去存款 富人忙贷款》，载《人民日报》（海外版）2012年4月19日。

发展的空间。而放松金融管制下创建民间资本管理服务公司、发展小额贷款公司、发展股权投资企业、建立股权营运中心、创办民间借贷登记服务中心、制定地方银行发展规划、农村金融机构股份制改革和创建地方金融监管中心，这些金融综合改革试验区减少金融管制的举措则恰恰弥补了大型金融机构业务的空白。①

竞争压力需要放松金融管制。金融业体制的放松式改革作用主要在于放松式改革更能关注特定的金融体制能否产生竞争金融服务优势。赵发激烈的国际竞争，不仅对传统的金融理念和法律理念产生了突破性的挑战，也带动着很多国家和地区对金融体制进行重大修改，以适应全球化的金融管制放松并营造更具竞争力的金融业。同时，如果一国政策制定者与立法者认为本国金融体制不利于本国金融业的发展，不能满足本国民众对金融资源的需求或降低本国金融业的竞争力，那么他们就会考虑是否还有必要保护好本国的严格式金融体制。正如，民间借贷行业的发展与缺乏金融资源的民众给金融体制改革带来的压力。

趋同发展需要放松管制。全球范围内的商事组织治理机制在日趋融合，这一点不容忽视，金融业的融合趋势也愈加明显。导致融合的一个主要原因是，各国已经普遍认同开放式的金融体制的竞争力和价值。与此同时，其他严格管制的金融体制的竞争力已经日渐衰弱或引发不同程度的潜在性法律规范之外的金融风险。金融体制变革的实践中，消费者与资金需求者可以明显地感受到金融业体制开放的积极效应与金融业全球化的存在。例如，在金融产品创新的推动下，欧美金融产品可在国内金融市场销售，温州金融综合改革实验中"个人境外投资"的创新方式均是金融全球化下的成果。金融具有追逐利润的天性，必然流向可以创造利润的领域，而金融市场的多元化与国际化意味着民间借贷将会从没有采取最适当的金融体制中分离出来，这种追逐竞争力体制的趋向必将不断地淘汰落后的机制，间接地提升金融机构的竞争力与服务质量。例如，美国之所以能够拥有强大的金融服务行业，是与其金融体制与产品

---

① 参见高翔《"十二五任务"导航 温州式金融改革正式上路》，载《每日经济新闻》2012年3月29日。

的开放和创新密不可分的,近年来风险基金、私募股权、理财产品等领域的高速发展虽然引发了一些金融风险,但其取得的成就仍不能被否定。

2. 业务设计的本土化立法

金融业开放后的民间借贷业务应本土化发展。任何时期,一个国家所传承下来的金融体制都部分地具有路径依赖特征,即带有历史传承下来的特有的金融结构,彻底改革这种传统金融结构并试图重构或大幅度修改这种金融机构的成本将会很高,因此,在相当长的一段时间内,旧有的金融体制仍会存在。这种情况下,针对金融业体制的融合会出现两个可能存在的问题:一是罔顾特定的国情与历史传承下来的具体法律规则的社会文化背景,将金融体制改革纯粹作为技术性规则来设计,过于随意性地移植他国的经验;二是如果金融体制的改革仅仅是形式上的融合,则当然地不能作用于实践,这并不优越于虽然形式迥异但却在功能上融合的旧有的金融体制。

因此,非银行金融机构的设计与业务开展并非一定要同国外金融体制中保持完全一致。实际上,金融业体制发展的全球化主要是针对大型金融机构而言,其背景是经济的全球化,其所适用的环境是国际化的金融市场,其发展路径则是金融业为大型公司或政府提供的金融服务趋同化演进。金融市场的国际化使得大型金融机构的趋同成为必然,金融机构之间的竞争将会不断催生新的金融产品和金融服务模式。然而,针对国内大部分金融市场而言,一旦脱离特定地方需求和金融消费环境,金融体制趋同下的业务则会变成一个不适当的金融产品。

3. 高利贷与官银入股立法监管

民间借贷规模庞大,应预控潜在风险。民间借贷行业的潜在金融规模庞大,极难测算出准确的数据,但我们能够肯定的是其规模已经足以影响金融市场的稳定。据粗略测算,中国民间借贷余额已达到3.8万亿元,占中国银行贷款总规模约33%,相当于银行总贷款的7%。[①] 总体来看,自2008年起,我国民间借贷规模的发展在以10%以上的速度增长,这种态势使得民间借贷的影响范围愈加广泛。据央行的调查结果显示,

---

[①] 参见毛军华、罗景《中国民间借贷分析》,载《资本市场》2011年第11期。

民间借贷的资金来源如下：当地企业占30%、当地居民占20%、外地企业和居民占20%、银行占10%，可见，民间借贷有30%—40%运用了银行贷款。[①] 如此规模的民间借贷一旦以规范化的身份进入金融市场，会对既有的正规金融体系产生怎样的影响，暂时难以评估。

高利贷与官银入股问题必须得到解决。民间借贷最大的风险集中在两个方面：其一是民间借贷背后的"官银入股"的问题，其二是民间借贷引发的高利贷问题。官银入股问题不仅容易引发民间借贷行业风险，而且是滋生官员腐败的温床，必须得到严格管控。高利贷是千百年来世界各国无法破解的难题，其不同仅仅在于哪个国家的对策妥当，控制效果好。在中国，高利贷曾经是封建地主阶级和城市专业高利贷者盘剥广大百姓的工具，尤其是在中国的农村地区，借贷利率极高，对于农村经济的持续性发展产生负面作用。这两个风险源是民间借贷行业中已经引发关注的重要问题，必须严格打击和管控。

本章小结

本章通过分析民间借贷规则形成中的契约理论与激励理论，探讨了民间借贷规则形成的理论基础及规则约束。民间借贷元规则是民间借贷市场中最为基础性的元素，不仅是交易的原则，而且是民间借贷活动的信用基础。面对正规金融与非正规金融的竞争性发展，民间借贷信用体系的重构显然势在必行。"温州金融改革试验区自下而上"地重新设计了民间借贷在市场中的位置和规范模式，在渐进的政策和法律规则完善中，必将给予民间借贷信用体系新的品格和内涵。面对现代化的多样的金融机构、复杂的公司治理模式、多元的金融投资路径和变动的政策，民间借贷信用必将吸取现代法律因素和文化理念来重新构建自己的现代化商事信用机制。在后文中，我们将重点关注民间借贷市场外部和内部两方面治理中存在的几个问题，以此回应和考量理论研究对于实践的指导意义。

---

① 参见毛军华、罗景《中国民间借贷分析》，载《资本市场》2011年第11期。

第三章

金融创新和民间借贷市场外部治理机制缺失及对策

民间借贷市场法制化规范，重点在于对借贷外部市场和内部市场风险问题的法律监控。作为民间借贷主体（金融借贷机构）而言，民间借贷外部市场十分明显地受到来自现代科技和金融网络化的冲击，网络民意、新型小额信贷问题亟须得到法律监管。此外，金融消费者权益（借贷权益者）的保护问题十分突出，应积极推进金融法律援助服务机制的构建，尽快落实针对借贷市场中已经初具雏形的金融消费者权益保护协会等法律措施。

第一节 外部问题一：大数据格局下互联网金融借贷风险监管

一 互联网金融借贷中网络民意监管与规范

网络民意规范化问题是民间借贷市场外部治理的重要问题之一。社会民主进程和立法的演进均离不开广大公众的主动性参与，无论是金融政策拟定或法律规则的设计，能否真正地反映社会或市场的需求，不能仅仅依赖纯粹顶层式空想构思或经营类群体的"集中式"规则解释与建构。当代社会信息系统的发达使得网络成为公众表达利益诉求和维权期望的重要渠道。这种对政策出台和立法变革的网络推进性影响力十分巨大，甚至影响了立法的进程，一定程度上引导着国家金融体制改革的步伐。就民间借贷立法而言，2010年金融市场中出现的民间借贷风险不仅引起政策和立法高层的关注，而且在网络中引起公众的极度重视和讨论。网络民意对于民间借贷立法的推动可以切割为三个阶段，其一为对民间借贷现象的关注，包括对温州、鄂尔多斯等地民间借贷资金链断裂后出现的"老板跑路"等现象的兴趣性关注和问题性关注；其二为对出现借贷风险政策和法律层面原因的关注，集中在对既有的金融体制和法律规范的问题、滞后、改革的热议；其三为对民间借贷法律规范具体设计的建议和改进方向。这三个阶段的网络民意不仅回应了金融市场对立法的需求，而且使顶层立法者更加重视加快推进民间借贷法律规范的设计和出台。当然，信息化网络带来的不仅有正面的立法建议和评价，也伴随误导性的宣传，这就为网络监管部门和立法部门提出了甄别劣质和分解高质量立法信息的任务。① 虽然网络民意对政策和立法的推动仍有其局限性，深度和实质性的影响力仍有待考察，而网络民意表达诉求的成熟性路径需要审慎对待和设计。

（一）网络民意对立法影响之考量

网络民意在表达公众诉求的过程中，对政府立法产生了重要的影响。这种影响主要源于网络民意在对社会和市场热点问题时的反映而产生的衍生效应。折射效应、蝴蝶效应、挤出效应、门户效应、代言效应这五种效应不同层面地反映了社会及市场的本质需求，放大了公众对社会不满的诉求，同时也需要注意鉴于信息化的特点，网络更多地代表的是中青年的民意，更进一步，对于利用网络宣传自己利益诉求的群体性代言不应忽视。网络民意代表了部分民众的利益诉求，重视民意，借助网民的力量让权力机关的立法意图体现得更准确，不仅增加了立法质量，提高了法规的可操作性，也有效地避免了被频繁误解带来的行政成本的增

---

① 例如，2010年5月，浙江省政府提交省人大常委会初审的《浙江省信息化促进条例（草案）》第三十九条规定，任何单位和个人不得在网络与信息系统擅自发布、传播、删除、修改信息权利人的相关信息。随着本条例征求意见稿的出台，引起了社会网民的"回应"，无论这种"回应"的质量高低、意见正错，均有效地推动了立法的进程。

加，容易得到大众切实支持和践行，无疑是一个双赢不输的趋势。①

网络民意的宽广且影响至深的效应，源于网络传递立法意见信息的模式，超越了传统立法信息征求意见的局限性，在信息传递和回应的空间及时间上有了突破性拓展，这不仅让社会和市场中同特定立法联系最为紧密的利益群体能够相对无障碍地表达出自己的利益诉求，而且可以在相对长的时间段内给予民意回应的期限。对于这种大范围内民意的尊重和回应，不仅是政治的进步，而且是立法模式的进步。"收集、整理、传播、实践、修正、回应"是政府和立法部门对于网络民意作为反映的基本流程。以民间借贷现象为例，当民间借贷风险爆发之时，金融监管部门、公安机关、税务机关、工商部门、立法机关、高校研究机构等对民间借贷风险案例的搜集、整理和分析，为进一步拆解风险下的诱因提供了全面的素材。当相关部门对借贷风险的根源，即金融体制的僵化与民间借贷需"阳光化"有了共识性认识后，积极从政策和立法改进角度在网络中宣传来正确地引导民意的走向。事实证明，政府借助网络对于民间借贷风险及引发的金融问题、经济问题、治安问题的解读和政策回应是起到了正面效果的。网民由关注民间借贷风险中的金融问题过渡到关注如何规范民间借贷的发展和对金融体制的改革，形成了公众与政府之间的良性互动。

"自动式循环"的良性互动，有效地推进政府政策及立法的意向、网民的建议以及两者之间意见交换、采纳的进程。② 我们认为，这种良性互动式循环将会持续，从法律激励理论层面看，网民对法律问题的适度回应，同样有自我激励的因素，毕竟民意的回应和诉求的反馈会形成对网民自身利益的一种增值。这种法律自我激励因素虽然并未被公众认知，却实实在在地存在网络民意的回应之中，值得推崇。虚拟空间公众参与政策和立法的制定，在逐渐改变社会及市场中的政策及立法格局，并间

---

① 杨建华："网络民意"逐渐提升中国权力机关立法质量，载浙江在线，http://zjnews.zjol.com.cn/05zjnews/system/2010/07/28/016800707.shtml.

② 网民对于民间借贷规范化问题立法的政策和立法的建议分为两大类，其一为公众性的意见，即需要从政策和法律层面对民间借贷现象给予规范；其二为专业人士的意见，即从金融体制深化改革因素、非正规金融"阳光化和规范化"发展层面提出专业性意见。

接地影响着国家对政治、金融资源的分配。多数情况下，网络民意均能够反映社会中小阶层，尤其是中青年人的利益诉求，在以中青年为市场和社会稳定主导力量的环境下，政府对此尤为关注。当然，重视和吸纳网络民意并非是政策和立法的设计及出台均完全依赖于网络，而应审时度势、应势而变、有理有据，防止过度依赖网络和受网络误导的现象出现，以达到政府施政目标与网络民意的最佳结合。[①]

(二) 网络民意的表征和对立法的推动

民间借贷风险爆发后，网络民意的涌现成为推动立法的重要推手。伴随民间借贷风险的每一步演进和政府的回应，网络民意也渐进地跟进，从对现象和问题的关注到对政策及立法的建议。在这次的网络民意的回应中，有两点极为重要的意见，其一为"官银入股"，其二为"吴英案"，此两者对规范和推动民间借贷行业起着关键作用。我们认为，之所以两者被称为民意反馈的焦点，在于其代表着不同的公众关注的热点问题，"官银入股"代表着公众对于腐败问题渗入民间借贷的不满，"吴英案"代表着公众及学界对于金融体制深化改革滞后的意见。金融市场腐败和金融体制深化改革的滞后不仅影响着民间借贷的开放和疏导，而且剥夺和削弱着公众的金融投资权益和获益机会，更进一步，直接和间接地侵犯了公众作为金融消费者的权益。"官银"代表的权力进入民间借贷使得借贷风险控制问题更为复杂，而"吴英案"更引发了合法借贷及犯罪之间边界的讨论，政府、学界及企业界均对此极为关注，法院等监管部门对此的回应成为立法机关未来修正金融立法的走向的代表性"标志"，意义深远。更进一步，无论是"官银入股"的"退出性警告"和"吴英案"一审被判处死刑，问题虽然不同，但两者的根源性诱因均是金融业

[①] 网络是民意的集散地，但民意不仅存在于网络之中，绝不能把网络所反映的民意当作民意的全部。因此，我们既要重视网络，也不能过高估计网络的作用，更不应出现互联网依赖。如果过度关注网上声音而忽视现实生活中的百姓诉求，如果只重视在互联网上与网民沟通而不愿意面对面与公众交流，如果只满足于网上办公而远离火热的现实生活，那么，我们眼中的民意将可能被误读，我们现实的决策可能被误导，我们解民忧、惠民生的努力也将可能付诸东流。网络也是一把双刃剑，其可有效突破科层体制和各种社会条件的限制，为实现全民参与提供了无限的可能。但网络也可能使民意变得虚幻，而难以真正成为推进民主的内在动力。

的开放和监管问题,而这也成为民间借贷风险爆发后政府和立法机关亟须解决的问题。①

1. 网络民意对民间借贷的实证数据反馈

在民间借贷风险逐步披露的过程中,网络上的信息传递扮演了一个重要的角色,不仅向公众及政府传递了风险案件的最新进展,而且输送着一个信息,即金融体制和法律监管的改革问题。更进一步,影响力既深且广的政府和财经的主流媒体对民间借贷风险的数据总结为公众及学者提供了极好的参考分析素材,正是基于这种广泛的探讨,网络更进一步地对民间借贷的含义、本质、借贷合同样本、借贷风险防范和自助对策、借贷风险法律援助方法和路径给予了全方位的回应,这是网络民意自发性的产生的积极法律风险控制效应。

网络民意对民间借贷风险的关注,从不同角度影响了政府和学界对金融风险的关注。例如,在2011年,政府陆续出台了多项"阳光化和规范化"发展民间借贷的对策,除"民间投资新三十条"和"温州综合改革试验区"两项重大的政策外,地方政府积极出台支持民间资本的政策,即便是一种尝试性"实验",其对开放民间借贷市场的重大意义也不可轻视。同时,理论界比以往更加重视民间借贷的研究,这从理论层面给予了政府开放民间借贷的支持依据。②

2. 网络民意对"官银入股"问题的推动

"官银入股"事件多数伴随着官员权力寻租和腐败问题,其在民间借贷风险爆发时得到地方政府的"警示性管理",直接推手即为网络民意。例如,在2011年9月爆发的"温州市施晓洁担保公司募集高利贷跑路事

---

① 企业界对"吴英案"尤为关注,在吴英一审被判处死刑后,公众表示出疑问,这其中更多的来自企业界的声音:借钱来发展公司,扩大规模,后来因为资金链断裂,还不起钱了,罪至死吗?在2012年1月18日,浙江省高院对被告人吴英集资诈骗一案进行二审宣判,宣布维持一审的死刑判决。吴英案再度成为专家和民众共同关注的公共话题。对于"吴英案",包括民企在内的人们期望看到,改变金融垄断的格局,建立多元化、多渠道的资金供应体系,建立规范合理的民间借贷管理制度,完善法律制度以营造和谐的法律制度、金融制度和社会公平的环境。参见郎咸平《公务员牵扯其中导致浙江地下金融复杂化》,价值中国网,2011年12月16日。

② 国家社科基金、教育部基金、省社科项目各类学术年会、论坛等,更多地集中在民间借贷立法的研究上。

件"揭示了"官银入股"的广泛性和严重性,更隐晦地表明了权力寻租背后的严重腐败问题,政府、公众和媒体均默认了高利贷背后"官银"不愿意诉诸法律的深意。更进一步,这种默认和处理"官银入股"的措施,更加印证了当下金融市场中权力寻租的广泛性。公众对这种权力寻租现象表现出了特有的忍耐性,却间接地给予政府处理这类问题的空间,毕竟"公开的寻租秘密"助长了民间借贷的风险性,在考量社会稳定的前提下,政府应尽快给予规范和监管。①

温州官银借贷仅仅是爆破点,其折射的是整个民间借贷合法化及其监管问题,借贷防火墙的设计、调控正规金融在民间借贷市场中的流动、疏导民间资本的投资等问题均被动式地在公众民意的刺激下敲响了警钟,金融体制的深化改革不再是时间问题,而是如何进行和怎样进行的问题。

3. 网络民意对"吴英案"问题的推动

网络民意对"吴英案"的"刀下留人"的判决是否产生了影响不问自明,吴英案民意调查,在 6532 份投票中,反对判吴英死刑的意见占据了压倒性优势,88% 的网友选择了不应该判死刑,同时,其对刑法中涉及的民间借贷的概念、非法吸收公众存款罪、集资诈骗罪和合法的民间借贷之间的边界的厘定和判定标准产生了影响。在当下的金融体制框架下,事实上很多民营企业家在"取路"吴英方式筹集发展资金,合理的民间借贷对推动中国民营经济发展的贡献不可磨灭。在网络民意的推动下,"吴英案"将这个既不言自明又敏感避讳的金融市场问题呈现在了政府和立法监管部门面前,使得顶层规则设计的权力层"被动式"地渐进深化金融体制的改革和重思金融市场中的腐败问题。虽然,"吴英案"中其检举的多名官员获刑,但这种"个案式"的监管显然不足以破解市场中权力寻租腐败问题,仅仅以平息公众民意不满的处理方式,显然已经

---

① 例如,2011 年初,温州市龙湾公安局在侦查周某非法吸收公众存款一案中,债主名单中的人均为当地司法机构人士,牵涉的受害人资金从 2000 多万、1500 万、2075 万、3500 万到 8000 万不等。实际上,不少公务员资金进入高利贷的通道是一条"权力寻租"途径——凭借职位之便,以"办事通融"和"放高利贷"进行交换。"通常的规则是,我帮你办事,你帮我放高利贷,互相利用,其实形同一种变相的行贿行为。"参见《温州民间借贷"官银"进入非常普遍》,中国新闻网,2011 年 9 月 29 日。

不能满足公众的维护自己金融权益的制度性需求。

4. 网络民意对立法的追踪

民间借贷立法的制定和出台需要民意的推动。在传统民意集中式表达路径尚未形成妥当渠道的情况下，部分法律规范存在难产的问题。例如，2009年国务院制定《放贷人条例》，但是针对民间借贷的专门法规仍未正式形成，民间借贷立法已经陷入困境。[①] 自民间借贷风险爆发以来，网络民意成为推动民间借贷立法的重要推手，温州起草《民间借贷法》通过人大代表递交两会是两会期间网络中的热议话题，这极大程度上引起了政府对《民间借贷法》立法工作的重视。[②] 在立法的进程中，来自政府、央行、最高人民法院、地方政府、立法界、学者以及实务界人士对民间借贷立法的关注和意见均通过网络民意的交流反映了出来，这种效应不仅给予公众对立法工作及其存在的问题能够有明晰的了解，还在很大程度上累积了相关部门吸纳民意、努力推动立法的监督性动力。例如，就"民间借贷利率最高不得超过银行贷款基准利率的4倍"的规定的异议，认为"借款人和贷款人可以就借贷的利息等内容自行约定"的争论，都间接地在推动着立法的进程。[③]

（三）立法对网络民意之甄别与选择

网络民意对于立法的推动方式主要在于网络中民意的"汇总式交流和热议"，从深层次上看，这极佳地体现了理论联系实际的立法原则，网络民意是立法在实践中的真实反映，是民间借贷相关利益群体对自身利益诉求的最直接表达渠道。在多种因素的影响下政府极为重视对这种民

---

① 《放贷人条例》早在2007年即由央行组成《中国（放贷人条例）立法研究》课题组，后续的《放贷人条例》至今仍停留在央行层面，未有更进一步的进展。参见"民间借贷陷入立法困境"。

② 由网络信息我们可知：全国人大代表、中国新光控股集团董事长周晓光在任期内连续几年的议案中都提及建立民间借贷的法律机制，今年她又提交了"关于制定《民间借贷法》的议案"。全国人大代表、富润控股有限公司党委书记兼董事局主席赵林中已提交了数十份与民间借贷有关的建议。今年，他再度提出了《关于规范民间融资的建议》《关于规范和引导民间借贷的建议》《关于进一步放开民营金融市场的建议》等议案。参见《民间借贷立法探路：温州起草〈民间借贷法〉通过人大代表递交两会》，载《时代周报》2012年3月15日。

③ 同上。

意的吸取。实践中对于网络民意的甄别与选择是一个较为困难的问题，这不仅涉及善意民意建议和恶意误导性信息的区分、多种类似民意建议的分析和取舍，更涉及对于冲突性建议和超前性建议的理论可行性分析和实务可操作性的解析。可见，甄别和选择网络对民间借贷立法的民意建议是一项重要且复杂的工作，需要网络安全部门、立法专家、实务专家和公众的共同性参与。

1. 立法建议信息甄别的流程

网络民意对立法建议的吸纳、接收、甄别、选取、修正、反馈、再吸纳诸多的环节应有一个合理、合法、严格的流程。其中将涉及多个部门的共同配合，我们认为，可以由网络监管部门负责对网络善意民意的提取与汇总、由政策及法律民意搜集中心负责统一对网络民意对立法的建议进行归类并提交相关部门、民意对立法建议在相关部门的政策或法律研究室形成意见反馈后逆向反馈到网络中相应的信息版块。对于影响范围广、有实质性社会影响或对公众利益影响巨大的问题，应开辟出特定的政策和立法回应网络版块，应利用有影响的网站将政策或立法的意见回应向公众公布，使关注于此的公众知悉政府对热点、焦点社会和市场问题的态度。

在甄别公众信息的过程中，公检法司系统和律师等实务界人士应发挥应有的重要作用。无论是网络公众民意的建议，还是相关部门对意见的研究和回应，均只是停留在理论的研讨和分析中，鉴于网络民意和部门之间的意见在网络信息化下的沟通速度已经超出了传统立法流程的时间模式，有必要借助公检法司实务系统和律师等实务界人士的力量在短时间内对网络民意给予一定的反馈。因而，应在特定的网络版块中开辟实务界人士意见回应模块：其一，可依据省、市、城区等行政区域划分；其二，可依据政策或法律类别来划分版块的内容，这样不仅可以使得当地网络民意能够及时得到本地司法实务界人士的专业性问题回应，又可以统揽全国范围内对热点问题的政策或法律层面的理论及实务层面的解读，在时间、专业性、地域性特色方面回应了网络公众民意的建议和诉求。

2. 立法建议的吸纳与反馈

网络民意和政府对于立法建议的吸纳与反馈是一个长期且复杂的过

程。尤其对于民间借贷立法而言，在全民参与民间借贷的当下，我国有关民间融资的法律内容，散落在民法通则、合同法、公司法以及行政规章司法等的解释中，缺乏专门的法律和明确的定义，相比于既有的法律规范，搜集、分析、吸纳网络公众民意的建议则必然更为复杂。[①] 对此，我们认为，立法者应积极借助有影响力的网站中特定模块中公众民意所关注的金融案件的法律问题，这有利于为司法实务界人士节省从法律层面观察网络民意反映问题的动机和因由。[②]

在立法建议的反馈上，应重视实务界人士对网络民意意见回应的理论依据回复和实务经验的展示，同时对阶段性的立法建议进行汇总和公布。当在合理范围内形成实务界人士对网络民意的回应机制后，公众可以在网络中寻找到自己利益诉求的专业性回复，不仅从情和理上满足了国家对自己利益的尊重，还在政策及法律层面寻找到了适当的依据。网络民意本质上会表现为两个含义：其一是表达内心对某种利益格局和体制安排的不满；其二是期望改变既有规则的建议，实质是对利益再分配的一种建议。从这个角度来看，实务界人士对网络民意的回复至少可以起到两方面的作用，其一为疏导公众对既有问题的不满情绪，缓解社会压力；其二为提供公众意见交流的平台和政府参考的"意见库"，让公众对立法的复杂性和难度有一个合理的预期，防止因信息不对称而产生的"情绪社会化、情绪市场化"问题。在这种网络民意表达和反馈的框架性流程下，需要由政府、立法机关、公检法司系统、市场中权威性专业机构和知名网站之间能够形成一个互相的信息流动渠道和机制。在以知名网站为核心的信息流动程序中，以网站信息化流动为核心、以政府对网站意见汇总和反馈模块监督为前提、以公检法司系统对意见进行分析总结和反馈为重要手段，在此基础上，在政府和公众之间架起信息流动的渠道。权责利三者在网络民意流动各个环节中均应有严格的设计和分配，再好的流程设计若缺失权利（权益）和义务（成本）的规制都将是无效

[①] 参见《民间借贷立法寻求突围》，载《企业观察家》2012年4月17日。
[②] 例如，中国金融网·金融案件·曝光台板块中，都是网络公众关注的金融类案件，从专业人士知识层面出发对金融案件的评论，为司法实务界人士分析和吸纳网络民意提供了便捷的路径。

机制，尤其对于网络民意而言，基于现代化下网络信息流动的特性，必须以严格的监管机制进行信息流动机制管控。

（四）网络民意表达诉求机制的监管与规范

网络民意对民间借贷立法等发挥着"双刃剑"的作用，在对立法发挥正面、积极作用的同时，也不可避免地衍生出很多负面效应。在网络成为公众反映民情、诉求民意的重要途径后，逐渐显示出其强大威力推动着政府对公众民意的分析和调查，无论是前文中所提及的"温州金融综合改革试验区"还是《民间借贷立法》的探讨，都源于网络民意的兴起和影响。这种融合了信息传播方式和法治改革的工具最大限度地激励着更多的公众参与到政策和立法建议之中。但鉴于民意代表性问题和虚假性问题，真实且广泛的民意能够真正地传递到政策和法律制定者处则要求实践中有一个高效的信息过滤机制，以规避网络虚假信息和因网络技术操作因素造成的网络民意"虚拟化"和"技术官僚操控化"的问题。

1. 网络民意调查方法

网络民意调查方法是一种科学的、客观的调查方法。除突发性问题的主动性民意"贡献"之外，政府可以借重网络展开特定主题的民意调查，当然，相比于被动式的反映民意，我们仍然认为关注和重视民意主动式的呈现更能广泛且真实地反映公众的利益诉求和真实意愿。民意调查方法应建立在本土文化、法律特色基础上而设计，在吸纳域外经验的基础上，我们应针对本土的市场信用环境、立法环境和政策环境，设计出符合国情的网络民意调查方法。

问卷式调查等多样化的民意调查方式，需要专业性的机构来进行，在渐进地设立专业性调查机构的同时，也应前瞻性地对该类专业机构的治理规则、信用体系、高管责任、信息披露规则等对民意调查结果有潜在影响的因素给予必要的规制，以保障专业性机构民意调查的及时性、全面性和权威性。更进一步，对于网络民意调查结果同传统民意调查结果之间位置的平衡应予以考虑，在当下环境中，政府和立法机关应更为关注网络民意调查的方式和流程，以及对后续意见反馈的解读和吸纳。

2. 网络民意采纳机制

网络的虚拟性、平等性、便捷性、无限性、自由性及低廉性使得网络民意的表达中既包含社情民意，也包含民怨民愤；既是疏导民怨的渠道，也为稳定秩序提供了契机和平台；为发挥其推动司法民主的正面作用而规避可能出现的"媒体审判"问题，需要我们重视对网络民意的采纳。① 对于网络民意的采纳，必须以出台网络法律制度来强制性规范，否则在任意性选择的环境中极难形成对民意的反馈或采纳。在互联网成为公众生活不可或缺的表达民意的重要路径的情况下，网络民意成为了影响国家和社会稳定的重要力量，网络民意立法显得尤为重要。表达利益诉求仅仅是民意的宣泄，如何给予反馈和回应才是接纳民意的关键所在。在十一届全国人民代表大会第五次会议召开的过程中，提出"完善网络法律制度"为未来的"网络民意立法"提供了前期性准备。

二　大数据格局下新型网络小额信贷的监管

网络小额信贷机构已经成为民间借贷市场外部治理问题中极为热点和重要的话题。新型的网络小额信贷机构为金融市场带来了融通"金融毛细血管"的新兴工具，更掀起了新一轮的借贷模式创新和监管规范变革。网络借贷的出现为立法者、监管部门提出了新的风险监管课题。新型网络借贷模式的经营模式、风险源、问题及危害均不同于传统借贷，由下而上的引发了法律创新监管机制的探究。面对符合金融市场需求、回应个人融资需要的新型网络式的民间借贷样态，法律规则应秉持积极跟进、严格监管、适度修改的理念，注重对金融市场中新兴网络借贷的风险诱因、潜在危害给予明确的问题梳理和法律规制。

新型网络小额信贷机构的出现在金融市场的演进过程中是一个标志性的节点，具有代表性的意义和价值。民间资本追逐利润的方式更是无尽的，传统小额贷款公司、典当行、村镇银行、民间借贷登记服务中心等多样化的金融组织样态并不能满足微型金融群体的需求，他们需要的是更为便捷、低成本、小额度、无抵押、快速的贷款。网络贷款咨询服务机构正是在这种背景下诞生的。网络贷款咨询服务机构，即网络小额贷款信息咨询服务机构（或称为P2P服务机构），是指依法登记注册、具

---

① 参见韩锋《网络民意研究——兼谈对司法的影响》，无锡法院网。

有法人资格,依法为民间借贷双方提供个人对个人小额贷款风险管理、理财咨询等一整套信贷风险咨询和管理服务,并已加入 P2P 行业协会的第三方信息咨询服务机构。自印度尤努斯教授 1970 年在孟加拉提出了"小额信贷"概念后,发展愈 40 多年的小额信贷在持续发展中一直伴随风险,风险防控在网络小额信贷市场中永远是一个未尽的话题。从目前的理论和实务研究来看,关于新兴起的网络小额信贷的法律风险防控机制论著极少,而监管部门也仅仅多从风险提示层面提出一些政策,未能从法律规范层面给予必要的规制。相比之下,国外的网络小额信贷风险防控机制较为健全,这同其成熟的市场信用体系密不可分。我们试图在本文中回答以下几个问题,即网络小额信贷风险的形成机理、模式特点、问题与危害,最终提出法律监管的完善性对策。

(一) 新型网络小额信贷风险的形成机理

网络信贷作为金融中介的一种运行样态,是民间借贷的一种新兴模式,内含着民间资本的逐利动机和智慧,也潜藏着金融风险。网络小额信贷作为金融市场中的创新形式存在诸多风险,其形成机理极为复杂,融合了网络信息因素、互联网技术因素、网络信用因素、异地监管因素等。

1. 网络信息化因素

信息化因素是网络小额信贷风险形成的直接原因。目前来看,互联网上涉及小额信贷的网站多如牛毛,但更多的是"非正规军"的信贷网站,衍生诸多交易风险。"小额信贷可以让人们获得适合的金融产品和服务,而且能够理解如何最好地使用这些产品和服务。"可见,放贷者应对借款者的资信有一定的评估,缺失相互资信评估的借贷业务在金融信用尚未建立的环境中除了引发风险之外,只能埋藏更深的隐患。网络中未过滤的金融信息容易引发借贷风险,原因在于:其一,网络借贷信息充斥着互联网,作为主要针对弱势群体服务的网络小额信贷服务机构,暂时未能在互联网中形成正规化的经营模式和法律风险防范机制;其二,弱势群体多是知识水平较低、年龄较大或较小、缺乏现代网络知识的人群,即便是微型企业在搜寻网络小额信贷服务信息时也会为繁多的借贷广告所迷惑。因而,网络信息的杂乱和信息过滤机制的缺乏必然导致此种金融中介存在巨大风险隐患。

２． 网络信用因素

信用因素是网络小额信贷风险形成的主要原因。发达的计算机互联网技术为放贷者提供了一个全球性广阔的业务平台，也埋藏了风险，并将这种风险转化为流动的"定时炸弹"，极大程度上削弱了已经脆弱的网络信用。先进的互联网技术推动了网络信贷服务的发展，也滋生了一批"借贷黑客"，利用网络技术制造虚拟的借贷交易信息，诈骗借款者。虽然正规的全国性小额信贷行业联盟协会已经推出了适宜的行业自律公约，但缺乏广泛性、监管性、强制性的自律公约显然不足以承担规范和监管互联网整体借贷服务机构的重任。网络小额现代服务机构的信用指数明显低于实体信贷机构，网络信用环境也已难以支撑一个信息真实、交易安全、便捷迅速的信贷服务机构，风险的爆发成为时间累积的必然结果。

３． 异地监管因素

异地监管因素增加了网络小额信贷的风险。互联网技术使网络小额信贷服务超越了地域性界限，能够在全球范围内搜集和传递着资金的供需信息，更在这一虚拟的空间中传递着风险。网络信贷风险爆发，必然引发异地监管问题。跨省之间的借贷业务在网络小额信贷机构服务下是可以便捷开展的，这也是网络借贷风行的优势之一，但若产生风险，则由于异地风险监管的因素，极易引发维护金融权益的成本过重，造成维权困境。据调查显示，在中国农村地区 60% 的借款来自非正规贷款者，信贷供求缺口逐步扩大，目前仅有农村信用社作为唯一正规信贷提供者，所以贷款的提供、存款、保险、租赁、期货等金融衍生产品、货币兑换及住房金融等服务均受到了限制。这种融资困境将推动本不熟知互联网信息的农民去挖掘、发现、接触、选择网络信贷服务，对于该类群体而言，潜在的异地监管维权风险和成本显然是巨大的。

事实上，网络小额信贷主要是为低收入人群这一特定群体提供的金融服务，网络信息化因素、信用因素、异地监管因素共同催生了这种新型信贷模式的风险。网络小额信贷模式无须担保、便捷查询、快速借贷等特点都符合低收入人群或微型企业发展的需求，这使得其具有深厚的生成基础。但网络信息的混乱和缺乏法律监管、民众计算机技术的缺乏和认知误导均导致了网络小额信贷的信用指数较低,存在严重借贷风险,更为重要的是网络小额信贷常易诱发异地借贷风险,更为借贷额度较低的业务风险防控带来挑战。

(二) 网络小额信贷模式的特点和问题

网络小额信贷模式的特点决定了其独特的优势,也形成了一定的风险性问题。同传统借贷模式相比,作为新型借贷模式和金融中介组织的网络信贷有诸多的优势,但也存在潜在的问题,如企业社会绩效和企业利润矛盾、信息和交易虚拟化、信贷方法和产品缺陷、监管和激励机制缺乏、借贷双方信息流动机制僵化等。

1. 社会绩效和企业利润的矛盾

网络小额信贷行业中存在追求社会绩效和企业利润之间的矛盾。社会绩效是社会责任在现实中的具体体现,对于小额信贷的社会绩效概念大概有两种观点,其一,社会绩效涵盖了机构与其他社会成员的关系,并且超越了机构本身及其所有者,囊括了其他利益相关团体,包括客户、捐助者、投资者、员工以及社会,利益相关者关注机构的财务绩效和社会成果。其二,社会绩效将社会成果与机构的社会宗旨目标相联系,在设定机构社会宗旨目标时必须明确各利益相关者所关注的绩效。显然,社会绩效是网络小额信贷服务机构常规经营治理和整体价值体系的指引评估标准。不过大量的未被纳入网络信贷行业协会的小额信贷机构指引其经营的理念只有最大限度获利,而非追求提高服务客户获得金融产品的质量、提高对公司员工及利益相关者的社会责任。显然,对于未纳入行业强制性规范的网络信贷机构而言,在平衡社会绩效和企业利润时,多会倾向于选择后者。

2. 信息和交易虚拟化

网络小额信贷行业存在信息和交易虚拟化的特点和问题。互联网技术拓展了金融信息传递的空间,更加速信息更新和流动的速度,每分每秒都在进行着资金信息的搜集、替换、修改、重置,这虽然为借款者提供了获取金融资源的信息,但缺乏监管的环境中更会滋养出信息虚拟化的风险。目前,网络信贷行业自律公约日趋形成了一个较好的经营模式指引和自律性约束机制,但纵观《小额贷款信息咨询服务机构行业自律公约》(草案)(以下简称"《公约》"),由于《公约》的自律性约束机制定位,导致整体缺乏强制性约束机制,也缺失强制性责任规制或责任指引性规范。网络虚拟化为金融"捕猎者"提供了空间,利用互联网技术,发布虚假、虚拟借贷信息,误导、欺诈弱势借款者,在缺乏责任性规范的约束环境中,信息错乱和交易虚拟化导致的无约束网络信贷服务行业潜在巨大的信贷风险。

3. 信贷机制和产品的缺陷

小额信贷在缺乏信用基础的网络环境中能否持久经营存在问题,而所提供的符合小额信贷服务机构经营定位的产品也面临信用考验。网络信贷机构主要针对微型金融需求者,具有额度小、无担保等特点,这种信贷机制和所设计的简单化信贷产品需要有一个强有力的信用环境和法制规范作为保障。信用环境是潜在推动借贷双方以诚为本进行交易的基础,而法制规范则是消除非法获利、恶意欺诈动机和行为发生的有力工具,法律风险可以依赖信用环境和法律框架来解决,在没有法制规范的背景下,只能靠"枪炮"解决问题,弱势金融群体利益必然会受到伤害。同传统民间借贷方式相比,网络信贷机构在业务审核和产品设计缺陷上表现得更为明显,这同互联网特点密不可分,从长期看,在互联网立法滞后、信息失真问题困扰、公众私权保护力度欠佳的当下,是很难构建较好的网络信贷信用机制的。

可见,网络小额信贷服务机构符合小额信贷这种主要为贫困和低收入人群提供的额度较小的无抵押、无担保的贷款方式的特殊性要求,但其监管和激励机制的缺乏等特点决定了这种新型民间融资中介必然潜在难以控制的风险。小额信贷机构在融入互联网技术后,实现了新型组织模式的创新,但需审慎对待特殊的风险,增强抵抗风险和经营的能力。作为微型金融机构的小额信贷机构若想获得优势和持久性发展,必须注意防控风险,更进一步完善治理机制,注重打造机构的"质",而不是盲目追寻"量"的目标。

(三) 网络小额信贷风险和监管困惑

网络小额信贷模式存在风险和极大的危害,同传统民间借贷风险存在形似,但也有实质上的区别。传统民间借贷风险容易诱发资金流动到政策禁止行业、容易引发恶性逃债、刑事犯罪等问题，与之相比，基于网络信贷模式的网络化、小额信贷性、产品特点因素、异地监管因素等，产生了一些迥异的市场和社会危害。

1. 导致客户过度负债

网络信贷模式交易平台针对借款者的资信全面评估存在障碍，这为借款者的重复借款创造了条件和空间，引发借贷客户过度负债问题。尤其对于恶意借款者而言，其有用同一担保物在多个网络信贷机构借贷的动机和条件，这种风险已经在印度小额信贷危机中存在。印度小额信贷危机的成因是多方面的，其中重要原因之一是客户过度负债问题：例如，AP邦是印度小额信贷最发达的地区，无论传统的SHG还是新兴的MFI都有很高的业务渗透率，目前AP邦的人均借款账户数是印度全国平均值的4倍，每户平均借款金额也是全国最高的，是位居第二位的AP邦的3倍，有研究表明许多家庭从多处贷款。由于网络小额信贷机构所服务的小微企业、贫困人口一般没有特别多的抵押品，决定了小额信贷服务机构本身主要是进行信用贷款，不能依赖抵押品，只能通过为大量的优质客户放款，在无法对优质客户进行资信考核的环境中，小额信贷服务机构的透明度极差，造成了重复贷款、过度负债问题，成为诱发网络信贷模式风险的重要因素。

2. 网络信贷机构评级困惑

网络小额信贷机构评级存在严重问题。小额信贷服务机构同传统的民间借贷一样，也存在自身融资问题，不仅阻碍扩大化发展，还影响其在市场中的竞争力和提供金融服务及产品的质量。评级是一个可以辅助小额信贷机构获得更好的融资的资信，但网络信贷模式的投资模式、经营方式、业务风险都有别于传统借贷，评级存在困难。原因在于，其一，网络信贷评级标准缺失，作为新型借贷模式，市场尚未形成关于网络信贷模式的评级理念和标准，对于市场和借款者而言，能够进入网络信贷联盟的机构是资质较佳的企业，而更进一步的级别划分则处于空白。其二，网络信贷服务客户群的特殊性影响自身评级。如果网络信贷服务的客户资信处于难以清晰的评估状态，则反作用于服务机构的业务质量、经营业绩、财务状况，导致评级困难。其三，网络信贷模式较之传统借贷模式更加注重风险的防控、资金与负债结构、治理绩效，这均需要不同于传统借贷模式的评级机制。

3. 信贷员监管更为困难

网络小额信贷机构的经营业务特点决定了其将面临众多的客户群体，数笔小额信贷业务组成了信贷机构的年度工作，显然信贷员的工作强度与难度均十分巨大。这种业务环境使得网络信贷模式中的信贷员必然成为公司业务的核心和灵魂，处理纷繁复杂的借贷信息、过滤数以百计的借款人资信、评估借贷的风险使得信贷员的作用直接影响经营业绩、风险管控、等级划定。同传统借贷模式相比，网络信贷员监管将更为困难。原因在于，其一，信贷员专业能力缺乏，网络信贷机构近年"风生水起"，金融市场中的法律、会计、财务人员未必能够满足网络信贷机构对人才的需求，而"半路出家"的信贷员显然受到专业能力的限制，在业务中存在工作性风险；其二，借款者监督能力削弱，网络信贷模式下的借款者难以了解信贷员，对其个人能力、品格、诚信等均处于信息空白状态，相比于传统信贷模式下借款者有机会"近距离"接触信贷员，网络信贷模式的信贷员对借款者而言更像"迷雾"；其三，信贷员滥权空间扩大，基于信息化信贷的虚拟交易空间，信贷员有机会制造虚假客户对象和借贷信息，继而违规放贷，间接从中获利，虚拟交易空间在跨越地域性的同时，为信贷员的违规放贷创造了更多的机会；其四，信贷员流动性过强，传统信贷模式有较强的地域性，信贷员在行业之间的流动多发生在省内地区的信贷机构中，流动性较低，而网络信贷模式平台虽然信贷员也专属某一特定公司、在某一特定地域，但基于网络信贷数量的极速增加，其流动性存在过剩问题，尤其对带有一定客户资源的信贷员而言，频繁的流动必然产生风险。

4. 融资方式存在局限

小额信贷机构的融资渠道在金融市场中已经呈现多样化的路径选择，繁多的新型创新融资模式已经出现，但网络信贷模式却并非完全适用，在融资方式及监管方面存在问题。传统小额信贷融资模式主要有以下几种，其一是银行性融资，例如，国家开发银行为小额贷款公司提供融资服务；其二是信托产品和小额信贷公司融资业务的结合，即信托公司作为受托人以发行信托产品的方式来募集社会资金,将募集资金以股权或者债券的方式投资到小额贷款公司,并且在投资的过程中发挥在财务顾问业务、资产重组和兼并收购等投资银行业务专长,为小额贷款公司提供综合性金融服务的信托业务模式;其三是小额信贷公司的股权投资模式;其四是小额信贷公益信托模式和信贷资产证券化模式;其五是多方主体合作模式。探究多样化融资模式的本质可以发现,相当部分融资渠道是由国家金融间接进入小额信贷市场,解决其融资难问题,作为正规金融的银行性金融机构需要对所投资的小额机构进行资信审核,而目前来看,网络信贷行业中能够达到符合其投资标准的机构极少,多数可投资对象仍然在传统民间借贷市场中,这给网络小额信贷机构的融资监管造成了一定困难。

综上可见,网络信贷是适应弱势金融群体对资金的需求和互联网技术发展而出现的,具有一定的合理性,但作为新型小额信贷模式,较传统信贷模式存在区别,更有特殊性风险和危害,因此应得到政策、法律上新的必要性监管。金融市场是信用市场,网络信贷模式更是基于信用而生成的信贷机制,我国目前的市场信用环境很差,面对网络信贷平台上客户过度负债等多个问题的存在,需要从金融信用建设出发,逐步规范网络信贷市场。融通资本、汇聚财富、惠及百姓是网络小额信贷的目标之一,只有从点滴信用积累起步,将众多网络信贷机构纳入行业规范中,出台强制性规范,以权利、责任的清晰界定来约束其经营行为。

(四) 大数据格局下网络小额信贷行业法律监管机制的完善

网络小额信贷模式是金融智慧和互联网技术的结合,在完善的法律监管框架下必将能够成为民间借贷重要的组成部分。网络信贷有特殊的服务客户群,相比于传统的民间借贷模式而言,应积极推进本行业的自律性规范机制,建立强制性监管规范,严格管控业务审核环节,进一步完善公司治理机制,以建立一个全方位的风险控制和监管机制。

1. 行业自律

行业自律性规范是网络信息化信贷纳入法律制度监管的前期准备,成熟的、为市场接纳的自律规范必然在未来演进为法律规则,这种由下而上的信息化借贷规则可以在形成行业法律规范之际，降低网络小额信贷行业的立法成本。同传统民间借贷市场相比，网络信息化信贷机构刚刚开启行业自律监管之门，《公约》的拟定推动了行业的规范发展。信息化行业由层级性的信贷机构组成，其一是大型的、在国内小额信贷市场中有影响力的信贷机构联盟构成；其二是正处于成长期的中型信贷机构，此类信贷机构在行业自律性方面缺乏主动性，需要地方政府、金融办给予必要的辅助和引导；其三是小型信贷机构，这些微型信贷机构处于小额信贷机构群的底部，数量众多，缺乏现代化的公司治理理念，更没有经营风险控制意识，人员素质不齐，需要政府主动地将其纳入行业监管之内。实行优胜劣汰的晋级制度，在大型信贷机构、中型信贷机构、微型信贷机构三个层级之间设计互动的晋级标尺，低级别的信贷机构在满足考核标准时可以晋升到高级别信贷机构群体中，而高级别信贷机构在财务指标等因素不符合行业自律监管的要求时，自动降低到下一级别行列。竞争是微型金融机构保证质量发展的有效工具，科学的、合理的、确定的、明晰的淘汰晋级考核机制，可以有效地促使行业自律机制发挥最大的规范作用，在这一模式中，市场、投资者、借款者是最好的监督者。

2. 监管平台

网络信息化信贷需要一个综合性的监管机制，至少应包括金融监管部门、互联网监管部门、公安监管部门、行业协会监管部门四者的合作性监督，其中以金融监管部门为核心平台。从监管的实效性来看，既应有法律强制性监管的介入，也应有市场自发式监管的配合，更应有投资者激励性监管的需求。金融监管部门尚未将信息化信贷机构纳入常规监管之中，应以既有的行业自律性规范为基础，制定详细的监管细则，以公开、透明、诚信、效率的理念和原则来规范信息化信贷机构市场。互联网监管是金融监管的重要配合部门，信息化信贷产生的技术性基础决定了互联网监管将成为监管集中不可分割，更成为愈加重要的一个组成部门，是各种监管措施的作用平台。信息化信贷容易引发非法集资、高利贷等刑事问题，公安机关的必要性介入可有效地产生威慑效应，更可以在风险爆发之前起到预防性作用，当然，公安机关在介入监管金融交易平台之际，也应注意"尺度和边界"，以防止公权力过度介入自由的金融市场。行业协会监管一定程度上代表着市场、投资者、借款者的态度，应发挥出较强的角度力量，而金融监管等部门也应为中级行业部门所提供的年度、季度、月度、周度对信息化信贷市场的分析和监督报告。金融监管部门等四个监管平台应相互配合，杜绝各自为战的做法，信息化信贷的信息流动性极强，潜在风险的爆发速度和传递速度极快，只有四个监管部门达到监管资源共享、相互支持，才能发挥综合性监管机制的作用。

3. 业务审核

网络信息化信贷业务审核的完善应属公司治理中的一个环节，却牵动信贷机构的整体安全和稳定发展。在业务审核中应植入法律责任的理念、意识，并针对信贷员的行为设计法律责任规则。毕竟，从信贷业务流程分析，信贷员的态度和行为可以影响机构所要审核的借款者大部分的资信，面对静止的资料，只有信贷员才有机会通过面对面、电话沟通、网络查询、资料审核等方式来了解客户的真实信用。信贷业务开展的质量，取决于借贷双方对彼此之间融资需求、财务资信的了解，这种信息的传递环节经由信贷员在两者之间流动。信贷员既可以发挥增信的作用，也可以发挥减信的作用，尽职守则的信贷员能够有效地过滤掉虚假的信息，为放贷机构提供真实、清晰、及时的借款者信息，反之，放贷机构则只能将借款提供给资信差，甚至没有还款能力的对象。因而，业务审核既是对放贷流程的规范，更是对信贷员行为的重点规制。

4. 治理机制

良好的治理机制是保障网络信息化信贷机构透明、高效、稳健运行的重要保障。网络信贷机构本质上仍以公司模式为主。以股东会、董事会为核心组成责权分明的管理结构，就风险控制、业务发展、行政财务等各司其职。在具体的业务治理中应注意：公平透明的运营规则、客户资金的分账管理、风险控制和IT系统技术职称以及客户权益保护和规范的退出执行机制。虽然信息化信贷机构和传统民间借贷机构类似，均有繁多的资金来源、股东组成、业务产品、治理模式和监管机制，但从统一治理机制来看，有必要由立法制定统一的"模型"。

总体来看，网络信贷区别于传统借贷模式，其监管机制的完善也有特殊之处。在加强行业自律、建立监管平台、强化信贷员和业务审核、确定治理机制这四个重要环节中，治理机制的确立和改进是核心和基础。长期看，综合性监管是有效的风险防控和激励机制，而由内而外的自身治理机制建设将是外部监管和激励机制发挥作用的有效保障。

网络小额信贷机构处于新兴借贷模式发展初期，存在诸多业务和治理的不确定性及风险性，需要规范。在金融体制深化改革这一宏观背景下，具有创新性的信息化信贷模式发展也将处于一种动态的制度建设中。在制定发展目标和完善相应措施时，应考虑宏观因素与微观因素的结合影响，宏观因素包括国家经济状况、国家经济政策、小额信贷监管和财政政策、社会和政治条件、宗教习俗、技术水平、地理因素、环境因素、机构组织因素等；微观因素包括小额信贷机构数量和机构间的竞争、现有业务和产品、公司财务情况、信贷方法及风险、客户满意度、五年发展前景等。作为微型金融样态之一，网络小额信贷机构只有从宏观与微观入手，在细微处完善治理机制和发展规划，并以法律规范作为行业发展的保障，才能走得更远。

第二节　外部问题二：借贷市场中金融消费者权益的保护

一　民间借贷市场金融消费者法律服务机制的反思与路径选择

金融消费者权益的保护是我国民间借贷市场主要的外部问题之一。在民间借贷市场中，无论是提高广大人民的金融服务法律意识，还是建立健全社会主义市场经济体系，金融服务法律援助制度的建立和实施都是必然趋势。在中国，金融法律援助作为一种新的金融服务机制，在经济欠发达地区的实践运行中面临发展困境，这需要开辟金融援助资源、建立社会联动机制、优化金融援助机构，同时也应通过借鉴发达国家经验等几个方面来着手解决，继而在理论与实践中进一步探索，从而完善我国民间借贷市场中金融服务法律援助制度。

(一) 金融服务法律服务机制的模式

1. 我国金融服务法律援助制度的演进

法律援助制度是现代社会文明进步的标志,改革开放以来,随着民主法制建设进程的日益加快,公民对法律规范保护的需求不断扩大。要建立与完善我国的法律援助制度,就需要深度了解金融服务法律援助制度在我们国家的产生与发展,这对于建立和完善现代意义上的金融服务法律援助制度极为必要。

对于中国来说,真正意义上的金融服务法律援助制度是在中华人民共和国成立后才出现的,这也是我国法制建设和市场经济的发展达到一定程度的必然结果。从1949年到1997年,尽管我国的金融服务法律援助一直没有以完整的法律制度建立起来,但是一些法律法规的基本内容已经渐渐丰富。1994年1月,时任我国司法部部长肖扬同志一份材料中第一次正式提出了建立具有中国特色的法律援助体制的设计蓝图。1995年2月,我国建立的第一个法律援助机构——广州市法律援助中心得到建立批准。1996年在修正后的《刑事诉讼法》中规定:法院应当或可以指定承担法律援助义务的律师,为经济困难或其他原因没有委托辩护人的公诉案件中的被告人及特定案件中没有委托辩护人的被告人辩护。1997年颁布实施的《律师法》中规定"法律援助的具体办法,由国务院司法行政部门制定,报国务院批准"。这些方案的颁布实施,更进一步的赋予司法部监督指导各地法律援助工作。于2003年9月开始正式生效的法律援助条例中明确规定"法律援助是政府的责任,国务院司法行政部门监督管理全国的法律援助工作"。这些举措表明我国现代法律援助制度的框架已经初步形成。

2. 金融服务法律援助机制的基本结构

(1) 法律援助的对象

我国的金融服务法律援助制度强调的依据是"法律面前,人人平等"。所以我们国家的金融服务法律援助的对象包含以下特点:

第一,援助主体广泛。政府的义务就是通过实施金融服务法律援助制度来保护公民实现合法权益。从某种层面上来说,金融服务法律援助实施的主体是国家。但实际上金融服务法律援助制度的实施主体却是法律工作者——律师。我国具体国情和许多国家不同,除了律师这一法律服务群体以外,我们还有基层法律工作者和司法助理员。当然,我国的金融服务法律援助制度的主体应以一种扩大化的方式来解读除基层法律工作者、司法助理专员和律师之外,金融机构、金融中介、司法系统、地方政府金融办等机关部门均应纳入到金融服务援助机制的主题中。

第二,援助对象广泛。在我国,凡是中华人民共和国公民,具备法律援助条件的都可以申请法律援助,与中国签订法律援助司法协议的外国公民和无国籍人士,符合法定条件的,也可申请获得法律援助。有关特殊对象的规定,体现了对最需要帮助的人优先照顾原则。例如,盲、聋、哑、未成年人为刑事被告人或犯罪嫌疑人,没有委托律师的,应当获得法律援助;可能被判处死刑的被告人,没有委托律师的,应当获得法律援助;刑事案件中外籍被告人没有委托律师的,应当获得法律援助;其他残疾人、老年人为刑事被告人或犯罪嫌疑人的,可以不受经济条件的限制,获得法律援助。在援助对象中,鉴于我国少数民族地区经济发展和法律环境的特殊性,应给予其相匹配的金融法律服务援助机制。

(2) 法律援助的机构

从我国经济发展和法律建设的环境出发,积极借鉴一些发达的国家或者地区的成功经验,如美国、英国、法国和以丹麦、瑞典为主的北欧的金融服务法律援助的思维模式、援助模式和指导思想。在当下,我国的金融服务法律援助首先是国家的义务,所以根据《律师法》、《金融法》和《刑诉法》的内容,我们国家政府的各级司法行政机关需要设立金融服务法律援助机构:

首先,从金融服务法律援助特点来看,这不仅是国家的义务,还是一种民间行为。针对这一特点,从我国各地具体措施反映出,金融服务法律援助事业是由律师先开始从事的。到目前为止,我国的基层法律服务工作者正在从事这一事业,如湖南省湘乡市司法局成立了预防民间纠纷激化司法援助中心,这一试点效果良好,各地乡镇司法所纷纷效仿,建立援助中心。在这个观点下,普遍认为,应当建立除国家行政序列之下的金融服务法律援助中心之外,还应当建立和完善律师协会下的金融服务法律援助机构,这样便于法律工作者和国家共同从事这一事业,共同承担义务，这是与时俱进且合乎国情的。

其次，到目前为止，根据我国各地区的不同做法，地方设置金融服务法律援助分支机构。但政府的金融服务法律援助专门机构的职能，既包括有管理、协调、组织的权能，还培养了一群有较高法律素养的公职律师以帮助其处理法律援助业务。

最后，为使金融服务法律援助制度在便利协调的基础上具有更高的社会化程度，国务院司法行政部门设立了专门的国家法律援助中心机构，并且该中心的任职人员都由司法部组织任免。以此更高效地组织实施金融服务法律援助，促进法律规范更加详细，管理更加统一。

（二）我国欠发达地区金融法律服务的缺失

我国金融服务法律的发展在欠发达地区较为缓慢，主要原因是欠发达地区整体法律服务体系滞后于经济发展地区；另外，欠发达地区的法律规则及当地文化环境现状、金融法律人才缺失、自然条件等因素制约着欠发达地区金融法律服务援助机制的构建。尤其在较为偏远地区，地域性的边缘化问题在机会资源与空间上很大程度上阻碍了构建与获取丰富法律服务机制的资源。总体而言，欠发达地区经济发展作为我国国民经济重要的运行单元，对带动欠发达地区发展和民族区域自治发展起着重要作用，但当前欠发达地区金融服务法律援助机制的薄弱成为影响地区发展的制约因素之一。具体来看，欠发达地区在金融服务法律上的问题包括：

1. 欠发达地区的金融法律意识薄弱

首先，欠发达地区人民对法律的认识并不到位，对法律上的权利和义务的理解较为浅薄。他们不认为法律是保护人民权利的实现工具，而更多地以为法律是限制人们的行为。例如，在很多少数民族地区的自治选举中，出现多次代填、出售选票，更有甚者竟然去"买选票"。然而他们并不知道这种权利的滥用将会导致不能真正地实现自治，并且损坏自身的权益的后果。

其次，欠发达地区人民的法律意识存在地区的不平衡性，个体差异性也很大。其一，法律意识有很大不同。例如对同一家银行二级分行的两家欠发达的县支行进行调查中发现，经济发展水平较低地区支行年底涉农贷款总额为 83521.2 万元，不良贷款笔数较多，贷款额高达 39847.23 万元，比例为 47.7%，人员结构相对复杂；同期经济水平稍高地区贷款额为 1390123.79 万元，不良贷款数额较小，共 28914.53 万元，比例为 20.79%。另一方面，不同年龄的欠发达地区人民的法律认识差别较大，调查问卷主要分为 18—40 岁和 40 岁以上两个区间。调查问卷中显示，40 岁以上欠发达地区居民认为："法律这种东西，村长明白就行了。"而青年人认为法律还是有些作用的，可以给居民一个相对公正的说法。但整体上的法律意识仍旧不强，需要分年龄段普及法律。

再次，欠发达地区居民合法解决金融法律争端的意识不强，不能通过正常的法律途径来化解矛盾。经过调查发现，欠发达地区的村民发生金融上的矛盾纠纷，通常不知如何正确维护自身权益，而是通过原始的复仇心态、失控的局势、冲动的情绪解决问题，这必将导致形势的恶化，甚至演变成恶性事件。

2. 欠发达地区金融服务供给严重不足

一方面，欠发达地区的金融组织发展不平衡。经过多年的发展与改革，大部分地区已经形成了商业性金融机构、政策性金融机构、新型金融机构、合作金融机构等在内的多层次农村金融组织体系。但依然存在金融服务体系供给不足的问题。我国各地区的金融组织体系呈发展不均衡的趋势。一方面是农村信用社、农业银行、邮政储蓄银行、农业发展银行以及新型正规金融占据了主导地位，而非正规金融（民间金融）则处于被取缔或被压制的状态。二是银行业金融机构发展迅速，成为欠发达地区金融组织的主体，而保险、担保、信托投资、租赁、证券等发展较为缓慢。

另一方面，欠发达地区的农业金融体系发展比较落后。由于部分地区位于我国的边疆地区，农业环境恶劣，有农业保险的高风险性和较高的农业灾害损失率，而商业保险公司对欠发达地区农村保险业务存在萎缩。欠发达地区的政策性农业保险，发展尚处于起步阶段，虽然取得新突破，但市场发展缓慢，品种相对单一，并且保险的广度与深度不够，相对落后的农业保险已经无法满足产业化升级和农业生产多元化的需求。除此之外，欠发达地区的农村担保体系不健全，因此为"三农"服务的专业的农业担保机构非常少。

3. 欠发达地区的司法执法环境有待优化

少数民族地区发案率比较高。以吉林省延边地区为例，对2010—2011年在延边少数民族自治州一家二级分行所发生的借款合同纠纷案件的数量进行统计分析，发现在总计325宗借款合同纠纷案中发生在农村的有192宗，涉案金额19.76亿元发生在城区的有133宗，涉案金额11.78亿元。这说明，在欠发达地区本身司法执法环境不尽相同，需要具体问题具体分析。欠发达地区农村的案发率比较高，且涉案金额较大。而城市却与之相反，涉案金额少且案发率低。

此外，欠发达地区有严重的地方保护主义。欠发达地区的政府只考虑自身的利益，从本位主义出发，面对事关地区利益的金融案件，政府出面进行司法干预。如调研时发现，地方银行在申请执行该地区的供销系统案件中，在地方法院执行中未能收回任何费用。但在申请异地执行后，外地法院却在很短的时间内就处理好案件了。

(三) 国外金融服务法律服务机制建设的经验借鉴

金融市场深化开放事关重大，决定着一国金融市场的稳定发展，从而影响到整个国民经济的稳定和繁荣。因此，即便是发达国家，也对金融服务法律援助做出渐进的完善以配合金融市场的改革。发达国家金融服务法律援助机制的建设相对成熟，体现在法律及政策的支撑和民族融资的整体环境建设两方面。对于金融法律援助机制的创新多持一种"支持、鼓励、建设"的规范性共识。通识性的观点是金融资源公平分配、民族地位平等、人才配给传送自由，能够快速地使欠发达地区金融市场和谐发展，适应经济发展，适应社会进步，促进社会团结。欧盟和美国作为世界发达地区，对金融服务法律援助事业做出了突出的贡献，值得我们参考和学习。

美国在支持欠发达金融法律援助方面的建设卓有成效，这不仅基于社会的和谐与市场的开放，还基于美国多元文化背景下的法律机制的构建。例如，1961年美国总统肯尼迪为解决社会中欠发达资源分配与法律服务问题成立了"平等就业机会委员会"。监督全国范围内与联邦政府有商业和经济往来的部门，要求这些部门在就业方面保证平等的原则，消除种族和肤色之间的歧视。后来发展成为平权法案。美国"平权法案"（Affirmative Action），它是指联邦政府和州政府在法律上要求的平等机会。这些措施是为了防止在"肤色、宗教、性别或民族出身"上对雇员或就业申请人的歧视。"平权法案"可以消除歧视，避免历史倒流，从而达到平等。这从法律层面给予欠发达金融权益的基础性支撑，同时，约翰逊总统建议，"平权的原则不止局限于平等的原则，而应该解释成对黑人在就业和就学方面的优先考虑、优先机会"。在当时，一些美国大学推行这一法案而被告上法庭。这从政策和法律两个层面保证了种族平等的原则，这种平等原则衍生到金融权益等诸多领域。美国政府的政策与国家政策紧密相连，它一直在失败中不断改进调整，而不是"一条路走到黑"。这种与时俱进的态度，尤其值得我们国家在金融服务法律援助机制中学习和借鉴。我国区域经济发展不平衡现象更为明显，对欠发达地区也有特殊的政策，但在欠发达地区的金融服务法律援助事业发展的却并不顺利，参照美国经验，我们应做出进一步的调整。

欧盟也为自身金融服务法律援助事业做了较大突破，欧盟内部跨境金融服务的开展不但涉及不同成员国法律的适用问题，而且会导致各成员国之间的监管权限的冲突。长期以来，这一直是建立欧盟单一的金融服务市场最主要的法律障碍。为了提高服务效率并确保监管的充分和有效，为跨境金融服务及其监管提供一个稳定的法律框架，推动欧盟金融服务市场的一体化进程，根据欧盟的《欧洲共同体条约》（EC Treaty）中关于"提供服务的自由"（freedom to provide services）和"设立机构的自由"（freedom of establishment）的规定，以欧洲法院（European Court of Justice, ECJ）的判例法为基础，在一系列金融服务指令中确认了母国控制原则（home country control principle）。它是指，欧盟金融机构通过设立分支机构的方式或者直接提供跨境金融服务时，应主要遵循该金融机构母国的监管规则，相应的监管责任也主要由母国监管当局承担。母国控制原则与相互承认原则（principle of mutual recognition）和最低限度协调原则（principle of minimal harmonization）等共同构成了欧盟金融服务法的基石，对欧盟单一金融服务市场法律框架的发展和完善具有重要的指导意义。在深入了解欧盟金融服务市场发展水平、一体化的模式和现实障碍,把握其发展趋势后,我们发现,近些年来,欧盟试图让寿险公司和信用机构的设立和经营提供一个合理清晰的法律框架,欧盟对原有的指令加以合并同时进行了系统的编纂,先后制定了《寿险业务综合指令》和《银行业务综合指令》;为了应对欧盟内部的金融服务市场中金融产品和投资服务越来越复杂、投资者日益活跃的新形势,欧盟在原指令的基础之上制定了新的《金融产品市场指令》。这些新的框架性指令的内容更加明确和具体,适用范围也更为广泛,这就使得母国控制原则在欧盟金融服务法中的地位也得到了进一步的巩固。欧盟在消极一体化存在缺陷、完全集中化亦难以实现的情况下,仍能不断前进,设立适合的金融服务法律援助机制,着实值得我们参考与学习。

世界其他国家和地区中也存在一些金融服务法律援助的制度和经验值得研究。在与中国相邻的国家和中国的特别行政区中,韩国、日本、印度、香港的法律援助法规已经编入中国司法部法律援助中心组织出版的《各国法律援助法规选编》之中。鉴于语言上的通用,新加坡的法律援助局和香港的法律援助署都可以成为中国获取信息的渠道。此外,越南、泰国、柬埔寨、缅甸、斯里兰卡、印尼、菲律宾等国也已经建立了一些金融服务法律援助机构,尽管一些部门尚不属于政府。在东欧地区的一些国家,也在近几年开展了一些有关法律援助的国际交流活动。在非洲国家中,南非和埃及的法律援助已经开始为外界所注意。

(四)我国金融服务法律服务机制的对策和变革趋向

针对我国金融服务法律援助制度薄弱存在的几个问题,参照以往的实践经验,结合我们国家的具体国情,应从以下五个方面论述构建和完善法律援助相关制度、措施的建议:

第一,广泛开辟金融服务法律援助人力资源和资金资源。作为发展中国家,我们国家的金融服务法律援助起步较晚,发展较缓慢,法律援助的资源严重不足,人力资源和资金资源的匮乏,导致供需矛盾加大。因此,我国金融服务法律援助资源需要整合和利用,以开辟更为广泛的金融服务法律援助资源。而金融服务法律援助的经费主要以国家投入为主,民间赞助为辅。政府投入是现代法制国家所应该承担的义务,而民间赞助是必不可少的。除此之外,我们还需要多方募集法律援助的经费:

首先，应发动人民群众捐款，这是基于金融法律援助是一项社会公共事业。其次，为保证法律援助机制的良性循环，应建立有支付能力和求助者的援助金捐献制度。再次，要设置专项提取，即从基层法律服务机构、公证处、律师事务所上缴费用过程中提取特定比例作为援助资金。与资金资源相比，人力资源也需要国家政策的扶持和地区扩大吸收人才的力量。我们国家的经济发展始终坚持人才强国的原则，培养专门的金融服务法律援助事业的人才专员，正是解决金融服务法律援助困境的核心方法。

第二，优化金融服务法律运作环境，形成金融服务法律援助的社会联动机制。我国针对法律援助资源短缺、律师占全国人口比例低的国情特点，刚刚建立时就确定了以我国政府法律援助机构为主体，并且以公证员、律师、基层法律工作者为主力军的基本框架，这就把援助主体扩展到基层法律工作者和司法行政部门的公证员，以及缓解律师在供需矛盾中援助工作中的压力。在这个过程中，工会、妇联、残联、共青团等社团，根据各自的特点，从法律援助设立之初就被国家司法部作为重点关注和拓宽法律援助发展之路的联盟对象，这些社团对于政府完善金融服务法律援助起到了重要的辅助作用，已经初步形成了社团参与并且具有地方特色的政府金融服务法律援助事业的网络体系。在这一体系中，政府金融服务法律援助机构不仅利用了社团与政府的密切关系，有成员分布广数量多、较稳定的经费、严密的层级组织体系等优势弥补政府金融服务法律援助机构主体力量的不足，又利于政府援助机构彻底解决具有行业群体性特点性的各种纠纷，扩大了法律援助的社会影响。另外，金融服务法律援助工作是一个大规模的系统工程，需要充分调动公检法、工商、税务等相关部门和社会保障机构的积极配合法律援助机构开展的各项服务工作。它们之间相互配合，协调发展，才能营造出一个良好的金融服务法律运作环境，加快法律援助工作的进展。同时要充分吸收各种社会资源到社会联动机制中，以解决经费不足的问题，壮大金融服务法律援助事业的力量。金融服务法律援助是实实在在的为民服务的"民心工程"，国家各级各部门职能的联动机制，要有对群众负责的责任心，把"公平司法、司法为民"落到实处。这需要各级相关部门做好弱势群体的法律援助和维权工作,真正使每一个公民都能运用法律武器,维护好自己的合法权益,这样才能推进金融服务法律援助工作不断向前迈进,充分发挥法律援助工作在构建和谐社会中的重要作用。

第三,加强金融服务法律援助队伍的建设,优化金融服务法律援助机构。我国的金融服务法律援助的实施主体多元化,既包括法院、社会团体、律师等,也包括司法行政机关。这些实施主体的关系复杂,需要合理排列。建立以国家政府为主题,鼓励支持各组织团体和人员参与到金融服务法律援助之中,形成有序统一的金融服务法律援助体系。对于金融服务法律援助机构的建立,既需要明确法律援助机构的职能和权限,也需要建立一个能够协调律师协会、法院、政府等机构的金融服务法律援助主管机构。形成一种以国家援助为主,个人和社会组织援助为辅的法律援助机制。在金融服务法律援助队伍建设上,各地法律援助机构和司法行政部门需要选派业务能力强、政治素质高的法律工作者和律师充实到法律援助工作队伍中,配齐配强法律援助工作人员。同时,要进一步发展法律援助志愿服务事业,加强法律援助志愿者队伍建设。积极推广社会工作者的经验做法,探索以政府购买社会服务的模式等,吸引更多的优秀法律人才参与法律援助事业。要不断提高法律援助工作人员的综合素质,进一步加大教育培训力度。对法律援助工作中做出突出贡献的组织和个人要给予表彰。

第四,完善金融服务法律体系,加强金融服务法律援助立法。改革开放以来,为适应我国加入WTO以后所面临的全球经济一体化形势的客观要求,我国加快了金融立法步伐,我国金融立法的基本框架已经建立,先后颁布了大量金融方面的法律法规,开创了中国金融立法的新局面,标志着我国金融服务法律援助体系的健全。这也为金融服务法律援助提供了相应的法律出路。在九届全国人大四次会议中通过对第十个五年计划纲要中提出的建立法律援助体系后,正式标志我国的金融服务法律援助事业掀开了发展的新篇章。我们要在认真总结金融服务法律援助工作经验的同时,参考学习国外相关的成功经验,制定统一的法律援助规范,以指导我国的金融服务法律援助制度。这一制度包括金融服务法律援助法的立法宗旨、援助主体、援助对象、援助的范围形式、援助者与被援助者的权利义务以及法律责任等多项规定。同时,我们也要针对中国的具体国情和法律环境,具体问题具体分析,从实际出发,认真搞好金融服务法律援助事业的地方性立法,促进国家金融服务法律援助工作的法制化、规范化、制度化。当然,我们要借鉴外国在立法上的成功经验,早日制定出一部统一的、由金融服务法律法规来规范和指导整个金融服务法律援助体系的法律。这部法律包含金融服务法律的援助对象、援助主体、援助资金来源、援助者的权利义务、立法宗旨、援助机构设置等规定。

第五,学习国外的金融服务法律援助的成功经验,加强金融服务法律援助的国际交流。发达国家在金融服务法律援助事业上的发展年头要长于我们国家,随着经济全球化和世界经济一体化的发展,相关的法律援助的国际条例也在不断前进中发展,我们应该认清这种发展趋势,通过缔结和参与国际金融服务法律援助资源,来提高我国法律援助事业的发展水平,同时也要借鉴外国金融服务法律援助事业的成功之处。如美国援助政策一直在失败中不断改进调整,这种与时俱进的态度,尤其值得我们国家在金融服务法律援助机制中学习和借鉴。金融服务法律援助是一项国际性的事业,但在我国是全新的事业,经历了从无到有,到后来的迅速发展。令人欣慰的是,随着社会的进步与经济的发展,我国的金融服务法律援助制度将成为我国法律体系中不可或缺的重要部分。这一制度在吸收国际上其他国家的精华,去除不符合我国具体国情和法律环境的"糟粕"后,必将成为保护公民合法权利的有力武器,同时也将成为我国走向国际社会进步文明的重要标志。

二 民间借贷市场中金融消费者权益的法律保护

构建金融投资者权益保护法律制度极为重要,除强化金融机构和高管责任外,更应尽快建立投资者权益保护协会和投资者保护基金。

(一) 构建和谐金融投资者权益保护法律体系

1. 和谐金融投资者权益保护法律制度构建的必要性

投资者权益的法律保护不仅是世界性的主题,而且是金融市场建设的主题。资本实力、金融环境、金融从业人员的素质等各方面问题均是金融市场中出现的现实问题,而这些问题的背后都隐含着一个基本的共识，即构建金融投资者权益保护法律制度极为必要。

　　首先，有利于增加投资者自身权益。从微观层面来看，完善的金融投资者权益保护的法律制度有助于维护投资者权益，增进投资者的投资回报。投资进而获利，是投资者积极投身于金融市场的"原动力"。当金融市场内的相关制度可以有效地调动投资者积极性的时候，可以有效地促进经济的发展、金融市场的成熟，这一切都源于一个必要前提，即投资者自身权益在投资过程中的增进。显然，完善的金融法律环境是投资者迫切需要的，一个不确定与变动的金融法律环境必然为投资者所"排除"。金融机构是否能尽心竭力地为投资者利益考虑，金融中介机构能否公平地为投资者提供健全的法律服务，都深深地影响着投资者权益在金融市场内投资的实现。而法律环境的完善是这一切的基础。法律应该对金融市场内现实的需求给予必要的呼应，这决定了任何法律环境都承载着特定历史时期的使命及市场内的投资者的诉求。对于金融法律规则的完善，不仅是对现有法律规则效率性的进一步提升，还是对金融市场内投资者诉求的一种及时且必要的回应。毕竟，投资者权益价值的实现是金融市场能否得以进一步发展与完善的前提。同时，投资者权益价值的实现更是金融法律立法的初衷之一。

　　其次，有利于金融法律风险的防范。从宏观层面来看，金融投资者权益保护法律制度的构建有利于防范金融市场法律风险的产生及扩散。任何法律规范的设计都源于设计者共同的目的，即维护"特定领域"内的"安全"。安全价值的实现是法律的价值之一。在金融市场内，"金融安全"这个概念不仅已经为法律界所接纳，其价值更为政府所重视。因此，防范金融市场的法律风险，维护金融市场的交易安全，已经成为金融法律发挥功能的目的之一，更成为金融法律环境中必不可少的构成要素。金融法律风险具有连锁性效应，在一定情况下直接影响市场内的实体经济的稳定发展，其后果的破坏性十分巨大。近年来，在全球金融危机的冲击之下，我国股票市场大幅调整波动，沪深两市的总市值缩水一半以上。因此，我国宏观经济需要稳定，金融市场呼唤稳定，资本市场期盼稳定。这次全球金融危机使得公众投资者（消费者）自然地接受了一场企业社会责任的教育，一方面从舆论监督的企业行为作出判断，瑕瑜自现；另一方面从政府的相关政策法规中也得到指引，加强了自我保护和对企业的监督。美国次贷危机表明，金融市场的法律风险正潜在地存在且很难为我们所认知，积极地完善相关法律，并有目的且有所选择地进一步挖掘相关问题的深度原因，才能提早避免金融法律风险。对于金融市场建设而言，金融法律风险意识淡薄，源于金融市场自身的发展程度，同时也源于金融市场与外界的互动欠缺。但随着经济的发展，金融市场对外的开放程度必将愈加扩大，国内外金融市场之间的联系也将愈加紧密。在这种情况下，有所选择地借鉴域外金融危机中的法律风险防范措施，将有效地提高金融法律风险防范能力，减低金融法律风险的发生概率，强化金融市场内的安全与稳定。

2. 和谐金融投资者权益保护法律体系构建的方向

历次金融危机向我们展示了一个必要的认知，即金融投资者权益保护法律规则的构建应具有一个具备实效性且富有生命力的框架基础，以应对"变幻莫测"的金融市场。金融环境、资本实力、金融从业人员的素质等各方面都需要相应的法律规则对其进行有效且必要的规制，概括而言，我们认为金融投资者权益保护的法律规则框架应从两个方向来把握，即金融投资者维权法律意识的培养与法律及政策间的互动协调。

首先，应树立金融投资者维权意识。权益维护的意识不仅是法律发挥效用的前提，还是金融市场得以成长的基石。从目前来看，由于国内金融市场环境法律意识薄弱，投资者维权意识淡薄，导致相应可依据的法律规则并未发挥出其本应具有的法律保护权益效应。对此，政府与法律界人士应积极拓展普法渠道，使投资者意识到自身权益应通过法律途径进行维护。金融市场是信用市场，更是法律市场，成熟的金融市场必然伴随着投资者法律意识的成熟，更伴随着投资者维权意识的成熟。金融市场的信用源于投资者对规则的认同，在一个可以预期的市场内投资者才会积极交易，而可以预期的市场则只能通过法律这一强制性规范促成。在对法律充满怀疑与拒绝的金融市场内，投机行为随处可见，金融欺诈行为更会成为一种投资的"常态行为"。只有摒弃人们逐利之心所造成的可能的"机会主义行为"，才能有效地规制市场，有效地促进金融市场的发展。而这一切都源于投资者对法律的认可，源于投资者将自身权益的维护寄托于法律这一金融市场内高于一切的"神圣利器"。

其次，急需连接法律规范与国家政策。法律规范的效应在一定程度上与国家政策的导向与连接密不可分，将法律规范与国家政策富有建设性地连接将会在极大程度上促进法律实践功效的发挥，进而保护投资者权益。法律规范的渊源之一即为国家政策，在实践中，公司法、证券法、信托法、基金法等金融法律规范的制定与实施，无不隐含着某种程度的国家政策的意味。在规划金融投资者权益保护法律框架的进程中，我们有必要梳理国家政策与金融法律之间的脉络并协调两者之间的冲突，进而发挥两者最大的功效。事实上，证券业、保险业、信托业分业经营、分业管理等金融行业的规制都是政策下的不自觉产物。必须看到，投资者权益的维护一直是国家干预金融市场的重要任务之一，但监管力度与密度却往返于"干预过度"与"监管过松"之间。因政策导向的变动而常常导致实践中法律的制定与实施过程中出现"不确定因素"，在这种背景之下，投资者很难将自身的权益维护寄托于法律之上，而是将防范手段置于观察政策变动之中。为建立一个真正的金融法治环境，必须协调相关金融法律与政策之间的稳定性，维系法律的权威。经济的建设必然伴随着国家及地方政策的多头扶持与规划，在这种情况下，有必要理顺相关政策与法律之间的关系，以法律为依据，以政策为参考，进而设计出一个富有实效性的金融投资者权益保护法律规制的框架。

（二）强化金融机构责任规制

金融市场内存在着多类金融机构，其责任规制对于维护投资者权益至关重要。对我国而言，由计划经济体制向市场经济体制转轨构成了我国金融市场发展的重要特色之一。证券市场、期货市场等金融市场的核心领域均充满了政府监管与市场自由的博弈，其中，放松监管是一个总的趋势。在这种放松监管的趋势之下，有效地对金融机构的责任进行较为适度的规制，构成了保护投资者权益的法律规制的核心之一。

1. 金融机构的分类

明确金融机构的类型，是规制金融机构承担责任的前提。金融机构是随着金融市场的逐步建立而产生的。通常而言，凡是专门从事各种金融活动的组织机构均可以被称为金融机构。由于不同的金融机构所服务的对象不同,造成了法律对实践中不同类型的金融机构的监管侧重有所不同。通常而言,从不同的角度可以对金融机构类型进行以下区分。

首先,以金融机构在法律上是否具有法人资格而将金融机构划分为法人型金融机构和非法人型金融机构。事实上,对二者的划分主要功能在于区别公司型金融机构与合伙型金融机构的不同。

其次,因金融机构设立的依据与目的的不同可以将金融机构划分为金融企业、金融机关和金融团体。在现实中,这种分类方法具有重要的现实意义。将金融机构划分为金融机关、金融团体以及金融企业可以有效地认知不同金融机构的本质属性,确切地寻找不同种类金融机构在金融市场内所适用的法律规范,据此而采用不同的设立程序等。

再次,以金融机构是否营利为宗旨可以将金融机构划分为政策性金融机构和商业性金融机构。通常而言,政策性金融机构承担着国家的金融政策任务,例如国家的政策性融资任务。而商业性金融机构则不承担国家的政策性融资任务,其设立主体并不仅仅限于国家。相比之下,政策性金融机构的设立主体多由国有商业银行、国有证券公司或国有担保公司筹建,其一般不以营利为设立宗旨。其所追求的是完成国家政策任务,追求社会整体利益的增益。

最后,依据金融机构在经营过程中是否经营存款业务,可以将金融机构划分为银行和非银行金融机构。其中,非银行金融机构在金融机构中占据着重要的比例。非银行金融机构主要业务存在于证券承销与经纪、保险业务、信托业务以及相关行业的融资租赁等金融业务的金融机构。实践中,保险公司、证券公司、信托公司以及各种类型的金融租赁公司均为此类非银行金融机构。其监管内控制度明显区别于正规的银行。依据融资机构的融资路径不同可以将金融机构划分为直接融资机构和间接融资机构。前者是指在金融市场内直接提供金融服务的金融机构,此类金融机构为金融市场内资金供需双方提供紧密的联系服务,通常而言,包括证券承销商、证券交易所、证券经纪商等金融机构。后者是指在金融市场内间接地提供金融服务的金融机构,此类金融机构同样为金融市场内的资金需求双方提供紧密的联系服务,一般情况下,包括专业银行、商业银行以及信托机构、保险公司、投资公司、金融租赁公司等金融机构。这类划分在实践中同样具有重要的实践价值,法律对直接融资机构与间接融资机构的权利和义务的分配是不同的。由于两者所依据的资本市场建立起来的金融法律关系领域不同,决定了法律对两者监管的力度不同。

2. 金融机构责任规制的完善

首先,积极强化金融机构的社会责任。公司在资本市场内成长的过程中应承担一定的社会责任,这一点在理论界已经基本达成了一致认同,且在实践中已经有所实现。相比之下,金融机构的社会责任更能引起人们的关注。在金融市场内,金融机构承担着更为重要的社会责任并呈现出上升的趋势。

在金融机构中,不同类型的金融机构承担的社会责任不同,但总体上均应强化其社会责任。政策性金融机构与金融监管机构承担一定社会责任是两类金融机构设立之初的宗旨之一。除这两类金融机构之外,其他金融机构不仅具有营利性,还具有一定的社会属性。可见,金融机构在这种背景之下,不能无所顾忌地将金融机构的股东利益完全摆在首位,而应适当地考量各类投资者的利益保护。投资者种类繁多,债券投资者同样是金融市场内的重要投资者之一。债权人、供应商、消费者等皆如此。赋予金融机构一定的社会责任,使其将各类金融投资者的利益均考虑进金融市场内的投资计划当中,将有助于更为稳健地保护金融投资者利益。我们建议,强化金融机构的社会责任。在实践中总结金融机构为社会、为各类投资者承担责任的实际经验,法律有所选择地汲取其精华,由最高法院出台相应的司法解释,以最终形成一个可以持续且有法律依据的金融机构社会责任规制。

其次,切实强化金融机构高管的责任。对公司高管责任的规制是近年来资本市场内出现的热点问题,其原因在于公司高管的责任规制直接影响着公司的经营业务,进而直接影响着公司投资者利益的变动。同样,金融机构高管责任的规制对于维护金融投资者利益具有重要的作用。将金融机构高管责任具体化,并将金融机构外部利益投资者利益纳入高管的考虑范围之内,将有效地促进金融高管尽心尽力为各类金融投资者服务。我们建议,对于金融机构高管责任的规制,可以从两个方面进行完善。其一,将金融高管责任与高管的薪酬挂钩。高管薪酬过高一直为投资者所诟病,将高管责任与高管薪酬挂钩,不仅能够有效地平衡责任与收益,而且能够从实效性的角度规制高管的行为;其二,融合刑法等非金融法律对高管责任进行规制。事实上,民事责任规制对高管责任的完善发挥着重要的功效,但实践中刑事责任的引入将会更加有效地提升高管责任的规制力度,更为有效地促动高管尽心尽职,为投资者利益的稳定回报承担其应尽的义务。

(三) 建立投资者权益保护协会和投资者保护基金

在我国,消费者权益保护协会是市场内消费者权益维护的一种路径,已经为消费者所认可。在金融市场内,除了强化金融机构的社会责任与金融机构高管的个人责任之外,建立投资者权益保护协会和投资者保护基金进而通过投资者权益保护协会维护金融市场内的投资者权益的正当保护显得尤为必要。

1. 投资者权益保护协会的实效与建立

金融市场内出现的历次危机表明,中小投资者永远是受欺诈的群体,永远是利益受损的群体,金融市场内有必要且应该建立一个代表中小投资者利益,能够切实维护中小投资者利益的保护组织。金融投资者权益保护协会即应运而生。

首先,明确金融投资者权益保护协会对维护投资者权益具有重要的实效性作用。监督与维权是投资者权益保护协会实效性作用的核心。中小投资者力量薄弱,在金融市场内面临的风险尤为巨大,在多数情况下,极难对其所投资的金融机构进行监督,同时,在发生法律风险的情况下,也极难对其所可能面临的利益损失进行维权。事实上,在投资者面临利益损失的时候,单个或者少数投资者应借助法律的手段追究具有欺诈嫌疑的金融机构的责任。因此,由证监会制定一个管理办法,成立中小投资者权益保护协会,由投资者权益保护协会代表金融投资者起诉金融机构可能的欺诈违法等行为,维护金融投资者的权益,将有利于金融投资者未来的维权效用。

其次,建议协调各部门建立金融投资者权益保护协会。国家证券监督管理部门和相关金融监督管理部门以及金融监管部门应共同制定管理办法，设立金融投资者权益保护协会。例如，吉林省政府设立了吉林省政府金融办公室，这对吉林省建立金融投资者权益保护协会是一个较为有利的条件。在建立金融投资者权益保护协会的过程中，积极汲取省政府金融办的经验，将是建立金融投资者权益保护协会的必备条件。我们认为，金融投资者权益保护协会的主要职能包括但不限于以下几个方面：在中小投资者利益受损的情况下组织投资者联合维权，发起共同诉讼，并为投资者维权提供日常的专业资讯与服务；代表投资者进行投诉与举报，并出面协调投资者与金融机构的关系，对于举报的违法违规线索，督促证监局有关部门立案调查；督促有关部门完善与改进证券市场政策法规等。

2. 投资者权益保护基金的定位与建立

2005年7月《证券投资者保护基金管理办法》的通过，标志着我国以《个人债权及客户证券交易结算资金收购意见》、《个人债权及客户证券交易结算资金收购意见实施办法》等文件为基础的，以中小投资者保护为中心的基金保护法律制度已经初步建立。金融投资者权益保护基金的准确定位与建立在很大程度上可以表明我国金融法治市场的建立。为进一步强化对金融投资者权益保护的力度，应明确金融投资者权益保护基金的市场与法律定位，同时积极筹建金融投资者权益保护基金。

首先，明确金融投资者权益保护基金的功效与定位。监管与补偿是金融投资者权益保护基金发挥其重要功效的核心。通常而言，金融投资者权益保护基金发挥着多重的功效。我们认为，金融投资者保护基金的作用至少体现在四个比较重要的方面：其一，通过较为简捷且快速的渠道在证券公司等金融机构出现具有关闭、破产等重大法律风险的情况下，及时依据国家政策法规对中小金融投资者给予必要的事前风险警示；其二，提升金融投资者投资信心，提升防范金融机构风险传递和扩散的能力，有助于从整体上增强金融系统的稳定性；其三，协调我国金融监管部门、金融行业协会以及证券交易所、金融中介等机构，为金融投资者权益的保护体系提供了一个必要的补充；其四，促进金融机构的内部监控机制的完善，并积极引导我省金融机构不断提升自身的治理建设能力，有助于建立国际成熟市场通行的证券投资者保护机制。

其次，建议积极协调各部门建立金融投资者权益保护基金。进入 21 世纪以来，我国证券市场经历了两次较大的风险，投资者保护体系也经受了两次大的考验，并在风险考验中日趋完善。投资者保护基金制度就是第一次证券市场风险爆发催生的产物。在实践中，从投资者与消费者的相似弱势地位、中国证券市场的生态环境及中小投资者保护的现状看，我国的投资者比一般消费者更需要保护。可见，金融投资者权益保护基金的建立是迫切的。金融投资者权益保护基金的建立必须依赖政府相关部门的强力支持，政府、金融办、证监局以及相关部门的强力配合是成功建立金融投资者权益保护基金的首要前提。我们认为，一个制度完善的金融投资者权益保护基金，将在金融市场的构建中发挥着重要的作用，这样一个具有时代特色且对金融市场具有正面促动效应的投资者权益保护"利器"，必将促进金融市场与经济建设的稳步发展。

金融市场的稳步发展并不体现为简单的金融机构数量的增长，也不简单地体现为金融产品的创新多少，而应以金融市场发展中的"核心之重"——投资者权益保护机制的完善及金融市场的公平度、透明度的不断提高为金融市场发展的价值取向。建立投资者权益保护协会、投资者权益保护基金，将会给予中小金融投资者更多的话语权，使其能够进一步保护自身的权益，也必将为金融市场发展做出应有的贡献。

本章小结

本章主要探讨了民间借贷市场外部治理机制中的互联网金融监管及金融消费者保护两个问题。大数据时代的到来意味着互联网金融将迈入一个崭新的环节，网络民意作为一种预期外的力量改变了政府常规性立法的程序，使得政府能够更加"从容"地聆听来自社会及市场中公众对既有利益分配格局和机制的诉求，这极大程度上推进了中国立法的进程。民间借贷风险爆发后网络民意的表达和相关部门的回应印证了这个事实。网络民意这种意见表达方式摆脱了传统民意表达的时间、地域、问题范围的局限性，其对政策决策机关和立法机关的影响巨大，立法者必须重视。同时，随之而来的新型网络小额信贷模式，在充分利用大数据提供的平台基础上，更加明晰借贷双方的信息背景、分散借贷风险，弥补了传统民间借贷市场的不足。民间借贷市场中金融消费者权益保护应置于法律、金融和传统商文化的交叉视野下来审视和解读。法律与商文化密切相关，设计缜密、内容丰富的法律规则相对动态的金融市场而言是静止和滞后的，只有通过全面通盘的审视和实践，才能将文本的法律转化为施行的规则。

第四章

金融创新和民间借贷市场内部中介机构问题及对策

在民间借贷内部市场中,中介机构、审计师、高管的道德风险日趋严重,这一点在借贷市场乱局中企业联保风险问题中体现得十分明显,在肯定并发挥中介机构和"看门人"正面作用的同时,应对此类群体给予严格的法律监管。金融中介机构商业伦理滑坡、企业高管职工利己损公等问题,均直接或间接地损害着民间借贷市场的健康运行,并对借贷权益者利益损害严重,这要求立法者应充分考量中国民间借贷市场的特点和运行土壤,继而连接传统信用和现代信用,承接厚德尚品的商帮精神,最终设计出符合本土特色的法律监管机制。

第一节 民间借贷中介机构的问题

一 民间借贷中介机构潜在的风险

(一)推动高利贷泛滥

自律性是金融中介机构自我约束性规范之所在,正如国家对放开民营金融机构尤其是民营银行心存疑虑,监管部门对金融中介机构同样存在类似的担忧,缺少自律性监管措施的金融中介机构容易变相地催生市场中的高利贷现象。缺少自律性、不守规矩的中介机构往往在开展业务时越过金融道德底线。金融中介机构本是沟通资本市场中的各类资金,并推动资本市场资金达到合理配置的"沟通者",然而忽略金融道德的中介机构往往将自身利益置于市场、国家和消费者之上，资本市场中的高利贷现象背后均隐藏着各类金融中介机构的身影。本应发挥抑制高利贷现象的金融中介机构，逆向地助推着高利贷风险的发生，其根源在于未恪守自己的金融道德底线。

（二）引发金融机构恶性竞争

中介机构的道德缺失，更会引发资本市场中金融机构之间的恶性竞争。公平的竞争性发展是金融市场健康发展的常态。当金融中介机构以获取客户为营业宗旨，以利益最大化为最终经营目标时，则极有可能提供给其服务的金融机构所要求的任何"服务"。这必将形成一种恶性循环，在"谁花钱、谁点戏"的规则下，金融机构将甘愿付出一定的雇佣费用而获取其希望看到的专业审计报告。在这种违规竞争下，市场中的各类金融机构将会只考虑哪家中介机构"专业且听话"，同时，各金融机构之间将会进入一个"付款买资信"的怪圈，形成恶性竞争。

（三）掩盖金融风险诱因

金融风险往往隐藏得很深，且常常不易为消费者所发现，在中介机构缺失金融道德的情况下，更容易不断地向资本市场输出潜在的金融风险。金融市场风险的防控重在预防，而非完全依赖于风险发生后的"灭火"。这就要求监管部门常规性地监测并评估金融市场的风险指数和风险隐患，做到防患于未然。金融机构和中介机构在隐藏风险诱因方面存有一致的共识，为获得可以看见的、短期的利益，两者往往会漠视对金融产品风险的深入审核，而双方均有利益的审核结果是潜在的金融风险所在。这种隐藏的金融风险，在为追逐利益而丧失金融道德的情况尤为隐蔽。

（四）侵害金融消费者权益

政府、市场以及中介机构的重要功能之一是服务于金融消费者，让消费者在购买金融产品时能够获益。金融中介机构的道德发挥着这种功能，通过中介专业性服务向金融消费者提供可资信赖的金融机构和金融产品信息，然而，金融道德的沦丧促使金融中介机构在平衡自己和消费者利益之时发生了偏差，往往将后者的利益置于自己利润之后。在历次的金融风险中,最终利益受到侵害的往往是金融消费者。

二 民间借贷中介机构的商业伦理问题

现代金融市场中竞争的民间借贷机构正在背负一种"有毒和破坏性的商业文化",外在地呈现为商业道德滑坡与商人品格沦丧。其直接的结果是金融危机与投资者利益受损,间接破坏并弱化着法律规则本应具有的积极监管和调控功能,"倒推"着金融市场中的"看门人"行业与立法监管部门的改革和发展。在美国,至今仍影响着全球资本市场回暖的金融危机验证了金融从业人员商业道德风险问题的巨大负面影响,在国内,温州以及鄂尔多斯等地的民间借贷风险的爆发同样呈现着金融业内道德风险、法律风险、政策错位相混合的严重问题,这均要求我们反思并重塑金融业从业者的商事道德。中国民间借贷机构衍生于国家金融机构之侧,在金融体制深化改革的过程中逐渐"逆向"寻找自己生长和发展的空间,这一过程伴随着民间借贷机构商业伦理道德的渐进式成熟。但缺少"厚德尚品"与"现代法律精神"的民间借贷机构仍不能幸免于商业道德风险的危机,必须要求立法和政策制定者以审视美国金融危机中商业道德风险的视角来前瞻性的调控和引导我国民间借贷机构的成长和发展。[1] 在这一进程中,理论界应接纳商事组织为社会创造价值和金融权益民主化等普世价值的追求,更进一步,立法层面应接纳中国百年前的"学而优则贾"、"经商亦是济世救人"的精神,更应吸纳"以诚待人、以信接物、以义为利"的信条。

(一)传统商帮中的道德与伦理

传统商帮中的道理与伦理精神应演进出现代商业精神与应有的价值和功能。但现代金融机构的商业理念逐步发生了质变,偏离了曾经广为信诺的"正直、谦逊,以及永远为客户的利益考虑"的企业伦理文化,取而代之的是"贪婪、逐利,无限放大自己可能的利润"。这些都与中国传统商事文化和商德理念所推崇的"和谐、诚信、共赢"以及"人高于

---

[1] 参见刘小红《政府角色与制度回应:以民间借贷的法治化路径为视角》,载《重庆大学学报》(社会科学版)2013年第1期。

物、社会高于利润、整体高于局部"等价值观相背离。高盛市值一日蒸发逾 20 亿美元、江苏常熟民间借贷崩盘事件均是金融机构商业伦理恶化的典型例证。

1. 中国商帮传统商业精神

自古以来,中国就有重农抑商的传统,但这种传统下的中国商人在逐步形成"商帮、商圈"后,日渐在经济实力强化的同时形成了自己的商业文化,形成了至今对金融类法律规则均有重要影响的商业道德精神。

(1) 以义制利的经营理念

商帮多是以地域为纽带的商业集团,而不是以血缘和家族关系为纽带的家族企业,有明显的地域性,这种地域性使得其共同遵守着同一地域范围内商帮的共识性经商理念。

首先,诚信为经商之本。中国传统商帮众多,徽商、晋商等商帮流派均有自己的经商道德,但诚信为经商之本是所有商帮的共识性理念。以传统的中国晋商为例,其经商中首要重视的是一信、二义、三利。不以营利而欺人、不以获利而诈商这些潜在的法则正是从诚信为本的理念中演化出来,成为经营商事中所遵循的不变守则。其次,承担对社会与国家的责任。儒家文化核心的"仁、德、礼、义"等道德思想推动着商帮和传统商人一向将社会与国家的利益置于自身利益之上。这在缺乏现代性法律规范即法制的传统社会中发挥着规范商事经营秩序的重要作用。例如,清末的商业家张茜立志于实业兴国,将经商的经济行为与利益同振兴国家与回报社会联结,将经商济世的思想置于国计民生与民族兴盛的境界,这些正是现代商事企业所缺乏的承担社会责任的经商理念。再次,高调经商,低调处世。官商文化不仅是现代商业不可避免的现象,传统商事经营中也不能同官商文化相隔离。但在官商文化之中亦非均是政治腐败和社会黑暗,也有正当利用官商关系获取商业资本与政治权力的融合。其中,"高调经商,低调处世"是在这种文化中孕育出来的一种经商策略,其中所强调的平等对待商事职员与商事组织外部相关利益群体破除了官商结合文化必然是黑暗根源的桎梏。一定程度上,这种官商文化促进了私人企业在特定历史时期的发展,同时,内含着"高调经商,低调处世"的商人们也走出了自己迥异的成功商路。[①]

(2) 重诺守信与以德为本

"言必信,行必果",同样是传统商人遵循的商事理念,对应着现代企业的重信守约与诚信守法的经营法则。

商事交易的根本在于诚信,企业融资、企业经营中已经将诚信作为一种自律性的潜在性规范。当现代性法律规范尚未形成之时,传统商人之间的重诺守信理念就成为商事经营中重要的"商人品格"和商事习则。本应由法制环境所发挥的调控商事交易的作用,为"言必信,行必果"的惯例所替代。现代性法律规范的设计中应汲取这种传统优良商事惯例中的精神,将其融汇在现代具体的法律规则设计之中。同时,以德为本从商事交易的习惯层面强化了传统商事的信誉保障。商誉是商业行为的根基,以德为本的商事习惯有利于商人从根源上规范自身的商业行为。更进一步,在商帮中,鲁商曾将儒家的中庸之道运用在自己的管理中。对于商事交易而言,中庸之道意在三个方面,即商事交易要有度、交易双方利益协调、妥善处理双方矛盾。中庸之道的作用在于防止企业过度逐利、调控企业日常的管理,企业应秉持中庸之道处理职工与高管之间的关系、处理企业逐利投资问题、处理企业管理机制的具体设计问题。商帮中的中庸之道已经成为商事交易中处事和处世的潜在准则。

2. 商帮伦理精神的演进

商帮伦理精神在近代社会的演进展现在两个方面,一个是伦理精神的进一步凝练与规范化,另一个是传统商帮日渐向近代家族企业的进化。这两点都不同层面地体现着商帮伦理精神中的精华部分随着时间的筛选与竞争的过滤在百年的商战中留存了下来,其商事生命力极强,内载的种种的"厚德尚品"的精神值得当代企业汲取和学习。

(1) 伦理精神的凝练与规范化

商帮伦理精神的凝练是传统商帮发展的商事成果之一,商事习惯日渐规范化的衍生效应更巨大。一个商事组织百年发展中的文化沉淀至

[①] 参见熊永涛、张明智《商帮是历史上的民营企业:中国商帮文化研究(1)——厦大管院 EDP 经典课程听课记》,载《厦门航空》2009 年第 10 期。

关重要,正如当代高盛家族后人对高盛公司文化蜕变的职责一样,商业文化若不能将经营文化理念中的精粹提炼并流传,那么传给后世的只有"野蛮的公司道德和滑坡的商业伦理"①。在这一进程中,传统商帮中鲁商走在了前列。鲁商及早地认知到了苏商的契约观念和规则意识,在鲁商的后期发展中,逐步意识到江苏商人所具有的经商规范意识与信用和合作精神。这种文化素质正是鲁商因重人情所依赖的"人情大于法"的文化理念所不及的,除了商事的发展与经商防范意识的增强,鲁商逐步吸纳了苏商的规范契约精神和习惯,对后世商帮的发展影响极大。

(2) 商帮精神的当代发展

商帮精神在当下社会的发展主要表现在两个方面,其一是商帮精神的借鉴与全球化,其二是商帮组织下的家族企业的形成与发展。例如,鲁商在不断修正与完善自我商帮精神的同时,不断借鉴晋商文化,从中汲取了"褒商扬贾、以商为荣,求同存异、差异经营,自强不息、奋斗不止以及坚毅稳健、创新通变"的晋商文化。晋商是最早将发端于山东的儒学文化引入商业文化的,在百年的发展中逐步形成了自己的商业文化,鲁商对其精髓文化不断学习丰富自己的商帮精神,尤其在近代的商事发展中逐步与自身的传统商事文化融为一体。同时,现代家族企业的形成一定程度上得到了中国传统文化中家文化的影响,这其中的商帮精神助益颇多。

(二) 现代商业伦理的滑坡与法律变革

六十多年前印度哲人甘地,曾提出人类所带有难以掌控的"七宗罪",其中一宗即为"缺失道德的商业文化"。在中国当代的商业市场中,商业伦理被毁坏的情况极为严重。2012 年的"奥利奥生产环境事件"、"麦当劳过期产品事件"等突出的商业道德滑坡问题已经足以说明公司诚信缺失、伦理滑坡已经到了国家、社会、群众多方面均无法忍受的地步,对此,国家层面也发出过道德滑坡警示的声音,多次强调商业的道德血

---

① 石磊:《高盛前高管辞职信引发蝴蝶效应:华尔街雇员危机加剧》,载《每日经济新闻》2012 年 3 月 17 日。

液、商业伦理。可见，社会和群众亟待商业道德和伦理的重建。① 当然，这种商业道德和伦理的重建，在当下的社会和市场中，已经远不是仅靠道德约束和文化培育能够达成的，必须以法律规则和政策的强制性规范作为支撑。

1. 商业伦理的重塑

商业伦理的核心是人性精神与品性的端正，同时，政治伦理同样需要审视并规范。毕竟，一国的商业文化和底蕴，深深地影响着市场中企业的道德伦理水平，而这其中，商业伦理与政治伦理是并存的，二者相互依附，相互提升。

（1）人性道德

商业伦理缺失和沦丧的现状已经无须过多的验证，其规范根源存在诸多观点，我们认为，商业伦理问题的根源在于掌控商事组织的核心关节，即人性道德的规范问题。现代商人中弥漫着一种"商业浮躁症"，多数商人认为商业道德丧失归根于商人的"急功近利，没有长远发展目标和价值观缺失"。中国市场中更多的商人关注的是企业的规模与利润，而非企业的道德和法律的约束，对于市场中出现的道德沦丧问题也都归属于市场竞争的结果。对此，苹果公司创始人乔布斯曾强调过，"你永远不要怀着赚钱的谜底去创办一家公司，你的目标应该是做出让自己身心不一的产品，并创办一家生命力很强的公司"②。这种精神要求当下市场中的商人应从人性层面深度反思不同于寻常百姓的道德约束，以此从根源上提升商人的道德标准。

（2）政治伦理

经济学的分析方法告诉我们，伦理与利益相关，且联系紧密。同样，在商业伦理同政治伦理紧密联结的同时，政治伦理也与诸多利益相关，如社会利益、群众利益、市场利益、个人利益及政府公共利益等。商品的政治伦理内含着协调诸多利益的理念与准则，在众多利益中，社会公

---

① 参见《奥利奥生产环境调查：一线员工对着饼干打喷嚏》，载《南方日报》2012年3月16日。

② 刘琼：《凋零的商业伦理：核心是人性》，载《第一财经日报》2011年11月15日。

共利益应置于首位,而在追求社会利益和市场利益的同时,个人利益应受到政策与法律的妥当保护。以社会中常出现的"截访现象"而论,作为普通公民的个人利益并未恰当适度地受到保护;以当下社会中诸多腐败案件为例,政治伦理中的政治道德并未遵循本应有的"严守纪律、坚定忠诚、公正廉洁、克己奉公"等从政者的职业道德。政治伦理的问题极大程度上影响着商业伦理环境的恶化。尤其在我国的市场经济中,由于当下国企在市场中的地位与影响,以及目前市场经济体制改革的进程,政府极大程度上影响市场中本应自由发展的商事企业。各类企业均期望从政府及其各类衍生部门中获取更多的政府资源和利益,在这种情况下,存在问题的政治伦理只能催生更多商业伦理问题,已经偏离了政治伦理本应有的政治管理与道德的关系,未能发挥其应有的作用,严重影响市场中商业组织的正常发展,需要重新构建。

2. 法律规范和政策的支撑

在现代商事经营中,法律和政策对于重新维护和重新建构商事道德和伦理体系起着重要的作用,这不仅体现在法律和政策的强制性功能上,还体现在法律和政策对于传统优良的商事道德和伦理中精粹部分的选择性吸纳。①

(1) 法律规范的逐步完善

任何一个社会中都会形成自己的核心价值,例如,和谐、法治、人权、平等、公正等。这些价值衍生出的商业价值日渐蜕变,期望从根源上维系这些本应高尚机制的对策就是不断修缮既有的法律规范,强制性地完善社会价值。② 我们看到,在这一进程中,我国的法律规范在逐步完善。从 2011 年至今,全国人大常委会陆续修改了 7 部法律,通过了 1 部

---

① See John Morley and Roberta Romano: The Future of Financial Regulation, Yale Law & Economics Research Paper No. 386.

② 在社会环境影响下、在教育失职下,人的贪婪和自我求满足的心理都像洪水般决堤而出。人权和自由的核心价值对此不但丝毫没有阻截作用,反而推波助澜,成为帮凶。至于商业上的犯罪、欺骗、隐瞒、造假、中饱私囊,政治上的造谣、抹黑、恶意攻击、制造绯闻、煽动群众情绪,以人权法掩护言论自由,就更普遍了。对于这种堕落。法治一定程度上可以起到间接的防卫作用。霍韬晦:《香港的核心价值有待深思》,载《联合早报》2012 年 3 月 15 日。

法律。这些法律均是从适应当下市场经济发展的角度进行修改和制定的，在完善中国特色社会主义法律体系的内在要求的同时，推动了在维系商业道德和政治道德层面的法律规范的体系化的形成。虽然，这种影响是间接且缓慢的，其效应可能在短期内无法看到，但毕竟长期将会形成一个规范的良性循环。例如，温州在 2012 年"两会"期间所提交的"民间借贷立法"建议，虽然政府短期内无法出台一个完善的"民间借贷立法规范"，但从长期来看，民间借贷中出现的借贷人商业道德性欺诈、官银入股民间借贷等政治道德沦丧等问题均会得到具有针对性的规制。可见，整体来看，我国法律的规范和完善，间接地维系了商事道德与政治伦理。

(2) 法律规范和政策对传统商事道德的传承

传统商事道德与伦理的精华在一定程度上流传了下来，这种传承通过两个路径日渐为人们所接受：其一是以市场中商业组织均信奉和遵守的商业理念和商事习惯的方式流传下来；其二是被现代各类商事规范以法律规则的方式将一些具有普世价值的传统商事理念吸纳融合，从立法的层面将各种商事道德和伦理融于法律规范之中。例如，传统商帮中鲁商因其在发展中吸纳了其他如徽商、晋商、粤商、闽商以及浙商的道德与伦理理念，鲁商自身的经营理念与道德伦理对现代商事法律规则的影响极大。儒家思想的"仁、德、礼、义"在鲁商的商帮精神中化为"言行必果、以德为本、五常之道、知行合一"等商事文化性格，而这些文化性格在现代商事法律规范中均能从"公平、正义、秩序、安全、守法"等具体的规则中寻找到各类商事文化性格的意蕴。可见，传统商帮的精神和道德已经流传了下来，并体现在具体的商事法律规范中。

(三)"看门人"与高管的道德约束和法律监管

商事道德滑坡问题在民间借贷"看门人"群体中表现得尤为突出。民间借贷机构因经营活动在一定程度上脱离于政府和立法监管部门之外，这不仅造成了缺乏完备的监管机构对民间借贷机构进行合法与常规性的经营性监管，更给金融机构行业中的各级别高管群体们以放松滥权的环境滋润。在这种背景下，立法监管应将重点置于金融市场内部的各类"看门人"群体上，同时，最大限度地借重法律的威慑力与监管力调控民间借贷机构中的高管责任，以此来约束和监管"看门人与高管"群体，继而达到从法律规范层面来提升商事道德与伦理的目的。[①]

1. "看门人"群体的道德和法律监管

金融市场中的"看门人"群体因其所从事金融行业的技术性与变革性需要掌握大量的最新的金融信息与相关复杂数据,这在一定程度上间接地复杂化了金融业"看门人"的职业工作,给予了其可滥用工作机会而获私利的机会。同时,由于"看门人"是联结金融机构与市场中众多投资的"桥梁",金融机构的所有资信和产品信息均通过"看门人"群体的过滤而传递到投资者手中,因而,其道德和伦理素质极为重要。更进一步,毕竟,不仅"看门人"身上流淌着道德的血液,而且应承载着现代商业伦理的精神。因而,必须对其商业行为从道德和法律监管层面进行规制。

(1) 道德和伦理的提升

"看门人"在金融市场中是指金融中介人员,主要包括审计师、会计师、律师等专业中介人士。对于金融市场中的中介人员而言,可以通过政策以及法律规则对其业务行为进行有效的监管。但是,相比于政策和法律而言,道德与伦理的监管更为重要,因为对于他们而言,声誉资本是其"安身立命"的根本,一旦其业务声誉受到损害,那么其将无法在自己所从事的金融中介行业生存。通常,在其执业的过程中,经常要面临对声誉资本和因欺诈而可能获得的其客户给他的额外收益。从法经济学的视角分析,当"看门人"的声誉资本的收益超过因欺诈才能获取的利益时,"看门人"将会尽职守则,不会在专业服务的过程中为客户提供欺诈性的信息和相关服务。而当他们可能获得欺诈性收益大于声誉资本时,则往往会选择前者利益,而使得投资者、公司以及社会公共利益受损,此时的"看门人"机制即处于失灵状态,显然这需要我们从声誉资本收益层面来提升"看门人"道德和伦理的修养。

(2) 法律监管

因"看门人"对于金融机构、金融市场以及投资者利益的稳定至关

[①] 参见熊进光、潘丽琴《中国民间借贷的法律监管问题》,载《重庆大学学报》(社会科学版) 2013 年第 1 期。

重要，愈加多的法律规范倾注在监管和调控"看门人"的行为方面。美国《萨班斯—奥克斯利法案》等诸多监管性法律规范的出台正迎合了当下市场和投资者对于监管"看门人"的法律需求。对于"看门人"法律监管机制的设计应集中在诉讼机制、信息披露机制、"看门人"同行业道德与素质评估机制方面，更进一步，从金融市场中的投资者与金融机构的高管层两方面来审视"看门人"的服务质量。[①] 可能存在的倾向方案是由投资者来支付"看门人"行业的薪酬，由投资者来决定聘用、解聘"看门人"，以此来解决"看门人"与高管之间的委托和代理问题。以此出发，将有效地化解审计师、证券分析师、资信评级机构、公司律师以及投资银行家的道德风险问题。

2. 高管群体的法律监管

金融机构与投资者利益受损案件中均同高管守信履约等问题不能完全分开，投资者利益受损与金融机构未能严格依法经营，这中间往往伴随着高管是否能遵循商业道德开展经营活动、是否能够依法开展商事活动等问题。一定程度上，金融机构的诚信缺失与道德沦丧，均是由公司高管未能守住个人道德底线和法律规范而导致的，对金融机构中高管的规范，就是对金融机构道德与法律层面的规范。金融机构中的高管，在现代化商业发展中已经所有发展，不同于传统公司高管的内涵。在现代商业模式中，金融机构的高管层至少包含"三层级高管层"，即公司顶层投资规划业务高管、中层负责经营业务规划高管、前台负责金融产品业务高管，对于公司高管道德与法律准则的规范化，应从这个角度着手进行。

（1）高管群体的层级

公司治理结构中的董事会、监事会以及财务主管从法律层面来考察，其均属于公司高管层。然而，在金融市场中，这种高管已经在实践中发生了具体的分化，这种分化在金融机构中表现得尤为明显。每个层级的

[①] See Wafik Grais and Matteo Pellegrini, Corporate Governance and Shariah Compliance in Institutions Offering Islamic Financial Services, World Bank Policy Research Working Paper No. 4054.

高管所享有的权利、履行的义务和承担的责任均不同,但他们所应遵守的商业伦理道德是一样的,在商业活动中,均应将市场中投资者的利益置于自己利益之上,在追求商业利益的同时,适度地考量社会利益与公共利益,承担一定的社会责任。公司高管分类应从三个因素集中评估,其一为高管的权利和义务;其二为高管具体负责金融业务及其衍生的影响(包括对金融机构自身和对投资者权益的保护);其三为高管在特定行业中金融机构中的稀缺性。我们认为,高管权利和义务的划分从法律层面极为清晰地评估了该类高管的层级,同时,高管所担负具体业务一旦对金融机构自身或投资者利益能够产生重要的影响,例如金融机构庞大的投资计划或金融产品本源性的结构设计,那么此类高管应属较高层级的高管。更进一步,如果相关高管所从事的工作主要处于金融产品的前台销售,相应地,他的级别与所应担负的义务和责任也能够较为清晰地从低级别公司高管层中确定出来。

(2) 高管规范性监管

无论是在"公司丑闻"之中,还是在美国的金融危机中,存在的共同问题是公司管理层为获取短期暴利而漠视公司、投资者以及社会公共利益,继而违规操作或从事以承担高投资风险为代价的商业行为。显然从公司治理角度看应对公司高管行为进行法律规范层面的有效规制。金融机构高管行为的法律规范化监管,应从金融市场中金融高管的差异化工作与类型出发,进行详细的划分与界定,在对某具体类别高管进行系统的界定后,按照"三级别高管"的评估体系给予权利与义务的约束性规范。在这一过程中,必须考虑以"守信、践诺、公平"三个商事道德伦理理念为出发点,来设计相应的法律规范。守信理念对应着法律契约性精神,契约性精神和原则有利于规范高管依照法律经营公司、遵循公司章程投资业务、以负责任的态度对待投资者;践诺理念对应着法律义务精神与相应规则,在履行相关法律和具体契约性义务的前提下规范高管自身的业务行为,有利于市场中投资者权益的保护;公平是高管在商业行为中所必须信奉的商业理念,同样这种理念应体现在所有的法律规则的具体设计当中,当金融机构利益、高管自身利益以及投资者利益三者之间发生冲突之时,高管至少不应将自己的利益置于投资者与金融机构之前，应重点保护投资者的利益。

（四）中国民间借贷机构中的"商人品格"重塑

金融机构在某种意义上也同"看门人"一样，是一种中介服务机构，只不过两者向金融市场中销售的产品不同，前者是金融产品，后者是金融业务。民间借贷机构在正规法律监管之外的游离终归只是暂时的现象，从2012年"两会"温州代表及相关代表对于"民间借贷立法"的提案来看，针对民间借贷的立法规范的出台仅是时间问题。[①] 虽然，金融机构行业与"看门人"行业之间有工作模式的不同，但其行为模式存在共同点，这个共同点就是他们都努力维护自身行业的独立性，避免客户公司的董事会对公众承担责任，在自我约束方面很少投入。[②] 因而，对于中国民间借贷机构的监管与金融机构蕴含的"商人品格"的重塑应从立法与道德层面入手进行调控，在这一进程中，尤其应关注以下两个问题。

1. 金融机构之间利益冲突的协调

金融机构应该对市场中的利益冲突而带来的潜在的过度竞争保持足够的警觉。在金融机构竞争性地为市场中固定的客户提供服务的时候，可能要通过某种程度上违背原则性的服务理念和行为提供客户所需求的专业服务。例如，"看门人"中的会计机构会以向客户提供避税服务而获得客户的青睐；同样，在律师行业中，越来越多的律师事务所从事"多功能律师事务所"，已经将自己的业务范围扩展到了包含会计、投资咨询等不为自身所熟悉和专业的领域。在这一过程中，"看门人"为在职业竞争中获取优势，主动地弱化了自己的专业领域，导致了职业道德沦丧。当然，从《萨班斯—奥克斯利法案》出台后，已经给金融市场中的机构与"看门人"行业以足够的威慑力，因惧怕承担责任而对自己的不适当商业行为有所收敛。但从竞争和利益冲突的协调角度出发来调控金融机构与"看门人"行业尤为必要，将从深度层面规避因竞争逐利而出现的无度扩大化自己的服务范围和无所顾忌道德层面的要求而从业的问题。

[①] 参见曾野、刘华《民间借贷领域立法及其走向》，载《重庆社会科学》2013年第1期。
[②] 参见［美］约翰·C.科菲《看门人机制：市场中介与公司治理》，黄辉译，北京大学出版社2011年版，第362页。

2. 声誉资本与法律监管

曾经被"看门人"所极为重视的声誉资本的规范道德功能在一定程度上已经被弱化了，这主要源于"看门人"可以在市场中通过欺诈性服务获取更多的利益，远远超过其声誉资本所能带来的回报。当收益大于成本之时，已经不能期望"看门人"可以从道德层面主动地规范自己的行为以维护声誉资本。尤其在中国金融市场中，由于金融资源、金融中介和金融机构相对较为集中，在行业内部已经形成了一种默认的欺诈性服务潜规则和一致行动理念。为获取更高的利益回报，竞争对手对于自己和对方所提供的服务，极少会从法律监管的角度提出任何的异议。我们认为，应在金融市场中提供足够的金融机构与"看门人"，以增加他们之间的竞争，避免利益一致行动情形的出现，同时，为防止道德滑坡现象的出现，必须辅助以足够威慑的法律诉讼风险和足够的法律责任承担的威慑力，这才是未来法律监管的构建方向。

三 民间借贷中介机构的契约性责任规制

金融市场中充满了不确定性和风险性，没有人能够预知未来和潜在风险的爆发时间点，任何预测都是事后的分析和评判。各种金融风险的发生，往往都出乎人们预料，历次风险的爆发总是在人们预判的因素之外，或者重复的因素导致风险发生，而学者总是能够给出新的解释和理由，继而设计新的预防性规则，周而复始。在维系金融市场安全的对策中，金融保险的效力一直受到质疑，事后补偿机制在缺乏保障力度之际，预防风险的发生成为金融投资者和监管部门所关注的对策。[1] 这种情况下，金融中介机构的地位显得愈加明显和重要。拆解、分析金融中介机构预防风险的机理是一个较为复杂的任务，毕竟，金融中介机构在预防风险之际，同样也存在增加投资者成本的问题。[2] 此时，利用前述合同法的分析方法让我们可以深度地分解金融中介机构中各类利益体的"利益

---

[1] 参见李有星、金幼芳《金融改革环境下金融中介的发展与规范探讨》，载《浙江社会科学》2013年第4期。

[2] See Greg Nini: 《The Value of Financial Intermediaries: Empirical Evidence from Syndicated Loans to Emerging Market Borrowers》, FRB International Finance Discussion Paper No. 820.

偏好和结构布局",微观层面的契约元素分解将带来宏观层面观察金融机构发展变革的解析原因。金融机构治理规则如同公司法或其下的公司章程一样,成为金融投资者和利益相关者之间一种利益交换的契约,在不可避免存在漏洞的情况下,从契约的角度可以对此给予很好的解读并推出应对之策。[1]

(一)民间借贷中介机构的契约元素

契约元素是金融中介机构组建和运行的基础,明确各利益主体之间的契约关系,有利于把握主体之间达成契约的原因以及金融机构架构和治理规则的设计。金融中介机构的契约元素概要性分为内部契约和外部契约,内部契约是指由机构投资者、高管、职工等利益主体组成的内部契约网,初步形成了金融中介机构的内部治理规则和风险预防机制;外部契约是指由金融中介机构自身、监管部门、金融消费者、司法系统、其他中介机构等组建的外部契约网,形成了中介外部的监管机制、竞争机制、金融消费者维权机制和司法追责机制等。这两类契约元素本质相同,但却存在差异,这种差异体现在内部契约元素更能体现出合同的意思自治原则,其规则的设计也应更多地为赋权性或任意性规则;而外部契约元素则在合同意思自治原则的基础上,融入了较多强制性规范,这同其外部的监管部门和司法系统的强制性监管不可分割。

1. 契约元素的成因

金融机构的法律规范包含着立法者的一项假定:金融机构治理规范有其自身的契约特性。所谓金融机构内含着契约或合同属性,这是一项比喻,正如哲学中关于社会的契约理论一样。金融机构契约网分为两大类,其一是内部性契约,其二是外部性契约。就内部性契约而言,较强地体现在合同主体之间繁多规则的设计中。

从公司合同理论视角来看,公司是"系列合约的联结"。金融中介机

---

[1] 契约论只是一种分析方法,它自始至终被运用于各种各样的理论和实践目的。法国的胡格诺教徒利用它来追求宗教自由,洛克利用它来捍卫财产权,罗尔斯则用它来界定分配的正义性原则……任何契约论方法的权威性都来自于以下假设:那就是自由的人们将同意他们自己议定的规则,并必将从中获得福利。参见罗培新《公司法的合同解释》,北京大学出版社2005年版,第20页。

构的样态繁多，但就其本质而言仍然是公司组织，也符合公司合同理论的定义。据此，我们可以认为，金融中介机构的合同契约的联结包括了金融机构自身以及出售服务的高管合同，同付出体力劳动的员工的雇佣合同，以及同股票、债权持有人之间的买卖合同和同金融消费者之间的销售合同等。当然，诸多合同在实践当中表达的方式不同，包括明示、默示或口头性、文字性的各种契约。在各种合同的联结中，不存在以董事会、经理层为中心的层级排列和权力划分，在没有权力或权威的合约框架中，均是相互平等自愿的交易合同主体。从这个层面来看，金融机构与市场中的任何主体之间的自由商议交易应该没有本质上的差异。

从公司合同理论观察，金融机构中的某些强制性规范的存在价值是不明显的。虽然普通公司和金融机构所生产出的产品是不同的，但两者本质相同，前者产出的是传统工业品，而后者产出的是证券等产品。从金融机构的注册地选择、上市融资的时机、金融机构组织样态、治理模式选择等都体现了市场化的选择，是一种高效率的自发式的成长模式。而强制性的外力介入只会打破正在成长的高效契约。例如，金融机构的治理模式的设计和运行，自我设计时必然会遵循最大化自身效益的模式，如果选择了不利的治理模式和机制，在损及股东利益的同时，也会在资本市场上以股价逐渐走低来呈现自身的经营效益，最终将遭到市场的淘汰。当然，不能否认市场化中自身存在的缺陷，这也为合同契约之外的外力介入提供了一定的依据。

可见，金融机构作为一种交易方式，其最为根本的分析单位是经济个体，金融机构所蕴含的内容完全可以被拆解为各种不同的合同契约关系。金融机构是空洞的、虚幻的，但是诸多合同契约关系却是务实的、存在的。当然，合同契约只是为分解金融机构提供了一种展现的视角和工具。[①] 在寻求公司法存在的正当性之时遇到的理论问题是公司是法律拟制的实体抑或是一组契约关系，这同样适用于对金融机构的分析和研究。金融机构是法律抑或是契约，两者均有重要的价值，不同的视角和分析

[①] 这种理论分析视角或工具在早期已经存在，来自经济学的分析工具绝非新鲜的学术思想。

工具可以为我们挖掘迥异的金融机构元素，更为深度地观察到金融机构的本质、功能和运行机理，以更为优化地对金融机构的治理规则进行设计。①

契约是金融机构治理机制和风险预防机制的基础。细而化之，内部契约和外部契约共同构成了金融机构的契约网，由于内外契约网所联结的主体不同，相互之间达成契约的意思表示和内容也存在差异，在借助契约达成交易性合同和借助契约达成监管性合同的区别下，两者衍生出了任意性规范为主和强制性规范为主的迥异的规范机制。在遵循这个前提的认知下，可以较好地对金融机构内外部规则进行设计，尤其是强制性规范和任意性规范的配置，以达到规则设计效率最大化的目的。

2. 民间借贷机构中的经济结构

金融中介机构样态不一，经济结构不同，其内在的合同元素和配置也存在差异。市场中的具有代表性的民间借贷机构一般包括小额贷款公司、基金公司、村镇银行、社区银行等。这些民间借贷机构在治理模式、风险控制机制上均存在差异。迥异的规则背后所隐含着的契约元素，值得关注。

以小额贷款公司为例，投资者的合理预期和信赖利益成为小额贷款公司治理机制设计的主线。小额贷款公司不同于村镇银行或社区银行，更不同于基金公司，由于股东人数较少、资金来源受限等原因，股东之间形成了较为密切的关系合同。这种人身性极强的关系性合同存在诸多优势，也促使法律对小额贷款公司内部的多方合同协议给予充分的肯定和尊重。小额贷款公司中的小股东受大股东"压榨"情形可能更为突出，对于小股东而言，保护其自身利益的最有效办法是保护其进入小额贷款

---

① 20世纪70年代，公司合同理论产生重大影响，尤其对公司法学的研究带来的冲击。例如，在德姆塞茨和阿尔钦等交易费用和公司合同理论的影响下，公司法学研究出现了一些新景象。一些学者将合约的视角引入了公司法中。其中最著名的是弗兰克·伊斯特布鲁克和丹尼尔·R. 费舍。伊斯特布鲁克系美国第七巡回上诉法院的法官，前芝加哥大学法学院教授，而费舍是芝加哥大学法学院讲座教授。两者先后发表了系列文章：《公司法上的投票表决》《闭锁公司和代理成本》《有限责任公司》《公司法的经济结构》等。

公司之前的合理预期和信赖利益。① 同闭锁公司类似，小额贷款公司的股东难以顺利地将自己的股权转移出去，这就为其因利益受损而退出公司埋下了困境风险。针对小额贷款公司的立法中多集中在小额贷款公司成立之时的规范和经营中的监控，而对于小额贷款公司中小股东的权益的维护则难有周全的规则设计。从公司法理论来看，判定小额贷款小股东权益受损的依据就在于评估小股东是否达到投资的合理预期和信赖利益，两者是否受损。

村镇银行则不同，理论上观察，村镇银行可以从社会吸收公众的存款，股东众多。多数股东都远离村镇银行的管理层，对自身的收益关心程度大大降低，银行的经营均由雇用的高级经理来掌控，股东投资的退出渠道也相对宽松。可见，在评估股东合理预期和信赖利益是否满足的条件时两者是不同的，这进一步地影响了两者的治理结构的差异化设计。从公司法的角度来看，按规则的表现形式可以将公司法规则分为赋权性规则、强制性规则和补充性规则。对于小额贷款公司而言，针对股东权益分配和组织架构的设计应以赋权性规则和补充性规则为主，而对于高管人员等的信义规则应以强制性为主；对于村镇银行而言，则应以强制性规范设计为主导。这样可以从规则的作用来积极引导不同种类规则在差异化的金融机构中发挥各自的作用，更为重要的是，发挥金融机构中合同契约的作用，能够保障市场化功能的实现。

民间借贷机构的经济机构影响着内部合同契约缔结的"自由度和公平性"。小额贷款公司和村镇银行两者经济机构不同，投资者在两者内的投资环境和权利、义务配置也不同，从投资公平、合理获取收益和保障投资者的合理预期和信赖利益角度看，应配置不同类型的法律规则。虽

---

① 小额贷款公司目前属于行政审批的项目内，从金融市场来看，能够共同发起设立小额贷款公司的发起人之间，关系均十分密切，这种密切的关系在降低小额贷款公司内部代理成本的同时，也为大股东欺压小股东设定隐含风险，毕竟，发起人之间人身关系密切意味着人数必然较少，而少数人之间若存在大小股东，则可能会出现试图完全掌控公司的大股东，继而引发利益纠纷。当下对于小额贷款公司的监管愈加明显，例如，2012年的《浙江省小额贷款公司监督管理暂行办法（送审稿）》对小额贷款公司日常监管包括贷款投向、融资情况、股权结构及注册资金、经营管理范围、财务管理、信息披露六个方面，而非法吸储行为、账外经营行为、高利放贷行为、财务弄虚作假行为、不法手段收贷行为则被提到重点监管的高度。

然，对法律规则设计的类型化界定存在局限性，毕竟类型化的规则也难以适应变动的商业活动和经营模式，可能会造成不必要的逆向效果，但其指导意义仍然存在。① 民间借贷立法在设计时，对此需要给予必要的考虑，以区分不同类型金融机构所需要的适用规则，力图最大限度符合股东投资的权益保护需求。

（二）民间借贷机构架构下的契约性激励因素

契约元素是金融中介机构的基础性构成要素，而契约元素中存在的激励性因素则是推进中介机构内部契约网和外部契约网共同完善和建设的关键。激励因素包括物质性和精神性激励，这同金融中介机构投资者紧密地联系起来，从自然人的人性善恶、动机优良的角度来推进利益体对金融中介机构内部的治理规则的完善和外部监管机制的改进。激励因素可以细化为四类：物质性奖励、物质性惩罚以及精神性奖励、精神性惩罚，此四类是较为基础的激励因素。不同激励因素在规则设计中的配置是有差异的，金融机构内部性契约机制中更倾向于采取物质性奖励和精神性奖励的激励因素，而在金融机构外部的机制中，则比较容易采取物质性惩罚和精神性惩罚的激励因素。激励因素的配置有其深厚的激励来源因由，内部性激励因素以奖赏和鼓励为主，而外部性激励因素则以惩罚措施为主，这都紧密地同缔结契约中经济个体的人性相连。

1. 激励因素

激励性因素隐含在金融机构的各类规则中。从金融机构差异化的类别来看，无论是赋权性或补充性规则，抑或是强制性规则，都带有一定的激励性因素，所区别的是这种激励性因素的形式和作用机理。但就功能性而言，均发挥着激励合同主体的作用。金融市场深化改革的进程是一个金融市场不断开放、金融机构不断创新的过程，其中，政策或法律期望给予市场和金融机构的是一种更宽阔的自主性和自由发展空间。当两者获取到这种"自由"之时，表现在外的是创新性的运行形式，而其内涵则是一种能够更大限度激发经济个体的"生长方式"。

---

① 参见王广谦《关于加强金融中介机构整体性研究的思考》，载《金融研究》2013 年第 8 期。

奖赏性激励和惩罚性激励两者的区别何在，哪类激励机制作用更大呢？对于物质性激励和精神性激励而言，哪种激励性作用更强呢？金融机构的经济活动是一个十分复杂的过程，其中除了经营和治理机制外，更掺杂着人性和不可预测的市场商机，即便如此，激励因素也可以提供一个指导性的建议。激励因素鼓励并引导着经济个体的行为，继而作用于金融机构，其借助的渠道或工具是各类法律规则，规则中隐含着激励性因素。从法律规则的设计和发展来看，多数法律规则仍以监管性或惩罚性规则为主，这同数十年来法律规则的设计理念不可分割，控制风险和打击犯罪成为立法者首要关注的问题。在这种立法理念的指引下，更多的法律规则以惩罚性规则的形式呈现，表象在外的是强制性法律规范。事实上，激励性规则应主要以鼓励性、奖赏性规则为主来设计，但当下的规则设计则忽视了法律规则应有的正面激励性。从法律规则长期建设来看，金融机构规则应逐步走向以鼓励性和奖赏性规则为主的设计趋向。毕竟，正面的鼓励性和奖赏性规则能够积极引导人性的释放和发展，而惩罚性和打击性的规则虽能短期控制人性，但长期来看却是"饮鸩止渴"，激励法必将成为金融机构规则设计中主导的理念。

2. 激励因素在金融中介机构中的设计

第一，在小额贷款公司的设立上。市场准入条件采取行政审批制，投资者能否设立小额贷款公司、申请能否获得批准、设立小额贷款公司的地点等均需要向行政机关申请，小额贷款公司的牌照成为一种资源，价值巨大。审批式的准入模式在小额贷款公司市场初步发展时期显然是必要的，在过滤不合格投资者之际，降低了小额贷款公司市场的风险。[①] 同时，审批制的准入模式可以有效地发现投资者适格的条件和标准，为未来准入门槛标准设计提供一个参考。但是，长期来看，审批式的准入模式过度地将行政权力推入了金融市场。鼓励性和奖赏性的规则可以有效地推动小额贷款公司市场的发展，更进一步扩大小额贷款公司惠及范

[①] 民间借贷的风险是巨大的。据中国之声《新闻纵横》报道，近日，江苏省连云港市灌南县发生了一件轰动全市的大事。县里的4家农民资金互助合作社突然关门停业，负责人下落不明，2500多名村民储存在合作社的钱款也不知所踪。参见四川新闻网，http://business.sohu.com/20121023/n355477965.shtml.

围，使更多的金融消费者可以从中获益。

第二，在资金来源上。小额贷款公司的设立资金来源一直受限，额度受限的根本问题在于不允许小额贷款公司吸收公众存款。限制性的规则阻碍了小额贷款公司的进一步发展，一旦其经营规模达到资本的受限程度，则很难继续扩大经营，可能引发经营风险。放宽资金来源的限制，涉及改革后的小额贷款公司有类似银行的功能，又容易诱发风险。这也是银监会不允许小额贷款公司转型为村镇银行的主要原因之一，但村镇银行或社区银行在国外的发展程度及其作用表明，民间借贷进入正规金融机构的发展是极为有利的，对于回应金融消费者的需求和满足更广大的百姓的需要都将起到重大的作用。在诚信机制、监管措施、追责机制、风险控制机制完备之时，相信政策和法律也会以鼓励性和奖赏性的规则来设计，以推动小额贷款公司市场的发展。

第三，在信息披露上。小额贷款公司的经营产品、高管信息、盈利状态等信息均对金融消费者和市场监管者有重要的参考和评估作用。事实上，强制性的信息披露规则在金融市场发展初期是十分必要的，但如何以鼓励性和奖赏性的规则来推动金融机构主动地、积极地披露自身信息才是未来法律规则应考虑的课题。信息披露可以让金融消费者更为清晰地了解金融机构复杂的金融产品和差异化的金融服务，有针对性地选择自己所需求的产品或服务，这显然利于金融消费者便捷地选择消费。而监管部门同样可以从金融机构所披露的信息中了解该机构的经营状况和风险控制机制，以评估是否会更进一步对其进行监管，降低了监管部门所担负的监管成本。与此同时，金融机构主动的信息披露规则会逐渐在金融机构之间形成一种"竞争性信息披露模式"。从消费者层面观察，显然希望从自己了解相对多信息的金融机构处购买金融产品，以及对自己熟悉的金融产品形成安全性，据此购买金融产品或服务。在这种模式下，金融机构之间会形成一种竞争性的信息披露模式，以更大程度上向市场、监管部门、消费者披露自己的治理模式、产品结构、利润预期等非关键性但却重要的公司信息，以此降低监管成本，增加竞争力，吸引消费者。

激励因素在金融机构的内外机制设计中应妥当安排，才能达到发挥激励因素最大作用的效应。奖赏性和鼓励性的激励因素,应安排在能够最大限度发挥和表达合同各方利益的框架内,而惩罚性的激励因素则应考虑安排在必须接受外部强制力规范的范围内。由此,适度考量规则的属性,才能合理地分配规则的位置及发挥其效用。具体到小额贷款公司等民间借贷机构而言,鼓励性和奖赏性的规则设计,必将引导其快速发展。

(三) 民间借贷中介机构高管的契约性责任规制

法律效力的彰显最为明显的体现在责任的规制上,金融中介机构高管责任的设计和规制是规范高管行为的有效工具。[①] 人性善恶皆存,契约理念下的激励性因素可以积极地鼓励和引导人性善的一方面,却难以预防和控制人性中恶的因素。在金融道德血液无法贯通金融市场中时,所能够依赖的只有强制性的法律规则,毕竟,法律威慑力的作用是巨大的,而真正责任的承担更具有规范性效应。

1. 责任规制的基础

合理预期和信赖利益的破坏是高管承担责任的契约性基础。对于金融机构高管而言,需要面临更多的责任规制,这也是引起金融市场中高管需要购买保险的一个原因。事实上,高管承担责任是有深厚原因的:其一,从高管的工作责任来看,金融机构高管是制定发展战略和推出金融产品的决策者,对金融机构战略发展、经营模式变革、金融产品创新、金融服务质量保障都负有不可推卸的责任;其二,从高管的实际影响力来看,公司经营和发展的优劣,一定程度上都是高管能力的体现,若金融机构盈利状况下降,高管也负有不可推卸的经营责任;其三,从高管对外部利益群体所负义务来看,公司高管的行为不仅影响公司自身发展,更影响公司外部利益群体的利益波动,金融产品质量的好坏、商业决策的决定等都不同程度冲击着外部利益主体,这种社会责任也是高管所应承担的;其四,从高管商业道德来看,违背一般道德可能受到对方的谴责,但严重违背商业道德在一定程度上即触碰到了一个新的责任规范底

---

① See Steven L. Schwarcz: Intermediary Risk in a Global Economy, Duke Law Journal, Vol. 50, No. 6, p. 1541, April 2001, Duke Law School, Public Law Working Paper No. 5.

线,也需要承担责任;其五,从高管达成的契约来看,在金融机构设立之初,高管同相关利益群体的契约都潜在地有一种投资者的合理预期和信赖利益,前述诸多责任的根由都在于高管行为违背了这种合理预期和信赖利益,而对相关利益体权益产生损害,因此需要承担责任。

2. 契约性责任规制的作用和设计

高管责任设计的机理从契约的角度来看将会更加的清晰。从契约角度看,金融机构的高管所担负的责任可以从以下几个方面来考察,高管同投资者即股东之间的责任、高管同职工之间的责任、高管同金融消费者之间的责任、高管和同业竞争者之间的责任、高管同监管部门之间的责任等,诸多契约关系之间都存在责任问题。在这些合同关系中,共通的解释是不同利益主体对高管有一种合理的预期和基于信赖关系而产生的利益。在金融机构经营中,高管的行为若直接或者间接地损害了合理的预期或信赖利益,政策或法律则可以以基本合同关系因素来判定高管承担责任。

从合同法理论来观察,金融机构高管对股东所担负的信义义务,是对股东合理预期和信赖利益极好的一种保护。但问题是,高管除对股东之外,并非对所有利益主体均要承担这种信义义务,那么对于其他主体的责任承担,又借助何种规则来解读是一个较难的问题。除法律明确规范之外,在对高管所可能担负责任之际,需要高素质的法官从合同法的契约关系视角来对高管行为同其他利益主体的合理预期或信赖利益之间的关系作出评估,以判定高管行为是否损害了这种预期或利益。可见,从合同理论视角来解读高管责任,不仅需要解析具体的法律关系,而且更需要高素质的法律人才来具体操作。

从合同理论视角观察,金融中介机构高管承担责任,是对金融投资者、金融消费者、金融监管者在设立金融机构之初所赋予其的一种预期利益的违背所担负的责任。对金融投资者而言,对高管有一种增进自身投资利益,维护自身权益的预期,而当高管滥用权力以自利之际,显然违背了投资者这种预期;对金融消费者而言,对高管有一种保护自己获得的金融服务或金融产品质量的预期,高管是否尽职守则直接影响到公司提供的服务或产品质量,当金融消费者购买的产品出现问题时,需要承担违背这种预期利益的惩罚；金融监管者在高管人员进入公司之前，对合格的高管人员有其尽职守法的预期要求，这种要求即是监管部门的一种"预期利益"，当高管人员出现失职或故意未按法律履行职责时，需要承担责任。可见，金融机构中围绕高管而存在着诸多的利益群体，其责任规制在规范高管个人行为之时，也会间接地影响诸多的利益体权益。而这种责任的承担，也正是基于高管违背对其他各方利益体的预期利益的一种惩罚措施。[①] 因此，预期利益和高管责任之间存在紧密联系，前者是后者存在和设计的依据。

（四）民间借贷中介机构员工的契约性责任规制

金融中介机构中，员工的行为同高管行为一样重要，均可能在不同程度上影响着机构的经营效益和金融消费者的权益。虽然针对员工的激励性机制设计同高管人员存在差异，但本质均相同，在这种情况下，针对金融机构员工的责任规制应同高管责任规制相区分设计。就员工责任的种类而言，是存在差异化的。金融中介机构的员工不同于其他普通公司，前者所担负的责任相对更多。尤其对在金融中介机构中做营销金融产品或金融服务的员工而言，其所承担的责任并不比高管人员少，甚至更多。

和普通公司员工不同，金融中介机构的员工担负更多的义务和责任，这同其工作的性质不可分割。就金融机构的员工而言，做营销工作的员工的基本工作是向金融消费者销售金融服务和金融产品，基本任务是最大限度地将这些服务和产品销售出去，以在为公司创造利润的同时提高自己的营销业绩和薪酬。在这种状态下的员工，多将自己的利益置于公司利益之上，更置于金融消费者的利益之上，此时违背了金融机构设立之初金融投资者、金融消费者、监管者对其的预期利益，金融中介机构员工需要承担责任。对投资者而言，其追求的首先是一种合法的、长期的、合理的利益回报，而员工在某些时候为扩大销售额度，会故意隐瞒金融产品的风险性，这违背了投资者的最初预期利益；对金融高管而言，其在安排好公司正常经营后，预期员工会在市场中适度正常竞争，而非

[①] 参见朱慈蕴《论金融中介机构的社会责任》，载《清华法学》2010年第1期。

不法或不守规则的过度竞争，行为不端的员工同样违背了此种预期利益；而从控制风险的角度看，监管部门更是给予了金融产品销售人员审慎销售行为的预期，员工的任何非法行为都违背了监管部门的预期，需要承担责任。

现代金融市场中出现了金融中介这一概念，使得金融市场不再仅仅是投资者的逐利营地，更包含了风险的控制和预防。在这个风险频发的金融市场中，投资者对安全收益的需求极为强烈。金融中介机构被奉为预防和控制金融市场风险、维护金融投资者的重要工具，金融监管部门试图通过中介机构规范市场，金融消费者期望借助中介机构预防风险，金融机构依赖中介机构提升自己的品牌质量，因此金融中介机构成为市场中的核心。金融中介机构的规范发展显然影响了众多利益体的权益稳定，而现代契约元素和合同理念贯穿在中介机构中，是其发展的重要依赖。究其本质而言，金融道德、法律责任是呵护契约元素在金融中介机构中正常运转的两个重要工具，前者依赖的是金融市场中经济个体人性的善良，而后者则是依赖现阶段法律的强制性责任规范。因此，在未来金融中介机构的建设中，应更加关注和重视这两者。

第二节　民间借贷中介机构相关制度完善

一　民间借贷"看门人"机制风险与防控

金融行业中道德滑坡的问题直接影响着投资者的利益保护，在这种道德规范困境之中，投资者的权益保护必须依赖强有力的法律监管机制，而在金融市场中，尽职守则的审计师等"看门人"群体必将扮演重要的角色。"看门人"机制涉及金融市场中各类中介人员的规范与监管机制问题，对于稳定金融市场并提高金融市场的透明度和效率而言极为重要。[1]资金来源监管、准入门槛限制、金融业务范围、区域发展限制等问题均

---

[1] See James Kirkbride and Steve Letza: Corporate Governance and Gatekeeper Liability: The Lessons from Public Authorities, Corporate Governance: An International Review, Vol. 11, pp. 262 - 271, July 2003.

需要金融审计师、会计师、理财师等中介人员审核，因而，从法律规范、道德约束、业务规制方面对于"看门人"行业进行规范将是解决"看门人"机制规范的重点。

(一)"看门人"机制失灵的原因

金融市场中的"看门人"机制失灵一直存在。当下引人关注的是，金融市场中的审计师等中介人员的道德标准滑坡问题同市场竞争过度、雇用机制漏洞以及法律监管细则的缺失现状紧密的联结，应对以上诸多问题进行深度分析、探讨、总结，以法律责任为规制手段来破解监管困局。

1. 法律监管机制不健全

金融市场中存在着四类主体，政府监管部门是政策的制定者和法律的设计者，金融机构是开展金融业务和相关金融活动的实施主体，高管人员是金融机构业务实施的具体执行者，而审计师等中介人员是金融活动的监管者。对于后三类的法律监管机制，法律在设计层面上呈现一种由上而下递减的立法趋势。即政策或法律更多地关注金融机构的立法监管，继而关注对金融高管人员的业务与资格监管，最后才将监管目光锁定在金融中介人员。这种法律监管现状，同我国金融市场的发展与政策倾斜密不可分。政策层面在支持并鼓励金融业发展的进程中，必然会放松对金融机构和高管的业务监管，这导致两类主体在后续业务开展中问题频出，继而引发法律严格性管控。这种状态却并没有在审计师等中介人员身上体现，立法者与投资者都将关注点集中在金融机构身上，忽略了市场中本应占据着极为重要位置的"看门人"群体。

2. 雇用机制的漏洞

"看门人"机制漏洞存在的诱因，根源在于未能正确面对和解决"谁付钱、谁点戏"的困境。金融市场中，金融机构付钱雇用审计师、会计师、理财师等中介人员，受"老板"雇用的"员工"，必然会尽自己所能来为雇用自己的群体服务。不难推导出，当中介人员在审计财务或推销产品的过程中，面对如何取舍利于付费雇用自己的群体或利于市场中的投资者时，因市场中的雇用机制固有的漏洞，无法以一颗"公平、合理、正义"之诚信的心去面对投资者。这种体制上的漏洞，是极难通过法律规则的设计一次性彻底解决的。修改付费机制、更加严格的责任规范才是有效弥补漏洞的措施，只有当中介人员可能承担的责任成本远远大于因违背义务而获取雇用费用之时，才能遵守规则，依法行事。

3. 道德标准滑坡

法律规范的失效，多因道德标准的严重滑坡所致。看门人群体监管机制出现问题，与金融市场中的金融机构、高管人员以及看门人自身道德滑坡密切相关。道德，往往是法律原则的基石，再严格的法律规范面对既已沦丧的道德都难以发挥出其应有效力。缺失标准的道德，不仅诱导人们为逐利而忘却行事的准则，更会让人罔顾法律而追求非法的利润。尤其在当下，潜规则环境下曾经被嗤之以鼻的交易规则与业务方式日渐被视为常规性的盈利模式和经营手段，道德滑坡至此，法律显得"力不从心"，"看门人"机制发挥不出任何效用。追逐利益的动机，远远地超过了利他之心，毕竟并非人人都是"圣人"①。强化金融中介人员的道德约束，并辅以法律监管机制的规范，会给予金融市场一个新的道德标准。

4. 竞争过度的因由

中国金融中介行业内存在着因竞争过度而影响"看门人"机制服务质量的问题。② 中介行业的过度竞争，降低了审计师等中介服务人员的业务质量，并日渐形成了一个恶性循环。其为争夺市场中的业务而提供自己本没有能力履行的中介服务，同时，向客户提供一种没有事实依据的服务数据。③ 另一方面，为获得客户的认可与长期的雇佣合同，中介机构在各类中介服务中有意地向雇用自己的"老板"倾斜，将合法的审计演

---

① 政府质问房地产商是否流有道德的血液，到现在的"楼倒倒、瘦肉精"都在展示一个疑问：道德的价值何在？中国人自古以来的道德立国、立身、立命，在行业暴利、食品安全、医疗安全、建筑安全等恶性事件面前都表现出"弱不禁风"。道德的标准继续重新构建和维系，毕竟，道德标准展现着文化的命脉的底线，更承载着法律的底线边缘。

② 中国审计市场结构不合理，且存在低价揽业和审计意见购买之类的过度竞争的市场行为，导致了注册会计师事务所经济效率不高，缺乏规模经济效益，这种不合理的市场结构与低价揽业、审计意见购买的过度竞争行为，将损害审计独立性和审计质量，使中国审计市场审计质量难以得到保障。

③ 过度竞争是指参与某个市场竞争的任何一家企业的期望利润都小于零的状态。换句话说，过度竞争就是"没有赢家"的市场竞争状态。

变为一种换取"订单"的筹码。这种情况，源于中介机构数量远远超过市场对中介服务的需求，当供给超过需求之时出现了买方市场，其结果是卖方市场为满足买方市场的各类要求提供未被原则和法律认可的服务，导致了"看门人"机制的失灵。

"看门人"机制失灵的四个因由之间相互联系、关系密切，一定程度上不可分割，呈现着一种递进的关系。在我国城乡二元化的境况下，金融市场中介组织行业同样深受其影响，村镇中的金融市场很难为审计师等中介组织人员提供足够的业务空间，富有竞争力的各类金融中介均集中在大城市中，以获取相关的金融业务。在逐利的过程中，"谁花钱，谁点戏"的规则迫使中介人员主动地维护受雇公司，具有成熟审计经验的审计师将其多年的专业技巧置于如何破解法律的监管、规避法律的风险中，这无疑加大了道德沦丧的可能性和实然性。同时，面对金融市场中金融产品和相关业务的实时变动，相对静止的法律不仅无法做出及时的回应，还无法应对急剧下降的中介人员的道德水平。在这种境况下，法律规则的漏洞最大限度地为中介人员发现并挖掘，而其自身的逐利本性也被最大限度地放大。因此，四个因素之间相互影响，试图监控"看门人"机制失灵的对策必须能够综合地应对这些诱因，而非在唱"独角戏"。

（二）"看门人"的类别与作用

金融市场的发展离不开中介组织，金融市场的健康发展愈加地依赖于一个合理竞争、公开透明的中介组织，这使得"看门人"依赖的生存土壤长期存在。[①] 在市场中，审计事务所、律师事务所、公证处、质量检验认证机构等具有法律性质的服务中介机构，以及资产评估中心等为金融市场中交易双方提供各种服务的机构等均被称为中介组织即"看门人"。可见，金融市场中的"看门人"类别繁多，各类"看门人"之间既可能是合作伙伴，也可能是竞争对手。作为金融市场主体之一，"看门

[①] 金融市场中介组织，存在于政府、市场和企业之间，主要承担着政府和企业都不适宜直接参与的事情，这在某种层面上弥补着市场、政府的机制缺陷和人类的道德风险，协调着三者之间的利益和谐分配。

人"行业更滋养着一批精通金融、会计、法律知识的高端人才,他们通过各类的专业服务,制定各类规则并审计金融机构的各项指标,不仅引导金融机构或企业坚定地在市场中走下去,而且将这种市场动态和企业境况传递给投资者,给予政府和投资者必备的信息。[1] 可见,这些职业的存在,在维系金融市场稳定、保护投资者权益和推动金融机构健康发展的同时,渐进地推动着一国金融市场政策和立法的变革。

1. 看门人分类

金融市场中的中介组织的存在有其深厚因由。在现代金融市场中,金融产品的设计和销售极为复杂,这直接导致了市场中的社会分工更加细致,市场化的程度愈高。在这种境况下,各监管部门、金融行业、公司之间不仅存在依赖的关系,还有相互竞争和排斥的关系,金融中介组织的存在,正是协调各方利益的最佳"工具"[2]。更进一步,法律视野下的中介组织内含着公法和私法的属性,这不仅是社会契约论下中介组织所展现出来的特点,还是社会法所反映出来的一种金融市场的需求。[3] 出于政府功能的延伸、市场机构的盈利需求、金融消费者消费与获利的需要,金融中介机构应需而生。[4]

有学者在思考金融中介机构的概念时认为,最简洁的定义是专门从事将资金在需求者与供给者之间进行融通的媒介实体就是金融中介机构。[5] 而根据金融中介机构从事的主要业务性质和在金融活动中所起的具体作用,可将其分为融资类金融中介机构、投资类金融中介机构、保障

---

[1] 市场中介组织是超然于政府与企业之间,以独立性、客观性、技术性为特征的社会组织,因而它具有为社会和企业提供公正鉴定的独特功能。

[2] 斯密认为:分工起因于交换能力,分工的程度因此总要受到交换能力大小的限制,换言之,要受到市场管辖的限制,市场如果过小,就不能孤立人们终身专务一业。因为在这种状态下,他们不能用自己消费不了的自己劳动生产物的剩余部分,随换得自己需要的别人劳动生产物的剩余部分。有些业务,哪怕是最普遍的业务,如搬运工,也只能在大都市经营生活。

[3] 在我国,中介行业自产生至今,经过二十多年的发展,已初步成长为能为各类市场交易主体提供多层次服务的行业,成为市场经济运行机制的重要组成部分。

[4] 金融消费在市场中影响颇广,从每个婴儿出生时,就已经接触到金融消费。所谓的"金融从出生时开始"的运动(Financial Access at Birth,简称 FAB),就是此极佳的证明。

[5] 参见朱慈蕴《论金融中介机构的社会责任:从应对和防范危机的长效机制出发》,载《清华法学》2010 年第 1 期。

类中介机构和信息咨询类金融中介机构。① 金融中介机构随着资本市场的发展而演进，同时也伴随着金融行业的更进一步细化、金融产品的超前设计以及金融消费群体的逐渐扩大，已经由较早单一的提供金融服务日渐过渡到金融产品的设计和销售，由此日趋形成了金融产品创新和销售一体化的金融中介机构，这联结了金融机构和金融消费者，深深地影响着两类主体的金融权益的稳定和保障。在这种发展模式下，金融中介机构的业务领域与具体产品不断创新，同时其组织样态也不断翻新。在金融市场更加开放式的发展过程中，必将出现更多自发式的新型金融机构。

2. "看门人"的作用

金融市场中存在的诸多"看门人"均有其独特作用，但核心在于增信。金融市场中，不同的金融机构为了获取利润最大化，往往在缺失法律监管的情况下向金融消费者销售不真实的"资信"。金融消费者面对着即便是专业人士都难以识别的创新金融产品和各类金融报表，只能将自己的消费决定的依据寄托于金融中介人员。正如，我们如何能知道《圣经》各篇是上帝的话，或者我们为什么相信《圣经》是上帝的话等，太多的问题让消费者在穷尽自己的智识后仍然无法得到可信赖的结果。② 政府和市场共同将这种增信的作用给予了金融中介机构，政府授予中介机构合法的地位，并规范其服务范围和收费准则及其可能承担的相关责任，以此树立其在市场中的权威，而市场更是同金融中介之间日趋形成了一种互动式的发展，市场以中介机构来彰显自己的金融信誉，中介机构依赖市场以提升自己的品牌价值和增加自身的获益能力。从功能设计上看，金融中介机构最大的作用在于通过专业性服务以审核金融机构的各类资信，在向金融消费者提供其审核后的相关信息后，为政府、金融市场和

---

① 朱慈蕴教授认为：融资类金融中介机构主要是指以为资金供需双方提供融资服务为主的金融机构，包括各类商业银行、信用合作社等。投资类金融中介主要有证券公司、基金管理公司等，是为企业在一级证券市场的融资和投资者在二级证券市场上的投资提供中介服务的金融机构。保障类金融中介主要是指各类保险公司，社会保障机构也具有金融中介的性质。信息咨询服务类金融中介主要是指资信评级机构、会计师事务所以及其他以金融信息咨询服务业务为主的金融中介机构。

② 参见 [英] 霍布斯《利维坦》，商务印书馆2010年版，第305页。

消费者提供一种增加金融机构资信可信度的增信功能。更进一步，金融中介机构在提供增信服务的同时，间接地发挥着一个极为重要的作用，即维系着金融市场中的金融道德底线。金融市场的健康成长，依赖于一国的金融法律和金融监管的有效性，依赖于这个国家金融从业人员和金融机构的金融伦理道德水平，依赖于金融市场中所有人的自律，所以，在任何意义上，金融伦理都应该是有效金融监管和减少金融腐败的前提、基础和条件。[1] 而金融中介机构则通过自己的增信作用，从多维的层面维系着市场中的金融道德底线。当然，在这一金融专业服务过程中，衍生出多项有益的作用，例如，律师事务所、会计师事务所、评估机构、咨询信息服务机构等金融市场中介服务机构不仅可以为金融业的健康发展提供强大的支持，还有利于扩大就业和促进再就业，保持社会稳定。同时，也可发挥消除金融机构虚假信息以提升其公司治理水平、披露真实信息以引导金融机构之间良性竞争、汇总市场整体数据以为政府提供政策制定的依据、解析金融产品信息以供消费者选择等作用。

（三）国家监管与"看门人"机制

国家对于金融市场的监管，同市场中介组织存在着作用对象重叠、功能趋同、目标一致、手段相似的态势。当然，国家监管部门属于行政监管机构，毕竟不同于中介机构，监管部门以证监会、保监会、银监会等权力属性正规的部门为主，同时辅之以市场中的各类行业协会等。金融中介在国家授权或许可的范围内开展业务活动，间接地承担着国家监督金融市场的任务。中介机构在开展业务的过程中，受到来自国家监管部门的约束，这直接体现着国家借助中介机构而对金融机构进行监管的意味。[2] 中介机构在变相地分担着国家关注且管制的金融机构的业务开展，因此，中介机构与国家监管部门之间存在着功能趋同的现象。

---

[1] 参见王曙光《草根金融》，中国发展出版社2008年版，第3页。

[2] See Mark S. Seasholes and Ning Zhu: Investing in What You Know: The Case of Individual Investors and Local Stocks, Journal Of Investment Management (JOIM), First Quarter 2013.

1. 社会责任的承担

国家监管部门对金融机构的监管，既是其履行的一种工作职责，又是社会责任的一种承担。自美国次贷危机开始，全球蔓延的金融危机不仅席卷了部分重要金融市场，更深深地震撼着多个国家的社会问题和政治格局。可见，金融市场的问题不仅关于一国金融体系的安全，还关于一国社会和政治的安全，鉴于此，监管部门在履行常规监管工作的同时，更肩负着一种维护金融市场安全、社会和谐、政治稳定的责任。同样，对于金融市场中介机构而言，更是如此。金融中介机构生存在政府、市场、消费者之间，处于金融产品供给者和需求者之间的位置使得其可以影响金融资源的配置和安全。金融产品的设计、质量的高低、风险系数的大小都将会同中介机构联结。金融中介机构对于其所服务的金融机构的产品的分析、企业的评价、发展的预估都隐含着一种责任的承担，这将引发公众对于金融中介机构所承担的社会责任的关注和要求。事实上，金融中介机构承担社会责任，更源于其自身有担负社会责任的压力和能力。金融中介机构服务的大型金融机构的产品，在进入金融市场后影响范围极广，这必然招致来自多方利益体对金融机构服务质量的高度关注。无形或有形的压力迫使金融中介机构担负社会责任。同时，金融中介机构有能力通过自身的勤勉尽责、审慎服务、恪尽职守来完成专业性中介服务，提供高质量的专业服务，为国家、市场和消费者提供可资参考的真实信息，这种能力更为其添加了承担社会责任的"理由"。

2. 服务功能的联结

首先，维系金融市场的稳定。国家监管部门与资本市场中的金融中介机构借助自己的不同的监管措施，对金融机构进行常规性或服务性监管，起到了维系金融市场稳定的作用。在这一点上，两者功能相近。监管部门从相对宏观的层面对金融市场整体性政策的制定，到具体规则的设计和对金融机构的监管，全方位地维系金融市场稳定和发展。相比之下，金融中介机构从微观的层面对金融机构进行服务性监管，在获取服务性收益的前提下，遵从国家监管的规则提供中介服务，间接地约束个体金融机构的治理情况，进而对金融市场的整体性稳定和平稳发展起到积极的促进作用。金融中介机构在提供专业性服务的过程中，往往扮演着政府监管部门的"触角"角色。监管部门毕竟不能全方位地介入金融机构的治理，无法事无巨细地评测金融机构的经营动态和金融产品的风险，因此，只能在制定金融政策和法规时，将期望监控的要点寄予中介机构，此时，金融中介机构间接地辅助着国家监管部门维系金融市场的稳定。

其次，促使金融机构健康发展。政府监管部门和中介机构对于金融机构的健康发展起着相辅相成的互动式作用。金融机构是一种具有极强公众性的金融企业，伴随着跨国金融中介机构的出现，为形式创新的金融机构组织更增添了活力，金融机构对市场的影响因子愈加地增大。在这种境况下，政府和市场都期望金融机构能够稳定地高速发展，对此，监管部门和中介机构所发挥的直接或间接的监管作用都在促使着金融机构的健康发展。

再次，保障金融消费者的权益。全球性金融资产的总规模十分庞大，金融衍生产品的价值更达到惊人的数字，与之相对应的是受金融机构影响日益深远的金融消费者权益的保护。政府监管部门需要保护金融消费者的权益，金融消费者权益的妥善保护是金融市场和社会稳定的基础。[①] 金融机构自身所具有的公众性和社会性的特点决定了其必须考量金融消费者权益的保障，由此，政府监管部门和中介机构在履行职责或提供服务过程中，都不约而同地向消费者提供了一种可以信赖的权益保护。

最后，保障中介机构自身的利益。金融中介机构经营过程中付出的专业性中介服务内涵一种价值在里面，即换取客户的报酬。政府监管部门在给予金融中介合法性地位之际，就已经在金融市场中预留了其开展业务的空间，作为一种专业服务类企业，金融中介应接受监管部门的管制，合法地经营，同时也将接受来自政府部门的合法的保护。

3. 两者相互促进

首先，相互促进提升金融市场监管质量。国家监管部门对金融市场和机构的常规性监管的效果，一定程度上将依赖于市场中微观的各类金

[①] 金融风险对市场和社会冲击的广度和深度已经为学者所关注。参见《"高息揽储"或将引发系统性金融风险》，凤凰财经，2012年5月23日。

融中介机构。不同的金融中介机构所提供的服务性专业中介服务，向市场和政府监管部门反应一种金融机构的经营状态和金融市场的总体发展境况，相关数据极有可能为政府所关注和采纳。事实上，金融市场中的诸多大型具有影响力的中介机构的调研数据或评估数据，已经成为市场或政府在出台政策或规则之际的重要评估标准和参考依据。从20世纪美国的《金融现代化法案》到英国的《金融服务和市场法》，市场中的重要金融法案无不对金融中介机构给予了重点规制，其重要目的之一就是希望借助强制性的约束性规范以提升金融中介机构的专业服务质量及其对金融市场或金融产品的分析数据。政府监管部门在评估金融中介机构的分析数据后，才能有的放矢地设计并出台相关金融政策，这对于提升金融市场监管质量极为有利。

其次，互动式的提升立法质量。金融市场监管立法的质量提升，部分源于金融中介机构的"刺激"。金融中介机构处于金融市场的前沿，对于创新性金融产品的结构和风险、金融消费者对产品的偏好与担心、金融机构治理模式的缺陷以及金融市场发展中可能存在的问题最为熟知。由于金融中介机构具有高水平的法律和金融专业性人才，他们不仅掌握着深厚的理论知识，而且具有丰富的实践金融业务经验，因而，他们可以从专业性的角度提出当下金融市场、金融机构、金融产品以及金融风险防控方面的宝贵建议。这些富有针对性的建议是国家监管部门制定相关政策和法律规范的最为重要的直接参考。可见，金融中介的专业性服务间接地影响着国家立法机关出台相关法律规范的质量。

再次，逆向的推动金融政策出台。立法活动应以一种稳定状态存在，但必须吸纳并回应市场中的需求。金融中介机构在评估并分析金融机构及其金融产品的过程中，将会发现既有法律规范中的漏洞和不足，在凭借专业性服务的经验和对法律的深度理解情况下会主动提出完善性改进意见。这种来自实务界的建设性立法完善建议是一种自下而上、从内至外的政策或立法推动，其所引发的并非仅仅是法律规范在"量"方面的变化，更多的将会是一种"质"方面的变革。实践已经证明，金融市场中重大的立法变革，都往往伴随着历次金融风险的爆发和金融中介机构的剧烈"反应"。

(四) 完善"看门人"机制的理念与规则

1. 理念：社会责任的承担

首先，承担社会责任是由金融中介机构的特性所决定的。公众性和社会性是金融中介机构在当下金融市场中所具有的基本属性，金融中介机构业务的开展不仅能够决定金融机构的存活，更决定了金融消费者能否得到有益的金融产品方面的分析资信，进而影响到资本市场中广大金融消费者权益的保障。可见，具有公众性和社会性的金融中介在市场中有着极大的影响因素。因而，以社会责任为金融中介机构发展的指引性理念将有益于金融消费者的权益保护和金融机构的健康发展，社会责任同金融机构的公众性和社会性紧密联系，将惠及公众和社会。

其次，承担社会责任是金融中介机构发展的持续动力。社会责任的承担使得金融中介机构内涵更高的价值，生成一种持久性的发展动力源泉。金融中介机构同金融机构一样均属于金融类的企业，企业的价值在于两方面，无形的价值和有形的价值。在后者可以计算并处于动态的情况下，前者的价值虽然极难计算，但对于金融类企业的长期远景发展非常重要。无形价值往往蕴含着企业的品牌资产和内源性价值，这无疑需要来自市场和社会的肯定，历年金融界领域中知名的企业都以承担社会责任为评估标准。汶川地震及众多自然灾害中一些大型企业的捐助展现着其承担社会责任的义务，这种义务的担负增加着企业的信誉，提升企业的价值含量，这种增值的持续性并非旦夕即逝，而必将伴随着企业的成长，极为长久。作为金融中介机构商业性核心价值的社会责任，远非企业从事的普通慈善事业所能获得。从国家到市场、从消费者到金融机构，都将其视为一种金融类企业不可逃避的义务，一种道德上乃至于法律层面的社会责任。在这种情况下，消费者对于承担社会责任的金融中介机构的认可度极为牢固，继而，承担社会责任将成为金融中介机构的持续发展动力。

2. 制度：规则的反思

应以全面监管规则为导向。治理规则对于引导金融中介机构的发展更为重要，在规则的设计中，应将社会责任的承担作为评估治理规则是否科学的标准之一，以此来提升治理规则中社会责任理念和义务的落实。

同时，在治理规则中除设计好如何管控好金融中介机构高管人员行为的规则外，更应着重从薪酬、待遇、利益冲突等方面对高管和普通从业人员给予必要的强制性约束和监管，以此来提升金融机构内部业务开展的质量。更进一步，法律规则明确地将金融中介机构的法律社会责任同道德社会责任紧密结合在一起，共同约束高管、普通从业人员的业务行为，达到对金融机构从业人员全面监管的效果。"看门人"规范机制的设计，已经不再仅仅局限于某类法律规则的思考，而应将规范机制的设计理念和具体规则置于一种交叉视野之下。国家金融监管部门同"看门人"之间存在功能上的共性，这可以让"看门人"群体从共同推进改革的角度来审视和推动自身的变革。总体来看，"看门人"机制的缺陷和规则问题的改进，都需要以社会责任的理念来引导，更需要以全面性的监管规则来构建，将规范机制不仅覆盖公司高管，更覆盖普通从业人员。

二 民间借贷中介机构的风险与法律规制

伴随金融结构深化改革，民间借贷行业进入开放式发展，亟须规范金融中介机构专业服务，否则会给金融结构、金融市场带来负面性影响。民间借贷中资本的逐利性体现得极为明显，其借贷对象多与银行类金融机构的业务对象不同，后者在一定程度上遵循国家产业发展引导政策的基础上有所选择地使用借贷资金，而前者多依据对投资项目的利润回报率来决定是否使用借贷资金开展业务。这种带有明显逐利性的投资模式一方面提高了民间资本的投资利润回报率，一方面却也带来了资本的盲目性流动。资本理性的流动会促进金融市场的良性发展和社会实体经济的健康发展，尤其是在资本符合国家产业政策引导的前提下可以更多地服务于市场经济的发展，回应国家借助金融资本推动实体经济发展的需求。相反，仅仅为追求利润的民间资本，在缺乏宏观政策引导的环境下不仅会出现资本流动方向集中和单一，继而出现资金投资过剩的问题，而且会造成因资本过度集中而发生的产业发展失衡，抬高产品价格等经济、产业结构问题。更进一步，在缺乏有效监管的情况下，混乱且盲目的逐利资本必然会影响金融市场秩序，更会因借贷信息不对称而引起非法集资等刑事问题。可见，一个规范化、明细化、高效率的资金中介路径是辅助民间借贷开放式规范化发展的必备要件。①

(一) 民间借贷中介机构发展根基

民间借贷领域虽然直接或间接地衍生出诸多的风险和负面性的影响，但其有着存在的合理性及正面作用。作为非正规金融的典型代表，民间借贷所覆盖的资本规模和领域是十分巨大的，能够直接影响到潜在的地下金融的稳定性，回应农村地区弱势群体对金融资源的需求。客观事实已经证明了市场经济发展不能同民间借贷割裂开，我们应深度地明晰民间借贷发展的理论根基，并在严控其负面作用、发挥其正面作用的基础上，更进一步完善能够辅助民间借贷规范化发展的路径和模式。

1. 金融抑制和金融垄断现象的对策

金融抑制和金融垄断现象在我国现有金融体制下将长期存在，金融结构深化改革目的之一即是对此问题给予必要的制度变革性回应。虽然，针对民间借贷生成的因由有诸多的分析，学界也推论出了很多的理论依据，但为学者所认可的观点主要是金融抑制和金融垄断的存在催生了民间借贷。民间借贷的开放是金融结构变革中的重要举措，更是应对金融抑制和金融垄断现象的重要对策。金融抑制利弊皆存，在特定历史时期可以发挥促进经济发展的巨大作用，而在市场经济发展日趋成熟的阶段，则展现出阻碍或影响经济发展的负面影响。从金融市场的长期发展看，金融抑制同金融垄断必然相随，二者的结合阻碍了市场化的金融市场的形成，民间借贷在这种境况下难以发展。只有肯定民间借贷的合法地位，并逐步规范化其发展的路径及方式，给予必要的政策空间和法律支撑，才能推进民间借贷的发展，以回应金融抑制和金融垄断改革问题。我们认为，金融抑制、金融垄断、民间借贷、金融体制改革之间联系密切，某一个关键环节的变革即可以带动其他环节的改革，而在这四者之中，当下由民间借贷而推动的金融体制变革，必然伴随着民间借贷的成长和金融垄断的改革，当然这将是一个长期且缓慢的过程。金融结构深化改

---

① 民间借贷中介机构将发挥三个方面的重要作用，其一是引导民间资本投资符合国家产业经济发展需求的行业，起到理性疏通资本流动的作用；其二是规范化民间借贷业务，起到常规性的监管民间资本借贷交易，继而提高民间借贷业务效率的作用；其三是对借贷双方或多方主体权益给予保护，起到保护金融消费者权益、维护金融市场秩序的作用。

革的重要目的和举措之一就是开启民间借贷的"阳光化和规范化",民间借贷即为制度变革的"试验田"①。

2. 诚信原则和意思自治原则在民间借贷中的体现

民间借贷行为中,隐含着民法和商法中最为基础的原则和精神,这为民间借贷行为奠定了深厚的理论根据,证实了其存在的合法性基础。民法中,民事主体在法律规范的领域内自由的按照自己的意思,设立、变更、终止民事权利义务关系是意思自治原则的体现。市场经济中的资金需求方和资本提供方在依据自己能力和知识的评判下,自愿地进行民间借贷活动,自己承担还款义务并担负相应的风险,属于依据意思自治原则的行为。意思自治原则体现的是借贷双方或多方对借贷事实的充分认知和对风险的肯定性接受行为,完全在自愿的意思下进行,属于市场中一种合理的商事交易行为。同时,正当的民间借贷更体现了民法中的诚信原则,愿意在双方互信的基础上进行此类交易。由此可见,从民法层面看,民间借贷双方或多方主体对于借贷业务本身的意思表示清晰明确,属于自愿、自主性的行为,法律应允许这种市场主体正常的交易行为。民间借贷规范的过程,就是在承认这种借贷行为中呈现的意思自治原则和诚信原则的基础上,以国家政策引导和法律监管的方式调控违背此类原则的行为。基于此,我们可以发现,民间借贷行为在金融市场中的成长,有其深厚的理论根基和现实需求,在未来的立法规划中,还应在大力吸取民法和商法理论"养料"的基础上来考量借贷规则设计的优劣。

3. 金融权利的享有和行使

民间借贷存在的重要理论基础之一,即是民间借贷行为隐含的公民基础性权利,这也成为民间借贷"阳光化、规范化"的理论基础。任何商事行为均隐含着权利和义务,民间借贷行为也不例外。在政策和法律对民间借贷进行规范、治理和引导时,我们必须明确两个重要的前提,即民间借贷的规范化隐含着公民基本的金融性权利和金融消费者权益的保护。民间借贷所代表的资本属于公民的财产,公民对自身财产拥有财

---

① 参见于千雯《民间借贷中介机构的风险管理》,载《现代商业》2012年第25期。

产性权利,可以自由地支配,只要在不扰乱国家金融秩序和对公共利益不产生危害的情况下都应是法律所允许的。民间借贷中的资本流动,即是公民行使财产权利的一种表现形式,而民间借贷行为也是一种合理的商行为,作为一种商行为,民间借贷理应受到法律的规范。同时,作为一种财产性权利,民间借贷的规范化过程中重要的任务之一就是保护借贷双方主体的合法的权益。事实上,民间借贷在逐渐"阳光化、合法化、规范化"的过程中,会由政策和法律在制度层面不断地对公民这种基础性金融权利明确和保护,而法律细则的设计,也必将伴随着这种权利保护的理念。

4. 金融结构市场化的推动

民间借贷是民间金融的典型代表,隐形金融、场外金融、草根金融、非正规金融、地下金融等诸多称号均是对民间借贷的描述,这些概念均有差异,在近年的金融体制改革中均呈现出须逐步规范化发展的趋势。究其原因,在于民间借贷影响的群体多、资本流动总量规模大、借贷交易愈加复杂、潜在风险逐步加深等因素,对金融市场和社会的影响逐步加强。当民间借贷未能对市场引发任何或微小的影响时,政策及法律也可以暂时"忽略"对其的调控和管制。当下的情况是,因民间借贷风险而导致的社会和市场不稳定因素不断增多,不可调和的因素也持续增加,到了政策及法律不得不郑重审视和应对的境况。民众对于民间借贷风险从表象化的惊恐和认知到深层次的原因解析过程中,都表现出对金融垄断的改革意见,通过各种方式和路径表达出自己对开放民间借贷的诉求,这种意愿的存在和表达印证和回应了市场对金融体制更进一步深化改革的需求。事实已经表明,漠视和忽略这种民众及市场的理性诉求,会引发更广泛的金融风险、社会矛盾和民生问题。因此,加强民间借贷监管等诸多政策和规范的设计,均来源于金融市场中民间借贷风险的推动,这不仅在理论上符合制度变革性需求,在实践中也符合金融市场发展的客观规律。

可见,民间借贷对于国家宏观经济和微观经济均有不同程度的影响,更会对金融市场的稳定及和谐社会产生重大影响,但接纳政策及法律引导和调控的民间借贷将会大力促进经济发展,惠及民众。因此，其存在和开放化、规范化发展有深厚的理论根基和迫切的现实需求。金融抑制、金融垄断的破除需要开放民间借贷，真正做到保护公民的财产权益也需要规范民间借贷，而调控金融市场中的风险则更需要规范化民间借贷行业。理论、制度、市场、社会这诸多层面的因素均需要我们以深化金融市场改革的理念来审视民间借贷开放化、规范化的问题。

（二）民间借贷中介机构发展的缺陷

民间借贷资金规模庞大，若不加合理的引导和规范，必然会出现巨额资本盲目的流动，将产生诸多负面效应。一国经济的发展应平衡好实体经济和虚拟经济的发展，在经济全球化时代，虚拟经济对于支撑实体经济的发展至关重要，但实体经济仍是市场经济的根基所在，民间资本应重点投向国家政策倾斜的产业领域，支持实体经济的发展。但在企业经营环境和宏观经济出现问题时，资本并不能从实体经济中获取其期望的利润，此时，多数资本均集中在获取短期暴利的行业中。例如，金融市场中各类金融产品以及民间借贷式的借贷资本流动，其最终结果是影响并增加宏观经济和金融市场的波动和秩序的不稳定性。这种负面效应波及范围广、影响程度深，若任其发展则必然会产生更加恶劣的后果。

1. 民间借贷资本流向盲目

民间借贷附带着资本固有的盲目性流动，需要政策或法律从规范化的角度来调控其发展。资本在市场中的流动应符合经济发展的客观需求，盲目地过度集中流向某一领域或在某一领域中造成资金稀缺的状态均会对经济产生负面影响。调控和引导民间资本的流动需要依赖政策或法律两类工具相互配合才能达到目标，收到期待的效果。民间资本理应发挥支撑实体经济的作用，但当下的资本流动呈现集中式的向虚拟经济或短期获利的领域流动的趋势。逐利性是资本的天性，民间借贷的流动更加体现出这一特点，未加规范和引导的民间资本并未进入实体经济领域而是借助民间借贷或其他方式寻求短期投资的高额利润回报。据统计，2011年8月份，温州民间资本规模大约在1100亿元，其中约有40%的资金（约有 440 亿元）处于空转状态。①"空转现象"印证了民间资本的走向和潜在的风险，2011 年自温州而始的民间借贷风波已经证明，一旦最顶端资金链断裂则民间借贷极易崩盘，继而引发连锁的民间借贷风险，最终对实体经济产生巨大的负面性影响。实体经济对资金的渴求和融资难同民间借贷领域资金寻求高额利润回报，鲜明地表明两者之间的联结失衡问题。民间资本流动的盲目问题绝对不能依赖其自身的调控能力来解决，必须由国家通过政策和法律来调控才能合理地引导，这将同样体现在对民间借贷的规范化中。

2. 社会及金融市场不稳定因素

民间借贷理应成为推进经济发展和社会稳定的和谐作用力，但在缺乏规范的境况下，由民间借贷而引发的诸多矛盾均会集中地展现出来，直接催生出多种市场和社会问题，形成了社会及金融市场中的不稳定因素。事实上，尚未规范化的民间借贷已经成为社会及金融市场中的不稳定因素。民间借贷不仅规模庞大，且涉及范围极为广泛，从城市到农村，涵盖各行业的民间借贷对于民众的生活与金融市场的运行均有着重要的影响。我国尚未出台完善的、统一的、具有针对性的民间借贷业务规范条例或法律，尤其在中小城市和农村，民间借贷仍多以民间自律习惯来约束，当民间信用基础发生问题或经济环境发生变化时，常引发暴力及犯罪现象。自民间借贷领域出现风险后，由此引发的经济、刑事犯罪现象呈现快速递增趋势。例如，温州法院在 2011 年共计审理民间借贷案件 12052 件，比 2007 年民间借贷案件增长了 4 倍多。② 可见，因民间借贷而引发的案件随着借贷纠纷的爆发呈现上升趋势，这印证了民间借贷纠纷同社会及金融市场不稳定因素之间的因果关系。事实上，在广大农村地区，民间借贷纠纷已经成为影响和谐农村社会建设的重大不稳定因素，犯罪案件、家庭问题等诸多不稳定因素的主要诱因均来自民间借贷，其根本原因在于缺乏对民间借贷的规范化监管，缺少引导民间借贷正规发

---

① 参见涂重航《江苏泗洪全民放贷风潮始末：层层盘剥类似传销》，中国网，2011 年 8 月 1 日。

② 参见陈东升、陈逸群《温州民间借贷纠纷案井喷挑战法院审理》，《法制日报》2012 年 3 月 7 日。

展的中介组织。

3. 微观经济发展受阻

民间借贷是民间借贷的典型代表，不仅在宏观经济层面发挥着同正规金融一样的影响，对于市场中微观经济的发展和经济个体的成长也同样产生了重要的作用，规范化的民间借贷会有效促进市场经济的发展，反之则阻碍微观经济的发展。微观经济的发展和民间借贷开放及规范化密切相关。当下，民营企业融资难的问题一定程度上同民间借贷尚未完全开放相关。正规金融不足以为民营企业提供充足的融资支撑已是不争的事实，在这种境况下，改变市场中民营企业因融资难而被淘汰出市场的对策应是尽快逐步开放民间借贷。民间借贷作为民间借贷典型的代表有能力为民营企业提供融资资源，所需筹划与准备的，一方面是如何规范民间借贷主体和借贷方式，另一方面是如何建立好规范化的民间借贷中介机构。良好的民间借贷中介机构，不仅应有效地为民营企业提供借贷的资本信息，更应在最大限度降低因"掌控信息资源"而衍生的寻租成本基础上，较好地防控民间借贷风险。

4. 国家宏观经济目标受影响

国家宏观经济的规划和目标绝大程度上依赖于正规金融的供给和支撑，尤其是正规金融对于国有企业的支持使得国家可以在一定程度上达成既定的经济发展目标，但实际上，民间借贷对于宏观经济的发展也同样重要。国家宏观经济目标同样受到未规范化的民间借贷的影响，最为关键的，仍然是民间资本流动的影响。民间借贷为追逐利润常进入国家禁止或限制的行业，这些领域多为国家调控的重点行业，例如房地产行业、高耗能行业、产能过剩行业等。国家从调控风险和引导宏观经济健康发展的角度来管制此类行业的发展，正规银行类金融机构多遵循政策引导较少地向此类行业投资，而民间借贷出于高利润回报的唯一考量则敞开式地向此类行业投资。这样的直接结果是给予此类行业继续膨胀式发展的金融资源，不断地催生这些受调控行业的累积性风险。最终，当被"最后一根稻草"压倒之际，行业风险爆发，而国家宏观经济调控目标也必然受到重大影响。明显的例证是房地产行业融资问题，在国家从宏观经济出发对房地产行业进行深度调控时，房地产企业已经很难向银行类金融机构便捷地融资,此时,很多企业转向民间资本融资,而高额的利润回报促使民间资本涌进房地产领域。当地产泡沫爆发时,受损的不仅是民间资本,更会对国家宏观经济产生负面影响。

上述分析可知,未能纳入到规范化中的民间借贷在金融市场中会产生诸多问题,影响金融消费者权益和市场秩序。资本逐利的本性要求政策和法律对其监管和引导,被排除在法律监管之外的民间借贷一直强有力地在金融市场中以"默认"的方式成长,必然会导致诸多的问题。当借贷风险爆发之际,潜在的风险引发连锁反应,将对金融市场和实体经济产生冲击。但这些问题均因民间借贷未接受规范化的治理和监管,而被纳入法律调控下的民间借贷将会促进微观经济发展,维护民众正当合法的财产权益。[①]

(三) 民间借贷中介机构的功能

民间借贷规范化过程中,涉及诸多亟须梳理和调控的环节,各环节之间的联结将有益于民间借贷行业的长期发展。其中,民间借贷中介机构的规范化是民间借贷发展中不可或缺的重要支撑。[②] 在服务于借贷双方的同时,更发挥着重要的引导和规范民间借贷的作用,具体而言,主要包括信息传递功能、风险过滤功能、政策延伸功能、增信服务功能以及信用环境培育功能等。在金融市场中,关于民间借贷开放和规范的对策一定程度都集中在规范中介机构上,其不仅是借贷双方主体之间的"过桥链接",还是配合国家金融政策和法律监管的重要的辅助性路径和工具。

1. 信息传递功能

信息不对称存在现代商事企业中,同样也存在金融市场中,应对信息不对称问题的良策是构建一种可以联结信息主体的"桥梁"。民间借贷中的信息不对称问题极为严重,引发诸多问题,导致借贷风险,资金需求者很难及时便捷地找到适合的资金,这不仅造成了民营企业融资成本

[①] 参见李有星、金幼芳《民间借贷服务中介的法律治理探讨》,载《法治研究》2013年第6期。

[②] See Greg Nini: The Value of Financial Intermediaries: Empirical Evidence from Syndicated Loans to Emerging Market Borrowers, FRB International Finance Discussion Paper No. 820.

高，而且深深地折射着资金供需双方信息不对称的问题。城市中民间借贷通过报纸、网络、广告、传单等多种路径传递资金流动信息，即便如此，民众仍然感到难以便捷地了解和寻找到自己需求的资金。① 尤其在广大农村地区，这种信息不对称问题更为突出，广大农民在缺失规范化借贷中介和现代化信息支撑的境况下，只能依赖于地缘性等关系型借贷网络融资，这种情况下多容易引发借贷纠纷。规范化的民间借贷中介应以城市为核心开展中介性服务，继而在农村地区设立分支机构，有效地向资信需求者和供给者传递借贷信息，解决信息不对称问题。可见，民间借贷中介机构发挥着信息传递的作用。

2. 风险过滤功能

中介机构发挥着重要的民间借贷风险过滤功能，有效地预防潜在风险的传递。国家政策对于民间借贷的风险控制多集中在借贷资金来源、资金用途、借贷协议签署、偿付规范化等环节中，中介机构在开展业务时会对诸多环节进行审核，从风险源上控制风险。这种对借贷业务全方位的审核是预防和控制民间借贷风险的有效手段。从近年来的借贷纠纷案件来看，多是由于对资金用途审核不明和监督不力造成的，而潜在的风险如资金来源等也存在严重问题。作为国家监控手段在金融市场中的延伸，中介机构可以发挥过滤风险，防止引起民间借贷纠纷的作用。由此，中介机构的重要性不言而喻，对于中介机构而言，其治理模式、经营规则、高管选择、信息披露、责任规制等环节极为重要。

3. 政策延伸功能

中介机构在引导民间借贷流向的过程中，扮演着传递和延伸国家政策的角色。国家政策对于民间借贷的流动方向是有所期望的，符合国家经济政策和产业发展的需求是政府对民间资本的渴望和要求。对于产能过程、污染环境、阻碍产业升级等领域而言，国家将会控制民间资本的流出；相反，清洁能源、产业改造、民生工程、技术革新等符合国家产

---

① 不同资本对投资对象、投资领域、投资回报、投资风险、投资周期、投资方式、投资附属性要求均有差异。相应地，资本需求者对于所能承担的融资成本、融资期限和方式等要求也迥然各异。

业政策的领域是国家支持资金流向的领域。更进一步,资金供给者也期望借贷资金能够投入到政策所引导的领域中,不仅可以增加借贷双方的收益,也会降低自己的服务性风险,避免未来过多的借贷纠纷诉讼,毕竟,国家政策管控的行业中总会出现政府行为性风险。这种情况下,中介机构在链接资金供需双方之际,也可以此作为通讯交流和信息沟通的平台。为增进自身的服务性受益,借贷中介机构也会积极研读国家政策,引导借贷业务资本投向国家新兴朝阳产业中。

4. 增信服务功能

民间借贷中介机构通过信息登记、传递和反馈,以及对借贷资金准入的审核,起到了过滤风险性借贷资金的作用,预防了潜在的借贷风险。同时,在这一过程中中介机构发挥着对借贷双方增加信用的作用。在民间借贷市场中,各类业务开展的前提和基础是信用,这种信用并非仅仅依赖于借贷者所提供的资料,还依赖于对这些证明资信资料的审核和摘选。对于普通借贷者而言,没有专业性能力和精力来完成充分的调研和考核工作,中介机构从专业能力和服务方式层面很好地解决了这个问题。通过对借贷双方提供的资料进行审核以决定是否开展借贷业务,这为即将开展业务的双方均提供了一个信用度相对高的交易对象,起到了增信服务功能。可以认为,中介机构的多种作用最后直接的体现就是这种增信服务性功能,不仅提升了借贷交易的质量,从长期发展来看更有益于保护金融消费者的权益。

5. 信用环境培育

民间借贷中介机构的规范化建设和成长,必将逐步地培育起一个成熟的借贷信用环境。中介机构增信服务使得借贷主体均会自觉地维护自身的权益,同时提供真实可信的资信,由此从借贷个体开始展现真实的资信,信用环境的基础由此逐渐成长。中介机构的准入标准、过滤功能、风险预防机制等措施均从不同层面对于建设民间借贷信用环境起到了作用。成熟信用环境的培育,涉及以上诸多环节的维护,更涉及发生借贷纠纷的后续维权机制。事实上,能否在借贷纠纷中切实地维护好自身的利益,在民间借贷特殊的环境中取决于中介机构是否登记和留存的充足的证据。可见,民间借贷中介机构的完善性建设必将培育起一个成熟的信用环境。

6. 逆推完善政策、法律规范功能

政策的规划和法律规则的设计均不同程度受到民间借贷中介机构的影响。政策和法律的形成，部分来源于市场中商事交易习惯和民间习俗，涉及民间借贷规范化的政策法律即印证了这一点。民间借贷中介机构在国家政策和法律规范允许的范围内，会市场化地形成一些自律性监管机制。借贷双方的规范化交易，在市场化的自律性组织规则中最能反映和体现出其真实的需求，这种需求就是政策规划者和立法者最为迫切了解和吸纳的。国家法律规范需要不断地修改和完善，规则变革中会逐步吸纳市场中对法律规则真实的需求，而作为借贷双方主体真实的意思表示即自律性规范首先成为法律规范吸纳的对象。例如，民间借贷利率的高低、借贷专业人员专业能力的要求、借贷者登记的信息等诸多细节问题，均是从民间借贷市场中的自律性规则中呈现出来的。

民间借贷市场中存有四类主体，监管者、放贷者、借贷者、中介组织。这四者之间关系密切，利益相互影响，中介组织不仅是监管者的政策在市场中的延伸，而且可以在发挥增信作用的同时，借助自律性机制反作用于监管者，以改进政策和法律对民间借贷的监管方式和具体对策。事实上，民间借贷法律的不断完善，正是在不断回应市场和经济个体对维护自身权益的合理的诉求。中介机构在开展业务中所发挥的多方面作用均极为重要，不仅成为联结放贷者和借贷者的桥梁，而且成为回应监管政策、消除风险、控制借贷成本、推进立法的重要对策。

（四）中介机构规范化监控要点

民间借贷市场的稳定得益于民间借贷的规范化发展，而民间借贷的良性和高效发展，更得益于借贷市场中的中介机构，其不仅联结着借贷双方，为市场监管者提供着最新的监测信息和制定政策的客观金融借贷数据。[①] 民间借贷中介机构和行会相辅相成地发展，中介机构作为行会中的个体、行会作为中介机构的联合体规范个体的成长。两者结合可以

---

① 参见林丽芳《试论民间借贷中介机构的合法性》，载《莆田学院学报》2013 年第 4 期。

对民间借贷的准入制度、风险预警机制、违规处理和借贷信息给予充分的规范化和信息化，同时对作为个体的借贷公司的规范化有着重要的作用。

1. 发展网络和物理交易平台

中介机构是信息的流转站，基于储存信息的优势也形成了一种对信息监管的自律性机制，在现代化计算机技术和网络化的发展之下，民间借贷中介机构形成了两类，其一是现代化信息的网络借贷平台，其二是物理意义上的现实交易场所。从目前的发展来看，两者均十分重要，须共同建设。网络民间借贷中介，如温州民间借贷网、东方正捷、阳光恒大，民间借贷中心如温州民间借贷登记中心等。① 相比之下，网络民间借贷平台在逐步地跨越地域，形成区域性乃至全国性的借贷平台，而物理性民间借贷平台仍局限于本地的借贷业务。同时，网络借贷的风险监控在跨域性之外更显得尤为重要。长远来看，民间借贷中介机构的平台将会以网络化和物理化共建式发展，这种结合两者优势的信息平台可以打破原有物理平台地域性的局限，又可以给予当地金融消费者便捷的"面对面"式服务，降低网络化带来的风险。

2. 完善中介备案制度

民间借贷备案制度是记录借贷多方资信的重要办法，也是发挥中介机构增信功能的重要工具。作为信息搜集和储备的集中路径，备案制在降低借贷风险和信用储备上发挥着重要的作用。中介信息备案可以分为自愿备案和非自愿备案，两者利弊皆存，自愿备案式可能会遗漏某些重要的需要登记规范的借贷信息，而非自愿备案则可能造成对民间借贷行为监管过度，尤其对于传统信用环境中的微型借贷产生不必要的威慑性监管，其后果必然是打击传统信用式的民间借贷。可供选择的是对于借贷业务的规模、方式、资金来源和用途等分层级式备案，达到一定规模的业务或借贷用途风险较大的业务强制性备案，而对于解决日常生活中

---

① 温州民间借贷登记服务中心于 2012 年 3 月登记成立，注册资金 600 万。登记中心除引进融资中介机构，同时将律师事务所、公证和评估等中介机构异同作为配套服务机构引进；温州借贷网正在逐步地规范化建设，其内涵了"借款信息、放宽信息、业务介绍、业务流程、政策法规、借贷咨询、合作加盟"等信息版块，呈现规范化发展趋势。http://wzmjjd.com/

的民间借贷业务则无须强制性备案，可以给予微型借贷业务一定的自由空间。与此同时，对于强制性备案的借贷信息进行梳理和储存，将会渐进地将金融消费者的资信整理、分类、定级、风险评估等，逐步建立起区域性乃至于全国性的金融消费者借贷信用库。

3. 强化民间资本流动监测

中介机构除对民间借贷资信进行过滤式登记，以备案制度规范借贷双方风险外，还会对借贷资本的流向给予必要的监测，以掌控民间资本的流动。民间资本的流动有益于国家宏观经济和微观经济的发展，符合国家对产业政策的调整需求。民间借贷中介机构作为民间资本流动的中转站，有条件搜集和预测民间资本的流向。政府和监管部门应主动地积极地从中介机构中定期查阅民间资本大规模性的流动数据，如对民间资本是否流向国家严格调控的行业或鼓励的行业做出评判，继而为政策的调控和法律规范的变革提供客观依据。民间借贷领域中积累的真实客观数据，对于政策制定者而言不仅极为重要，又极为难得，中介机构长期对民间资本流动信息的监测和储存，反映着民间借贷的发展态势，更将印证着政策和法律调控民间借贷行业的效应。

4. 强化借贷信息披露

民间借贷中介机构中，网络平台或物理性平台均应将借贷业务中常规性信息对外详细披露，借助信息披露路径提高风险监控的能力，同时让监管部门和潜在的借贷者了解其所需要的信息。在尊重金融借贷者隐私性的前提下，中介机构应将备案的登记信息部分地向市场披露，以回应金融消费者对借贷资金来源、借贷资金成本、借贷资金还款期限、借贷者资信等信息的需求。监管部门更可以通过当地的物理性交易平台对本地民间借贷动向有所掌握，同时可以通过网络平台对跨区域性民间资本的流动和风险以及借贷者的资信进行监管。中介机构是联系借贷双方的"桥梁"，而中介机构的信息披露则是联结金融消费者和监管者之间的"纽带"。可以认为，信息披露是民间借贷中介机构的重点规制环节，其所承载的重要任务，不仅影响着中介机构的服务质量，而且影响着监管者和金融消费者对借贷业务风险的评判，继而影响民间借贷风险的系数。

5. 完善风险预警机制

民间借贷中介机构掌握着资本借贷双方因民间借贷而发生业务的动态数据，对于债务还款期限、利息、偿债能力、借贷风险等均有深度的把握。据此，中介机构很好地构建了一个民间借贷风险预警机制，依据对借贷债务偿付情况和债务人"动态性资信"的了解，及时对债务人是否有能力及时偿付债务、个体性债务风险是否会引发连锁借贷风险作出预警提示和监控措施。民间借贷需风险多数由个体性借贷风险而引发连锁性的借贷风险，若能在发现个体性借贷风险之初即控制住风险，则显然可以有效规避风险源的传递和扩散。在缺失中介机构的情况下，民间借贷的潜在风险和个体性风险的爆发都不可预测，监管部门也缺乏这种提前检查和预测的能力。[①] 中介机构为监管部门提供了监测风险的信息平台，同时依赖于自身的自律性监管模式，也一定程度上可以对个体性风险进行有效的评估。

6. 总体框架

民间借贷中介机构的设立和规范化，是推动民间借贷高效健康发展的重要环节。民间借贷行业的发展有深厚的理论根基与客观需求，金融体制的深化改革和金融市场的开放式发展，均需要借重民间借贷以回应改革金融抑制和金融垄断所形成的金融资源分配僵局。同时，作为公民最基础的金融权利，理应受到政策和法律的保障，并在开放金融体制的情况下在民间借贷中实现。可见，民间借贷的规范化符合法律对于公民基本权利保障的需求。作为对一种金融权利和权益的保护，民间借贷需从借贷公司、中介机构、监管部门三方面形成一种良性的监管性互动，基于中介机构的服务内容和方式，不可置疑地成为三者的核心环节。在民间借贷规范化中，中介机构所具有的增信功能和风险预防功能对于控制借贷风险，维护民间借贷市场稳定具有极大的作用。在未来的民间借贷中介机构治理中，应重点关注备案制度、风险预警、资本流动监测、信息披露等环节的制度性建设。

[①] See Steven L. Schwarcz: Intermediary Risk in a Global Economy, Duke Law Journal, Vol. 50, No. 6, p. 1541, April 2001, Duke Law School, Public Law Working Paper No. 5.

三 借贷市场乱局中企业联保风险及应对措施

民间借贷中企业联保容易引发金融风险,而应急政策和法律规制的缺失,不仅给企业自救造成了困境,还为金融风险的传递和扩大预留了空间。温州、鄂尔多斯、杭州民间借贷风险中均折射出了企业联保风险的传递性和严重性,企业自身在抗风险上表现得极为脆弱,因此需要政策和法律给予保护。从政策、法律方面构建联保风险应急机制应重视几个要点,即联保风险的诱因、金融体制风险性弊端、政策救济机制设计的理念、法律应急机制的流程以及联保风险发生后担保者权益的补救。

(一) 企业联保的宏观金融风险

企业联保出现金融风险,无论是直接诱因抑或是间接性的风险因素均有一个共通性的环节,即正规金融机构的借贷和民间借贷的非规范化。"大到不能倒"的抵御风险策略既非长久之计,更非较优的选择,作为"倒逼式改革"的典范,其迫使我们应深度地思考既有金融体制的弊端,以动态的视角来审视这种容易引发金融系统性风险的问题因由和抵抗风险策略。[①] 民间微观金融的困局、正规金融的缺失、配套政策的不完善、法律规范问题等均是引起金融系统性风险的原因。

1. 民间微观金融的困局

金融体制僵化下存在着民间微观金融的困局,这种微观金融的不活跃和非规范化发展带来了金融系统的风险。困局并非是真实的困境,民间微观金融在市场监管规范之外十分强劲地发展着,但试图以合法身份挤入正规金融市场中的民间微观金融的确是在艰难地生存。这种困局的出现虽然是金融体制深化改革尚未完成的结果,但确属"无奈的困境",金融市场开放式发展,需要一个十分成熟的信用环境,在中国经济发展现状下,极难在短期内培育出一个信用度高的金融市场。显然,这使得

---

① 参见《看好中国经济 重点破解利益调整难题》,载《中国经营报》2012 年 7 月 23 日。

政策的制定者对"阳光化"微观金融心存疑虑，阻碍了金融市场改革的步伐。其结果是，正规金融无法满足民众对于金融资源的需求，而微观金融又无法发挥其固有的优势和功能，这种"两极挤压"的直接效应就是诱发金融系统性风险。[①]温州民间借贷危机之下，民间借贷市场中的信用体系瞬间崩溃，这种风险的规避和控制，仅仅借助法律对策则收效甚微。资本逐利的本性和民众求财的动机是无法通过外界的压力而完全管控的，因此，疏导而非堵塞、监管而非打压才是正确破解民间微观金融困局的方向。

2. 正规金融缺失

正规金融所提供的金融服务缺失及其所产生的负面性影响不容否认，这同样诱发着金融系统性风险。民间微观金融困局的出现，不仅因其非规范化发展的因素，正规金融提供的金融服务的质量和广度存在着的"稀缺性"同样是一个重要的因素。正规金融服务稀缺的根源有两方面的原因：其一是金融机构作为商事组织，不可避免地存在获利的驱动，而面对信用质量差、担保物品稀少、回报利润低的微型金融服务需求者显然不能获取到其希望的利润空间；其二是缺乏金融服务提供的竞争者，金融市场的活跃和健康发展，需要充分的竞争性金融机构，在缺失民间借贷机构的境况下，正规金融提供的金融服务会不自觉地演变为一种稀缺性和垄断性的商品。在金融服务资源短缺的情况下，必然会出现资源需求者寻求正规金融机构服务替代品的现象，这就为民间借贷非规范化发展提供了土壤和空间，更为金融系统性风险埋下了诱因。故而，正规金融服务资源的缺失，间接地诱发了民间借贷的问题，继而引发金融系统性风险。

3. 政策的不完善

从宏观层面的金融体制改革、民间借贷发展到微观层面的企业联保风险应急预案，都未能出台系统性的应对政策。政策层面的空白使得金

[①] 自2011年以来，温州市、县（市、区）两级法院受理的民间借贷案件呈高速增长态势，2011年收案数1.2万多件，比2010年上升46.4%，比2007年上升316%。涉案金额53.87亿元，分别比2010年和2007年上升54.9%和25倍多，案件平均案值从2007年的7.39万元升至94万元。参见《民意调查：温州金改民间借贷的AB面》，载《每日经济新闻》2012年7月26日。

融风险爆发后，监管部门对风险源不会形成统一的风险控制机制，而缺失互动性风险控制对策的监管系统和自律系统必然会引发金融风险。温州金融改革试验区中的民间借贷政策尝试性的出台开启规范民间借贷行业的政策，这将会更进一步地在调控金融风险之时不断修正政策的适应性、效应性和前瞻性。针对金融政策的制定，已经日趋形成了相对统一的共识性观点和方向，即"加强监管，防范重点风险，防止发生区域性、系统性风险；积极引导商业银行调整信贷结构，提高服务实体经济效能；继续支持'三农'和小微企业金融服务；完善《商业银行资本管理办法（试行）》等政策"的推进和出台，显然在短期内将引导各类金融政策的趋向。① 金融政策的制定和施行，也是一个质和量共进的问题，近年政策的出台印证了这一点，例如，正面的回应 2008 年前后的政策走向和未来政策的方向等。②

4. 法律规范问题

在政策允许的框架内，应设计相对类别完善、规则明细的法律规范以应对可能发生的金融系统性风险。以企业联保信贷风险为例，对于联保风险的应急法律对策、单个及全部债权人利益保护、企业资金安全的保护等均需要相应的法律规则。当然，这种法律规则的设计并非旦夕可达，可以从商事交易习惯、协会条例等市场自发式的救济措施中汲取精华和应对办法，在其规则设计达到要求后，出台相应的法律。例如，《浙江省银行业协会关于建立企业突发信贷风险会商帮扶工作机制的指导意见》中对于企业联保风险提出了应急性预案，这种风险控制对策的设计将会被逐渐纳入法律之中，最终成为法律规范。③

---

① 对于未来金融政策的制定，"加强对重点领域的风险防范；更加有效地支持实体经济稳步增长；加快推进银行业改革转型"等成为引导方向。"银监会：下半年加快推进银行业改革转型"，中国金融网，2012 年 7 月 26 日。

② 《2012 年中国宏观金融政策展望》，载《中国证券报》2012 年 3 月 23 日。

③ "意见"规定，企业发生重大突发信贷风险，并同时满足融资银行数量超过 3 家，融资余额超过 5000 万，保证融资占其融资余额的 50% 以上，为其保证的企业超过 3 家，或所处联保体、担保圈或担保链的企业超过 10 家的，可启动会商机制。参见《联保企业超 10 家的信贷风险浙江可启动银行会商机制》，载《滨海时报》2012 年 7 月 26 日。

(二) 企业联保微观风险诱因分类

正规金融机构"大到不能倒"的效应扩散到了民间借贷中，这也反向印证着民间借贷的"实力"和重要性。"大到不能倒"的原因是金融机构或企业破产倒闭后，会对金融系统的安全和实体经济产生强烈冲击，造成大量职工下岗甚至区域性经济危机，影响市场和社会稳定，为控制此类风险及其所造成的危害，政府运用行政力量、经济力量及法律规范对其进行调控，防止衍生风险和损失的发生。对"大到不能倒"现象从正规金融到民间借贷蔓延的关注表明了后者问题的严重性，其诱因集中在以下几个方面：

1. 单个企业风险的传递

单个企业的风险是联保企业风险的主要诱因。当企业因投资决策、经营模式、资金周转、产品定位、治理规则等出现风险时，多表现为融资困境，此时的风险虽集中在企业个体自身，但在企业联保机制下，这种风险会以极快的速度传递给其他担保企业。单个企业风险的规避和控制较为简单，但当风险传递到担保企业之时，这种衍生风险犹如计算机网络病毒一样极难控制。在这个过程中，单个企业发生风险的原因很多，而其自身出现的风险传递性成为导致其他担保企业发生风险的原始性诱因。

2. 企业间风险的传递

企业间容易受到单个企业引发的金融性风险传递的危害，并且极难在短时间内依靠企业自身的力量来调控。这种危害的直接结果是引发原始性风险，即单个企业面临破产清算风险，而其他担保性关联企业在面临银行催债的情况下，容易达到企业自身财务抗风险的临界点。在联保企业中，企业相互之间有自己差异化的抗财务风险界限，当因偿债数额超过财务抗风险界限时必然会引发企业个体的资金问题，由此出现"多米诺骨牌"似的企业财务危机现象。

3. 银行催债

联保企业出现金融风险的重要外力因素是银行为催缴发生经营困境的单个企业的债务而发生的担保风险。银行出于商事组织营利性的考量、高管层职业发展的需求、金融机构抗风险性规则、金融风险防控意识以及政府部门的行政干预等因素,在面对企业发生偿债困难或资金周转困境时,往往会催缴不良贷款。[①] 在缺乏科学行政干预和完善法律应急机制的境况下,银行出于自身利益的考量,多只能选择这种方式来规避可能引发的大规模金融风险,但恰恰是这种规避风险的方式会加重联保企业的风险,导致金融困局出现。

4. 企业预险自保

企业预险自保机制环节薄弱。企业抗风险能力较弱的原因除经济环境和经营问题之外,还在于没有建立起企业预险自保机制。预险自保机制应包含商业投资风险、经营性风险、资金流动性风险、政策性风险、治理机制风险等预险系统,同时,对于发生不同类别风险应设置不同的应对措施。当然,这种自保机制的建立,单独依靠企业自身所形成的应急对策很难具有足够的抗风险能力,需要得到来自政府和正规金融机构的支持。

(三) 政策的救济与市场的反应

政策对于企业联保风险的应急性措施是当下极为有效的"必需品",但从金融市场长期的规范化发展考量,仍迫切地需要从制度上构建法律应对机制。[②] 政策性救济措施利弊并存,例如,相对及时性、具有针对性、救济力度大等特点使救济政策出台后可以在短时间内使风险企业获得救助,一定程度上控制风险的扩大。但与此同时其负面的效应也在彰显,例如,政策具有地域性、短期性、不确定性、救助范围的局限性及其附带有寻租性的缺点,这不仅限制着政策救济的作用,从金融市场长期发展和短期建设层面看更是阻碍了法律制度性风险救济机制的完善。市场对此的回应是自发地衍生出多种救济路径,其中重要的措施即为借

[①] 一位知名业内人士7月5日对《国际金融报》记者分析,"中国的商业银行,长期以来做的只是'锦上添花',极少'雪中送炭'。当然不可否认,银行'锦上添花'确实是出于银行业系统风险控制,可从扶持中小企业的角度考虑,真正有多少中小钢贸商能通过正常的途径、正规的操作将流程走完。即使真有钢贸商走完这个流程,那得花费很多时间乃至金钱成本。"参见《少数企业联保联贷重复抵押 钢贸资金困局谁之过》,载《国际金融报》2012年7月9日。

[②] See Jeffrey N. Gordon and Christopher Muller: Confronting Financial Crisis: Dodd–Frank's Dangers and the Case for a Systemic Emergency Insurance Fund, Columbia Law and Economics Working Paper No. 374.

助民间借贷,当然,在民间借贷发生风险时中小企业则多处于求助无门的困境。市场回应的延伸效果是政府和监管部门给予的政策性回应和法律制度性回应,两者均十分重要。

1. 政策性救济措施

当联保企业出现金融性风险且呈现传递趋势时,从稳定本地金融秩序、平稳经济发展、控制社会风险、民众生活和谐等因素考量,当地政府均有足够的动机和力量出台应急性措施。解决联保企业风险之急、防控金融风险传递、避免企业资金链危机是政策制定和出台的主要和直接目的,这些主要针对民营企业担保链危机的政策可以说是稳定金融市场政策的一种"应急成果"。例如,2012年以来出现的地方性联保企业金融风险促使地方政府出台了救济性政策,即转贷应急资金池。① 此类政策的应急性、针对性和地域性十分明显,更印证了金融市场波动对"推动"政策制定和出台的作用。②

政策性救济措施的及时性为区域性企业联保资金链危机提供了应急性的解决举措。杭州等地为应对民企担保圈金融危机,采取了用地方财政资金和政府信用为企业提供商业担保的对策,虽然这种政策的合理性受到了质疑,但在短期内解决区域性企业金融风险起到了巨大的作用。仍以杭州金融支持政策为例,质疑声音主要集中于专项资金的来源,依据杭州市萧山区发布的《区政府应急专项资金管理办法》的规定,一旦由于企业或银行因素导致转贷未成功或专项资金无法及时收回的,区政府将追究企业及银行的相关责任,各镇街场、管委会要负责追偿专项资金,如果应急资金无法偿还,各镇街场、管委会财政承担50%损失。有

---

① 转贷应急资金池,是指由政府财政出资成立专项基金,帮助符合条件的困难企业维持银行信贷和资金周转,避免银行抽贷、停贷引发企业资金链危机。

② 2012年以来,江浙地区出现企业联保资金链危机,为应对本次区域性金融风险,杭州、温州、宁波、金华等地的多个区县市陆续启动转贷应急专项基金。专项基金的针对性和地域性极为明显,例如,本次专项资金政策的出台,直接受"杭州地区600家知名企业联名上书向浙江省政府紧急求助"的推动,杭州萧山区专项基金的帮扶对象必须是萧山本区的企业,必须是在本区银行的贷款转贷,萧山辖区外的企业,或是本区企业在区外银行的贷款,都不适用这个转贷资金池;所有申请转贷资金的企业,在资质上必须有他所在镇政府出具的证明以及领导签名,而且企业必须拿出贷款行有行长签名的转贷承诺书。

学者认为，由地方财政来担负企业借贷风险，会对地方财政造成风险。因此，对于这种政策的合理性提出质疑，毕竟国家政府机关作为保证人介入金融市场同《担保法》的基础性规定相冲突，同时，由此引发的政府性风险也不可忽视。即便如此，出于对联保企业风险的控制，在浙江地区这种政策已经纷纷被效仿，并且取得了一定的实践效果。

关于政策支持的模式，温州则更进一步，相比于其他市区主要由地方政府出资设立专项资金外，温州发起了由民间借贷机构成立的各种类似的针对联保企业风险提供资金周转支持的专项转贷资金的"资金库"。同时，温州商会也发挥着建立"过渡性资金"的作用，商会发起设立互助性基金以辅助地方企业应急性转贷。但问题是，缺乏政府支持的民间性"过渡性资金"极难得到银行的支持，虽然其能够避免企业资金链断裂和金融机构不良贷款的发生，但仍无法同政府性的专项资金相比。

政策性的救济作用是巨大的，其作用可以从两个方面来考察：其一，转贷应急资金可以有效地防止民营企业担保危机的扩大，以低成本的方式来控制联保企业金融风险的传递，尤其对于区域性联保企业资金危机而言有极为明显的效果；其二，政府和银行可以间接地搜集企业资信，以建设企业信用库，为区域性金融市场的信用环境建设做前期铺垫性准备，相信在这种环境下所搜集的企业资信质量相对较高，信用等级划分的也将相对明确。当然，其衍生的政府性财政风险仍需要审慎对待，并需给予必要的前瞻性的风险控制设计。浙江政府和市场在此类风险的预防上已经迈出了一步，例如，为防范地方财政的风险，浙江的诸暨、嘉兴、上虞等地采取将财政性存款存入选中的合作银行，让银行以约定的存款比对中小企业进行贷款，将财政资助转为银行信贷，银行自担风险，以此保障财政资金的安全。[①]

2. 市场的反应

企业联保风险在市场中的不断传递和扩大引发市场强烈的回应，这种回应主要表现在两个方面：其一是市场中企业资金危机继续扩大，其

[①] 参见《浙江急救担保圈危机 多地财政出资扑火》，载《21世纪经济报道》2012年8月2日。

二是民间借贷有形成自发式救助及营利性救助模式的现象。企业联保风险的传递有两个指向，在向担保企业传递风险的同时，也将这种风险间接地传递给了商业银行，其衍生风险在空间和地域上不断扩大，在缺乏有效规范的境况下这种风险必将冲出地域的限制。面对这种企业资本危机，市场一方面应务实地面对风险的危机性和现实性，那种"独善其身"的设想显然在现实的金融市场中已经不能立足。同时，积极重构企业联保体制，发挥联保体制的应然性功能。企业联保体制对于强化企业偿债并非毫无作用，笔者对于"企业互保、联保款名为担保贷款，实为没有担保的信用贷款，是商业银行搞形式主义的自欺欺人招数"的观点不能赞同。① 企业抗拒风险的基础在于信用，这种信用的构成极为复杂，不仅包含资本的资信，而且包括了高管个人、企业声誉等诸多不同的资信。企业联保将多个企业捆绑在一起，即便出于对潜在偿债风险的"担忧和惧怕"，担保企业对于被担保企业在一定程度上也会形成积极性的监督。可见，企业联保对被担保企业自身而言是一种增信的服务，对于商业银行而言是一种抗拒风险的对策。问题的核心在于风险爆发之际的应对之策，并非企业联保制度本身，而是联保后续风险的引导和控制。

此外，联保风险发生后，企业自发式和营利性救助机制是民间借贷抵抗风险的一种"本能"。市场中民间借贷抱团式的利用资金进行"过渡性转贷资金"的支持，这折射了正规金融缺失的现实困境，更反映了民间借贷抗风险的主动性和抗风险力。正是民间借贷这种应急式的自发救济模式的出现，才会对政府和政策形成一种倒退式的改革动力和压力。② 当然，政策性和民间性的应急措施，最终都应落实在法律规则和制度的建设上，以形成开放式和常规性的机制。地方政府和民间资本的"过渡性转贷资本金"模式，可以从法律层面给予确认，尤其对于后者而言，涉及民间借贷规范化发展中的重要环节，即规范化发展中的"身份"问题。我们认为，民间借贷立法经验的获取应以金融市场第一线经验为基

---

① 参见《企业互保联保贷款的风险何在》，载《法人》2012年7月4日。
② See Antonis Antoniadis: Debt Crisis as a Global Emergency: The European Economic Constitution and Other Greek Fables, European Ombudsman, September 1, 2010.

础性依据，必须避免完全的"顶层式设计"的理念，对于金融体制整体性建构的规划应从宏观层面的顶层设计出发，但对于具体政策的制定和法律规则的设计，应大力汲取市场经验和民间资本智慧，尤其是市场中已经形成的有效地应对风险措施和民间借贷活动规范。因此，对于企业联保风险法律机制的建设，以及民间借贷中所涉及的众多金融监管法律对策而言，在立法中应着重考量来自金融市场的回应和民间借贷应对风险危机的自发式救济措施。

（四）应急法律机制的构建

企业联保应急法律机制的构建应结合地方政府和民间资本的经验以及已成型的对策。整体来看，应至少从四个层面来设计"防火墙"：其一是对被担保企业资信的审查与核准；其二是对担保企业担保能力的审核及其发展能力的评估；其三是政府救助区域性企业联保风险对策的细化；其四是民间借贷应对机制的规范化。四层"防火墙"的设计，分别是对企业之间资信的评估和对法律调控机制的细化。在立法过程中，应着重注意到原则性规范和规则性规范的联结，其原因在于企业联保应急机制的设计有极为强烈的地方性色彩，经济发达地区和欠发达地区之间的信用环境、政府财政、企业质量、法律规范等均存在不同，差异化下的防控机制显然不能期待统一的标准来要求，在原则性范围内应允许地方政府和司法系统从区域性特点出发，制定具有针对性的细化的法律监督规范。

更进一步，从联保风险的联动性和传递方式及空间来看，企业联保风险问题不仅仅存在于金融市场或企业之间，联保风险同样存在于农民借贷中，虽然两者存有多方面不同，但风险发生的诱因与传递的过程是相同的。在企业联保风险防控法律机制的设计中，也可前瞻性地为农民借贷联保问题预留出政策和法律规范的空间。从微观政策和规则设计来看，对于联保企业风险监控机制而言，应对被担保企业的高管人员资信、企业财务资信、营业发展资信、抗风险能力资信进行评估，以赋予其相应的贷款额度；对于担保企业而言，除上述对被担保企业考核的要素之外，应对担保发生后担保企业的承受能力做风险预评估，同时对联保企业进行担保风险的传递空间、程度乃至于风险爆发后联保企业抗风险能力的评估，继而预测出担保的标准。企业联保是控制风险抑或是扩大风险，是地方政府出台救济政策疑虑的问题，显然，前者是各类地方区域性政策的期望所在。① 区域性政策救济措施一旦失败，则可能引发潜在的地方政府财政问题和区域性商业银行金融风险，故而，应从政策财政风险预防和商业银行风险预防的层面来考量防控机制的建设。同时，地方政府在风险防控中应形成制度性的差异化对策，对于中小企业联保和农民联保风险问题应该出台不同的政策。

事实已经证明，缺乏民间借贷的金融市场是不完善的，更是存在金融体制风险的。本应为民间借贷所负担和化解的金融风险，强制性安排正规金融来承担，这种风险控制困局需要审慎的开放民间借贷市场才能破解。基于资本流动信息不对称、借贷资金逐利特性、垄断式资金的非市场化和寻租性导致了正规金融不能提供市场中绝大多数民企的金融服务需求；游离于监管之外的民间资本在非规范化发展中又必然伴随着金融风险。因而，只有对开放化后的民间借贷进行监管才能化解如企业联保等类似的企业资本危机困局。

本章小结

本章主要探讨了民间借贷市场内部中介机构存在的问题及规则完善对策。民间借贷中介机构的发展则一定程度上影响着金融市场的建设，合同法的研究视角为解读民间借贷中介机构打开了崭新的视野，中介机构治理中无疑潜在合同法中的契约元素，从治理规则、高管薪酬、员工工资到中介机构形态、经营业务、演进模式等都深受其影响。每个金融中介机构背后都有一组契约元素，其联结的方式和内容决定了呈现的样态和模式，也内在需求不同的责任治理机制。从这一视角来审视金融机构将有利于规范未来多元化的民间借贷中介组织形态和治理机制。

---

① "联保这个产品在设计之初就考虑了风险。就像几个人抬东西，如果其中一个人出现了问题，那么压力就被分担到其他每个人身上，而不会仅仅压在一个人身上。"但若一些人没有抗拒压力的能力，则风险显然会在诸多人之间扩散，导致群体性风险。参见《联保：分担风险》，载《浙商》2008 年 8 月 29 日。

民间借贷中介机构高管的问题其实质是金融体制改革的滞后和市场中现代化企业治理机制仍未形成,金融体制有待深化改革,以开放民间资本提升治理机制。现代化企业治理机制须待更进一步变革,以提升企业主的商业道德和规范金融机构高管的行为。民间借贷中"看门人"机制出现很多问题,这有多方面的因素,涉及法律规则设计、中介行业竞争、雇佣机制设计、道德伦理滑坡等。以社会责任理念为指引,以全面治理规则设计为方向,渐进的完善"看门人"机制是未来的规范取向。而高利贷现象则解决绝非仅仅是单一的法律问题,更包含着经济发展、金融市场建设的因素,因此,高利贷问题的解决必须逐步纳入到经济、金融、法律交叉视野之下来观察和解读。事实上,企业联保金融风险的根源在五个方面,即民间微观金融的禁锢、正规金融支撑的缺失、配套政策尚未形成、银行高管层职业发展需求以及企业主规避责任的天性。这在当下的金融体制模式下已经成为一个综合性的问题,其破解对策亦是一个多元化的对策机制。单一法律或政策的模式已经无法承载解决此问题的重任,市场风险防范机制也必将是一个内涵多类元素的对策。

第五章

金融风险和民间借贷市场风险防控措施

民间借贷市场法律规范的设计和完善，应采用一般监管与特殊监管相结合的模式，一般监管是针对借贷市场一般借贷行为的法律规制，而特殊监管则针对民间借贷市场法律规范的设计和完善，应采用一般监管与特殊监管相结合的模式，一般监管是针对借贷市场一般借贷行为的法律规制，而特殊监管则针对借贷市场中具有特殊性、常发生的借贷风险问题进行法律监管。因此，民间借贷市场法制化框架的设计过程中，除针对借贷市场外部和内部的特殊借贷风险问题进行法律规制外，更应注重对借贷市场中多发、易发的风险问题进行专门法律监管。例如，系统性金融风险问题、高利贷风险问题、债权人利益保护问题、借贷资本流动风险问题、农村借贷融资等法律问题。

第一节 系统性金融风险监管

一 系统性金融风险下私募股权基金管理人的监管

系统性金融风险中的私募股权投资机构和大型民间借贷机构的风险控制极为重要，但我国私募股权基金在立法上存在滞后现象，尤其对管理合伙人的诚信义务未能给予充分的细化和规范，这对 PE（Private Equity，私募股权投资）的内部治理结构、有限合伙人正当权益保护等问题有着持续性的负面影响。西方基督教文明所滋养出的信任文化环境，培育出当代契约精神和法律规则，这些因素都在规范西方金融市场私募股权基金管理人时发挥着重要作用。我们应深度地吸取这种由文化而衍生出的现代契约精神，继而合理化、规范化管理人的诚信义务。在借鉴域外法律规则经验的同时，更应注重从中西文化的差异中寻找提升本土引导 PE 管理合伙人诚信行为的因素和工具。

（一）私募股权基金管理人样态的差异化

私募股权基金组织形态多样，主要包括公司制、有限合伙制和契约制三种，差异化形态下的 PE 管理人均是治理机制的核心要素。在这三种组织形态中，PE 管理人也呈现出不同的角色，具有不同的权利和义务。基于投资者组建 PE 的投资风险、管理需求、回报考量、退出渠道、权利和义务等因素，会在三种形态中找到适合的选择。同样，PE 管理人由于处于不同的商事组织样态中，均享有着不同的权利，并承担着不同的义务，相通的是管理人对投资者都负有诚信义务。

1. 公司制私募基金的管理人

公司制私募基金管理人同普通类型公司中的高管角色近乎一致，对基金公司的投资者承担着诚信义务。公司制私募基金由投资者作为股东组成，股东大会、董事会及监事会构成公司形态 PE 的权力核心。其中，董事会、监事会、经理层作为高管层影响着公司治理机制能否正常运转，尤其是经理层作为管理公司的"第一线"，其对基金公司的日常管理和投资决策对投资者的利益有至关重要的影响。在《公司法》中对基金公司的管理权、决策权、收益分配权及剩余资产的分配权的设计和权利分配已经相对细致，但这些权利在基金公司运营中的具体落实和实现效果都依赖于管理者的行为。显然，虽然好的制度会保障权利的实现和义务的履行，但基金公司管理者的行为一定程度上决定着公司治理机制的正常运转和投资者权益的最终实现。在公司制私募基金中，相比于投资者而言，管理者处于"强势地位"，投资者维权路径很多但却很难起到及时、真正的作用。更进一步，在实践中投资者受到欺诈，投资款项难以回收的案例即是极好的证明。① 在公司制私募基金中,管理者的角色比普通类型公司中的角色更为复杂,专业的能力和诚实的品格并非总是能集于一身。在很多情况下,管理者在投资过程中要参与到被投资企业的经营管理中,如何将有限的人力资源分配给各个被投资企业,同样成为基金管理者面对的问题。由此,可以发现基金公司管理者比普通类型公司管理者承担着更多的诚信义务,第一个层级是对基金公司自身的投资者承担的诚信义务,第二个层级是对基金公司所投资公司的其他股东所承担的诚信义务。

2. 有限合伙制基金的管理人

有限合伙制基金公司形态日趋成为私募股权基金的成熟模式,其管理者在基金公司中的角色、位置及权利和义务也有别于普通公司形态中的管理者。相比于其他类型的基金公司,有限合伙制基金管理者作为有限合伙制私募基金的发起人,同时也是该合伙企业的一般合伙人,全面负责基金的运作,并对合伙基金负无限或无限连带责任。② 可见,在这种基金形态中,管理者对投资者所承担的义务更多,自身承担的责任也更强。一方面,管理者对投资者负有公司高管层的义务和责任;另一方面,管理者对外要承担无限连带责任,这在客观上增加了管理者的责任。由此,我们发现管理者对于投资者所负有的诚信义务也可以从两个层面来观察:其一是作为公司的管理者对于投资者的诚信义务;其二则是作为合伙人的关系对其他投资者所负有的诚信义务。因此,有限合伙制私募基金中的管理者对投资者负有诚信义务的内涵多于公司制私募基金形态中的管理者。

3. 契约制私募基金的管理人

契约制私募基金公司发展潜力巨大。有学者认为,契约制 PE 中,投

---

① 以河南省为例,2011 年 10 月 5 日,河南省安阳市殷蒙分局对天津权释股权投资基金管理合伙企业(下称权释基金)进行立案侦查,并于 10 月 17 日将实际控制人王传生等抓捕归案,在依法刑事扣留后押解回河南省安阳市。经了解,王传生系刑满释放分子,其通过互联网对权释基金大肆进行虚假宣传,把基金宣示为经过严格审批的公司,声称公司实力雄厚,回报率极高,从事市场揽存。2011 年 12 月 23 日,天津市公安塘沽分局经侦支队对此案进行立案侦查。

② 参见《私募股权投资基金基本形态》,http://www.gctmba.com/show/35436.html.

资人权力很小，基本不能干预基金决策，投资人处于被动投资状态，目前 PE 很少采取这种形式。事实上，契约制 PE 在有限合伙形式 PE 出现之前，一直承载着推动 PE 发展的作用，虽然有限合伙形式 PE 在诸多方面通过法律规定明确了契约制 PE 中的一些优点和投资者所享有的优势，但契约制所蕴含的信托理念和制度给予了投资者和管理者极大的"对话空间"，这给予了契约制 PE 发展的动力。① 契约制 PE 中，管理者对投资者负有信托上的诚信义务，这种义务的边界更为广泛，即相对于公司制和有限合伙制而言，契约制 PE 显现出一定的不稳定性，尤其是在管理者和投资者之间的关系上容易产生法律纠纷，但其在关系规则和权利义务分配中的弹性使得其未来的发展仍具有很大的潜力。对于管理者的诚信义务而言，信托公司委托专门基金管理人负责，基金管理人在收取管理费和业绩提成之际尽心地为投资者和信托公司服务，这种诚信义务的标尺要求更高。

（二）私募股权投资基金管理者诚信义务的规范趋向

PE 管理者在公司制、有限合伙制以及契约制中均对投资者或有限合伙人等负有诚信义务，在法律规范推进完善的进程中，有学者认为对于私募股权基金应加强投资人监管而放宽管理人监管的倾向。② 对此，我们认为恰恰相反，基于 PE 治理结构的特殊性和资金来源的模糊性，从政策和法律层面来看，对于投资者和管理者均应施以严格的监管。即便"宽松、朝底性"的公司法规则"进化"使得市场和学界多认为宽松式的法律规则和政策赋权是开放金融市场和开启投资者活力的重要趋向，但不应否认的是，公司法规则"朝底性竞争"的进化依赖于经验丰富、机制

---

① 国内开启首个契约制 PE 的政策始于 2007 年 1 月 23 日，银监会颁布了《信托公司集合资金信托计划管理办法》（简称《办法》），对信托公司的集合资金信托计划加以规范。根据《办法》规定，自然人、法人或者依法成立的其他组织投资一个信托计划的最低金额不少于 100 万元人民币；单个信托计划的自然人人数不得超过 50 人，合格的机构投资者数量不受限制；信托公司推介信托计划时，不得进行公开营销宣传。根据这一《办法》成立的信托计划实际上就是信托制私募基金。参见《私募股权投资基金的组织形式与法律实务》，http://china.findlaw.cn/lawyers/article/d9325.html.

② 参见《私募股权基金：加强投资人监管而放宽管理人监管》，载《经济参考报》2007 年 6 月 6 日。

成熟的法院，而政策的不断宽松则依赖于成熟的信用环境。[1] 在缺失这些基础的环境下，想当然地以理想化的"超前性"法律规范来应对当下的市场问题难以收到良好的市场效应。理论层面的探讨必须回应实践的需求，并适应和符合一国的国情，PE 管理者的诚信义务只能强化而不能削弱，这种对诚信义务进行强化性的规范至少基于两个重要的原因：其一是 PE 在我国发展时间尚短，在明细性法律规范仍未制定之际，市场中已经出现了值得关注的借 PE 模式而违法获利的案例；其二是 PE 管理者的诚信义务同一国的社会文化、司法环境、诚信机制相联结，在当下金融市场仍处于深化改革、诚信环境仍需培育的境况下，显然只能以防患于未然的立法态度来审视 PE 管理者在市场中的诚信义务。

1. 宽松式监管

宽松式监管模式多存在于金融市场发达的国家中。宽松式监管中对于 PE 管理者的诚信义务要求相对较低，同时以自律性监管为主，政府对 PE 管理者诚信义务的规范多限于出现法律风险后的司法介入和常规性监管，并无特殊性的强制性管控。在这种环境中，PE 管理者可以运用自己的专业投资管理知识，充分地实现自己的管理方法，当然，这也给予了其滥权获利的空间和机会。宽松式监管模式的特点主要表现在法律规则的禁止性条款有限、赋权空间较大、规则的原则性过强、细则性规范较少等。实践已经证明，在诚信文化底蕴深厚、信用机制健全、相关商事金融法律规则完备的环境中，宽松式的监管模式有利于最大限度地调动投资者和管理者的服务性动机。从管理者行为空间上看，宽松式监管中管理者的投资经营行为较少受到禁止性规范的制约，给予了其在金融市场中更大、更为灵活的商业空间，符合市场对商业投资决策的需求。从赋权的维度来看，强制性监管规则的减少间接地给予了管理者在公司治理框架中的权力，拓展了管理者权力的边界，这也符合金融市场对于商事经营者的需求。毕竟，金融市场在不断地变化，各类商业和投资决策需要管理者在短时间内回应给市场，缓慢的决断必将影响公司的经营效

---

[1] Emily Houh: The Doctrine of Good Faith in Contract Law: A (Nearly) Empty Vessel?, Utah Law Review, Vol. 2005, p. 1, 2005, University of Cincinnati Public Law Research Paper No. 4-12.

率，降低投资者的回报。由此可见，宽松式的监管模式适应发达成熟金融市场对法律框架中 PE 模式的需求。

2. 严格式监管

严格式监管多形成在金融市场初步开放和金融体制日渐改革的环境中，以政府性监管为主，自律性监管为辅。这种监管模式设计的理念源于严格的管控可以有效降低 PE 模式的风险，也可以间接地提高其经营效率。事实上，这是一个极为复杂的问题，不仅涉及法律规则设计的优劣，涉及一国国情等特色性问题。严格式监管的特点集中在以下方面：强制性规范较多、赋权空间较小、禁止性条款为主、风险控制理念极强、回应市场需求性滞后等。在诚信机制相对缺乏的环境中，管理者缺少对自身行为的自律性监管，在获利动机的驱动下，难以规范自己的行为，实践中诸多案例借助 PE 模式而进行非法集资的现象就是最好的表现。这种境况下，对于 PE 的监管应以政府为主，而以自律监管机制为辅，但尴尬的是这同样会产生两个问题，即政府监管成本和严格式监管下如何提升管理者的经营效率。在政府主导的监管模式中，寻租成本不可避免会增加 PE 的经营成本，监管越多，寻租成本越大。同时，管理者在严格式监管模式中，为规避自身投资经营风险会最大限度地审慎开展业务，但也造成了投资经营方式难以回应市场对商事经营决策敏捷性和便捷性的需求。严格式监管在效率和安全价值中选择了后者，这在金融市场仍处于深化改革进程中的体制而言是十分正确的。政策和法律所应重点考虑的是如何迎合未来经济、金融市场的发展，以渐进地对严格式监管进行不断修改和完善，以"缓慢的姿态"转型为宽松式监管，这种立法模式的最大优势在于一定程度上配合了社会、市场中诚信文化的不断成熟，更能够规避潜在的较大的金融风险。由此可见，从 PE 或其他商事组织的长远发展来看，严格式监管必然会向宽松式监管过渡。相应地，对于 PE 管理者诚信义务而言，在其所担负的义务不变的前提下，法律给予其的责任在一定程度上会有所降低，这将有利于提高管理者从事商事经营的动力和活力。当然，这将是一个长期的过程。

3. 监管模式对法律规则生成的影响

宽松式监管和严格式监管对于 PE 管理者的权力、权利、义务及责任影响极大。两种模式的设计，有着深厚的经济、文化等因素，差异化下的社会基础和文化底蕴，必然孕育出不同的政策和管理模式，最终反映在法律规则上，决定着PE管理者的诚信义务。现代契约精神源自西方文化，基督教的宗教信仰滋养下的现代契约精神在东方文明中虽能够找到痕迹，但却难以寻找到坚实的根基。[①] 因血缘、地缘、业缘而生成的信任或文明不同于西方的契约性信任，如何从本土的文化中寻找到可以同现代契约精神相联结的因子，不仅重要，而且是十分困难的一个任务，这同我们千百年的文化底蕴是不可分割的。退而言之，即便我们从传统文化中寻找不到现代化的契约精神，在短时间内也难以将传统"商帮精神"等信任性文化融入现代法律规范中，那么仍可供选择的是，以风险控制为前提，渐进地用政策和法律规范来主动性地推进本土诚信环境的建设和诚信文化的发展。这将是一个漫长的过程，也必将伴随着法律规则的进化和政策的开放，在微观层面则体现为法律规则监管的严格性和配套机制的渐进完善。

4. 东方文化影响下的监管模式取向

如上文所述，宽松式监管和严格式监管均依赖于特定的国情，受政治、经济、文化等因素的影响。PE管理人受本土性特色因素的影响，导致所负有的诚信义务不同，其中影响的关键在于现代契约性精神和信用环境因素。诚信义务是PE管理者对投资者或利益相关者负有的注意义务、忠实义务，其内涵十分宽广，"竭心尽力"的工作以达到投资者和利益相关者利益最大化是管理者的重要职责。这种诚信义务的内容可以通过PE的业务经营和公司治理架构来解读，但如何实现这种诚信义务则是一个十分复杂的问题。诚信义务实现的保障机制至少包含四个要素，即政策、法律、文化、习俗，这四个要素之间相互联结、互相影响。在现实中对于PE管理者而言，其最直接面对的是法律规则的规范，法律调整着高管的行为，而事实上，法律规则所蕴含的政策调控意味，及其附带着的一国文化和习俗不可避免地影响着法律规范对PE高管诚信义务进行

---

① 西方企业家基督教文明的信任指的是什么呢？是在契约精神、法律框架下可以追诉、处罚的一种信任，而中国的信任是建立在血缘、地缘这样一个关系上，它没有法律框架更不是宗法制度上的。参见王石《中国很像美国100年前的时候》，载《国家财经周刊》2012年8月24日。

规范的方式和内容。在诚信文化中蕴含着现代契约精神的社会里，显然法律在调控诚信义务时可以相对较少地嵌入强制性或过重的责任规制。而在血缘、业缘、地缘联结起来的信用体系难以抗拒"关系"之外利益体冲击的社会中，较难形成现代意义上的信用环境，则在这种环境下，只能透过法律强制性监管，以国家公权力的强制性规范来调控 PE 管理者的诚信义务。东方文明中的信用明显属于因"三缘"而形成的一种相互信任，这种信任迥异于西方的契约性信任，可见，在这种环境中确实需要由国家公权力来介入对 PE 管理者严格的诚信义务以法律规则的对策调控。当然，我们不能否认中国传统"商帮"中厚德尚品的商业精神和守诺践行的商事行为，这些都应为我们现代商事企业和高管人员所吸取。总体来看，就我国而言，从商事经营的宏观环境来考察，仍应以法律规范为调控高管人员诚信义务的主要手段，最终引导信用环境的培育。我国当下针对 PE 高管诚信义务应以严格管制为规制方向，未来将会由政府监管为主向自律性监管为主过渡，而诚信义务也将有所宽松。

（三）中西文化的差异对 PE 高管人员行为规范的影响

中西方之间文化的差异巨大，体现在诸多方面，从文化层面到个体的价值观乃至思维，这种差异必然反映到商事活动中，影响着个体的行为方式和法律规范。在众多的文化差异中，较为重要的有价值观、思维方式的差异等。例如，中国人在商事活动中倾向模糊规则、喜好关系性优势和信用，在处理商事问题中多采取定性分析以减少过度细化规则的现象，而西方人更多地强调商事活动的透彻、明细和定量。[①] 其直接影响体现在企业管理中，高管人员更多地是以一种模糊性、原则性或弹性的规范来约束员工和自己，间接地为自己预留了拓展管理公司权力的空间。与之相比，西方更强调问题的明确性和规则的确定性，以确切的规则评测问题的解决对策和处理办法，间接地推导出一种"唯一性"的行事准则。这在商事活动中就形成了西方企业以规则为严格标准的经营规范，

[①] 在西方人看来，中国人的道理是玄之又玄的。例如，老子的"道可道，非常道"，即是这种玄理最为经典的表达。参见过文俊《不会共人 难以共事——从中西文化差异看中国企业的管人技巧》，http://www.docin.com/p-274740334.html。

削弱了人为主观的"谈判空间",降低了管理者解读规则含义的权限和滥权的可能性。① 中国传统文化中的原则很多,蕴含着的为人处世哲理丰富,"且方且圆、刚柔并济、可阴可阳"等都体现着中庸之道的理念和精髓,其核心在于"随机应变",传统兵法中的"兵来将挡,水来土掩"更是意指根据具体情况以采取灵活的方法应对。这都内涵中国文化和习俗中的精髓,同西方文化差异颇大。体现在 PE 管理者行为上,中西文化的差异造就了不同的行为理念和行为方式,也自下而上地推动形成了不同的法律规则和政策。

1. 中国文化的影响

中国千百年的文化传统中,孔孟的儒家思想无可争议地统领着社会、经济、文化领域中的各种观念,对于私募基金管理的诚信义务设计以及社会的进步和经济的发展有着重要的影响。儒家的"仁、义、礼、智、信"构成道德观念的基础,这种道德观念对于个人的行为影响重大。金融市场中经济个体的商事行为均受到儒家道德观念的影响,从企业家同政府、企业、市场沟通的方式和态度,到企业内部治理文化的形成和具体规则的设计上都淋漓尽致地体现了中国文化的群体性特征,倾向于将个人价值和利益置于群体利益之下。这种文化道德观念的最直接影响是,在理念上形成这样一种共识,即同个人利益相比,国家利益、公共利益永远是最重要的,与之相适应的是政策的制定在遵循这一观念的背景下可以堂而皇之地赋予公权力足够大的空间来统领社会和市场。微观层面上可以从 PE 高管诚信义务的规范来观察,群体利益的重要性使得政府和监管部门将法律中的安全价值置于极为重要的位置,反映在法律规则中则要求对 PE 给予严格性的监管,这种监管模式从多个方面限制着 PE 的经济活动。例如,PE 的组织形态、PE 投资的经济领域、PE 治理机制的设计、PE 管理者的义务和责任、PE 投资者的身份和资本来源等,诸多约

---

① 例如,英美人的观点认为:英美等国的合理主义,是以一个原则来说明全世界的一切。如英美等国信奉基督教的信徒,往往认为上帝无所不知、无所不在、无所不能,上帝主宰着整个世界。他们认为做某种事情只有一条准则,偏离了这个准则,就是不合理的。参见过文俊《不会共人 难以共事——从中西文化差异看中国企业的管人技巧》,http://www.docin.com/p-274740334.html。

束的重要目的是控制风险、维护金融秩序安全、保护公共和群体的利益，这同中国文化儒家思想的道德观念基础是一致的。在这种文化和价值观念下，法律规范对于 PE 管理者的诚信义务必然是从严、从重的规制，这种设计在 PE 发展中所起到的积极性效应是值得肯定的。

2. 西方文化的影响

西方文化中，更加崇尚个人价值的实现，一定程度上将个人价值和利益置于群体利益之上，对西方的私募基金管理人员诚信义务同样有重要的影响。同中国文化观念相比，西方文化中的个人价值相对独立，不依附于群体价值，这为个体自由化和个人权利保障提供了基础。[①] 在削弱个体之间的相互依附、关系网络的捆绑下，西方文化中，人与人之间的交易更加注重外在的独立规范的规制和监管，而非从群体性文化中寻找一种"关照"。这种道德观念内涵了文化中的价值观、习俗差异、生活环境、宗教信仰等因素，复合型的因素共同促成了在西方文化中的现代契约性精神，使得社会和市场中均日趋形成了契约性的信用基础和环境。显然，这种契约性信用环境的培育绝非旦夕可至，经年的积淀所形成的信用机制和契约性道德观念影响了经济个体的理念，在商业经营活动中，多能以一种契约性的理念开展业务和约束自身的行为。反映在 PE 管理者的诚信义务上更为明显，在针对 PE 管理者的诚信义务的规范中，多以极为明细的法律规则来规范管理者的经营投资行为，而较少以模糊不清、原则性过强的制度来调控。尤为重要的是，能够相对性地放松对管理者的诚信义务责任性要求，这有助于提高管理者的商事经营能力，以适应金融市场的需求，符合 PE 模式的发展。这些法律规则的设计，均需要一个信用环境成熟、配套机制健全的社会和市场作为基础，更需要一种现代契约性的道德观念和商事理念支撑。

3. 中西文化的差异与融合

中国和西方文化的差异反映在现代私募基金管理人员诚信义务的设计中，这直接导致了"拿来主义"下法律规则适应性问题。忽略本土文

---

① See Melvin A. Eisenberg: The Duty of Good Faith in Corporate Law, Delaware Journal of Corporate Law, Vol. 31, No. 1, p. 1 – 75, 2005.

化底蕴和道德观念的法律规则，难以真正地提升 PE 模式治理机制的效率，更难以规范化 PE 管理者的诚信义务。中西文化差异在 PE 管理者诚信义务上反映最为突出，表现为两点，一方面是细化诚信义务和原则性规范，另一方面是宽松性责任和严格惩罚性责任。资本市场发达国家中对于 PE 管理者的诚信义务规制的相对细化，是依赖于配套机制的完善，不能简单地设计在当下中国的法律规则中，而过于宽松的责任和细化地诚信义务规则也会阻碍管理者的商事行为，可见，原则性规范和严格性责任对于中国 PE 管理者诚信义务而言是适宜的。当然，长期来看，在某个时间点渐进的细化诚信义务、适度宽松管理者责任仍将是发展趋势。

（四）PE 管理者诚信义务在中国的规制要点

就中国而言，私募股权投资基金公司这种商事组织是从美国等资本市场发达国家引进来的，在国内正处于发展的初期，需要审慎面对 PE 管理者的诚信义务规制要点。虽然伴随经济、金融、计算机技术的快速发展和现代化公司制度的不断完善，私募股权投资基金在迅猛发展，呈现出数量庞大、管理资金巨大、分布范围广的特点，但基金管理人员诚信义务方面仍有待完善。天津是私募股权投资基金管理公司发展现状的典型代表，对于管理者的诚信义务规范也参照了域外的经验，在完善的过程中应立足本土文化的特色理念，以长期发展的视野来审视当下规则的设计。①

1. 管理者诚信义务道德观念的培育

现代契约精神应成为商事组织和金融市场道德观念的基础。中国传统文化中的信任根基在现代化的金融市场中存在适应性问题，需要适度地补充新的元素，这就是现代契约精神。PE 管理者诚信义务绝非仅仅是法律规则所应考虑的问题，而应同时借助道德基础的修补来巩固法律规则的正面引导和规范作用。传统"血缘、地缘、业缘"这种局限性信任

---

① 天津工商局的最新数据显示，截至 2011 年底，天津市累计登记注册的股权投资基金（管理）企业 2396 户，注册（认缴）资本 4409.51 亿元，注册的股权投资基金管理公司总户数占了全国 2/3。但繁荣背后，却有着另一番景象。记者在天津实地调查发现，除去盛世富邦（天津）股权基金股份有限公司（下称盛世富邦）利用股权投资骗取投资者钱财、涉嫌非法集资以外，在天津还有诸多伪 PE 公司都陷入了拖欠投资者款项的违规乱象中。参见《天津私募股权违规乱象》，载《21 世纪经济报道》2012 年 3 月 29 日。

在现代化的金融市场中显然失去了存在的土壤,已经不能发挥"增信"的作用。简而言之,传统文化中的信任基础失去了存在的依赖性资源,必须在正视这种现实的境况下考虑吸取现代契约理念。现代契约理念不仅可以补充且支撑起传统的道德观念的基础,而且可以重构现代信用机制,以滋养金融市场中 PE 管理者的诚信义务的道德观念。

2. 管理者诚信义务法律规则的设计

PE 管理者诚信义务法律规则设计应把握两个重要的原则,即公司制、契约制、有限合伙制三类组织形态中诚信义务的差异化和规则的强制性及严格化。三类组织形态中,管理者诚信义务的对象、内容、边界都存在区别,这就要求法律规则设计中应具有针对性地考量各自的特点,细化诚信义务的类别和内容,而在内容的构成上则可以采用原则性的规范,以配合 PE 初步发展渐进完善的需求。同时,考量当下金融市场信用环境的初步建设,对于管理者诚信义务仍应以严格性为趋向,当相关配套机制逐步完善后,不断进行宽松式的修改,以适应市场对金融组织管理者专业能力和决策的需求。

3. 未来规制方向

私募股权投资基金管理者的诚信义务问题,不应仅仅置于法律规则的视野之下,而应以文化理念、社会习俗、道德基础、政策支撑、法律规范交叉性的视野来审视其存在的基础和具体的规范设计。作为从资本市场发达国家引进的 PE 模式,其生长之处的文化基础不同于中国特有的文化根基,中西文化差异下的 PE 管理者诚信义务问题的对策也应以差异化的解决路径来对待。在巩固传统商事道德基础的同时,也应明晰其中的缺陷,由此选择性地吸纳西方文化中的现代契约精神和理念,以补充我国传统的信用环境,继而培育和构建 PE 管理者诚信义务规范的基础和具体规则的设计。[1]

---

[1] 中国传统文化中,以家族、血缘等为纽带形成一个个群体,以此为基础建立和谐的人际关系以及信用基础,在现代市场中必须辅助以契约理念才能"与时俱进"。参见《论中西方企业文化差异》,http://blog.sina.com.cn/s/blog_7e66f7570100qo2p.html。

二 民间系统性重要金融机构的监管框架

培育资本市场赖以生存的诚信环境，源于法制基础的不断强化。尤其是民间系统性重要金融机构的诚信制度建设，关乎于投资者利益、资本市场建设和稳定。立法中诚信原则的确立、上市公司诚信机制的设计、中介服务机构诚信制度的制定以及投资者诚信规范机制的完善构成了一个"诚信机制约束"，共同维系并铸就着民间系统性重要金融机构的诚信理念和环境。相比于正规金融机构，民间系统性金融机构尤其是大型民间借贷金融机构更依赖于法律规则的细则完善和传统诚信文化的"滋养"。

（一）监管框架存在的问题

民间系统重要性金融机构是民间借贷市场中的"稳定器"，当下民间借贷初步"阳光化"发展，渐进入"规范化"秩序进程中，金融风险仍然存在。[①] 同正规系统重要性金融机构相比，两者紧密相连，但民间系统重要性金融机构有其独有的特点，这决定了应有其独特的监管机制，更需要我们探寻民间借贷机构风险问题的根源。

正规系统重要性金融机构面临着诸多的挑战，例如，资本补充压力渐增，12.51%的资本充足率仍未能同国际银行业接轨；在国际金融监管趋严的态势下，银行合规成本不断提高，除银行本国监管外，银行在他国的分支机构将接受更加严格的合规性监管；与之相匹配的，风险管理标尺提升、跨境"金融风险墙"、风险识别和计算等要求必然提升基础设施和电子信息系统的规范；跨国金融业务"被动式"推动金融业务的竞争程度和压力，盈利模式、金融产品和服务创新、经营规模效应的提升等均需要大幅提升。

显然，在民间借贷中也会遭遇同正规系统重要性金融机构同样面临的问题。民间借贷正在一种迅猛且不可忽视的态势在我国经济体系中发

[①] 民间系统重要性金融机构是指在民间借贷市场中承担了关键功能、具有广泛性和紧密性特征的金融机构，这些机构一旦发生重大风险事件或经营失败，会对民间整体经济和金融体系带来系统性风险。

展,并对实体经济和虚拟经济发挥着巨大的作用。据来自中央财经大学的调查表明,早在 2004 年,民间借贷的规模在 7400 亿元至 8300 亿元之间,相当于正规金融机构贷款业务增加额的近 30%。[①] 在展现出顽强的生长性生命力之际,其也表现出了对农村经济和金融市场的重要影响力。与此同时,金融体制的深化改革历程,已经深深地烙印了如何监管民间借贷的理念,并在逐步推进金融市场化变革的进程中渐进地出台鼓励民间借贷发展的政策和立法。能否有效促进金融市场竞争、能否长期健康增益金融运行机制、能否平衡正规金融与非正规金融之间的效率性合作发展、能否解决农村及中小微企业融资困境这些重要的风险性问题都依赖于民间借贷的"制度性活化",而非临时政策性的刺激。这种"制度性活化"具体包括存款保险制度、弹性利率市场化机制、各类金融担保制度、金融信用及诚信机制建设、金融机构设立及破产清算制度等,这些对策的设计均要以诚信文化和信用机制为基础。

(二) 重要金融机构诚信缺失的分类

诚信缺失问题外在地呈现为多种样态的金融风险,从民间借贷机构设立伊始,到民间借贷在资本市场中的运营过程,乃至破产解散,均可以产生出诸多的道德风险,诚信缺失问题持续伴随。民间系统性重要金融机构的影响虽然暂不能同影子银行相对比,但却极大地影响着民间借贷市场的风险问题。在"官银入贷、商业银行入贷"的境况下,民间系统性重要金融机构同样对市场和社会的问题有着重要的影响。就当下金融市场中民间资本的动态运行来看,诚信缺失问题集中在以下几个方面:

1. 金融机构清算过程中损害债权人利益

金融市场对于民间资本的准入和退出环节的规范极为重要,尤其在退出环节,涉及诸多利益群体的保护。其中,尤为重要的是金融机构债权人利益的保护,相比于普通公司形态企业的债权人而言,金融机构债权人更加难以明晰地了解处于清算过程中金融机构的真实资信。

[①] 参见赵政严《浅析民间金融在国民经济中的重要性》,http://www.jl.chinanews.com/mags_news-202.html。

2. 非金融企业贷款合同的效力风险

非金融企业贷款合同效力的风险成为当下金融市场中影响范围相对广泛的潜在风险。依据公司法及最高人民法院《关于对企业借贷合同借款方逾期不归还借款应如何处理问题的批复》，企业借贷合同违反有关金融法规，属无效合同。金融市场垄断性造成的企业融资困难是诱发企业间从事金融借贷的主要因素，非金融企业贷款合同常引发风险。

3. 企业改制中债权转让性质的认定模糊

企业改制中债权转让风险巨大，主要涉及国有企业风险管理问题。在国有企业改制中债权的转让，不仅涉及债权人的利益，而且关乎到国企资产的保值问题。在民间资本金融市场之际，国企改制之门向民资开放，国企自身优质的资源是民资青睐的对象。基于权力的掌控与规则的熟悉，国企高管常常会损公以利己。这就需要从国企经营的源头、过程、全员及管理成本方面共同地设计企业风险管理规则。债转股策略可以缓解企业经营压力、化解企业经营危机，从长远上助益企业的发展，其中相对重要的问题是债权股过程中涉及的一些资产评估问题。

4. "逆向选择"的金融道德风险

金融道德风险，往往存在于借贷交易发生后。借贷到资金的一方在拿到贷款方借款之后，将可能发生借贷者不希望看到的经济活动，可能改变在借贷合同中所约定的借款用途和使用方式，这不仅降低了贷款者向企业后续放贷的动机意愿，更容易因逆向选择使后续金融机构削弱企业贷款信用的额度。[1]

5. 借款、担保风险

借款合同违法、约定不明晰、缺项漏项、担保客体价值不实等问题是容易引发金融风险的另一重要诱因。前瞻性地建立借款、担保风险预警机制是检查、预测和发现担保风险的重要手段。从担保的信用风险、市场风险、流动性风险到操作风险乃至法律风险均可能催生衍生的金融

---

[1] 在现实的经济生活中，存在着一些和常规不一致的现象。本来按常规，降低商品的价格，该商品的需求量就会增加；提高商品的价格，该商品的供给量就会增加。但是，由于信息的不完全性和机会主义行为，有时候，降低商品的价格，消费者也不会做出增加购买的选择，提高价格，生产者也不会增加供给的现象。所以，叫"逆向选择"。

风险。

(三) 监管对策

基于民间系统性金融机构的重要性和风险的危害性，不仅需要将民间借贷机构置于普通金融类企业规范的平台上，还需要尽早地出台《个人破产法》，民间借贷机构的出资者毕竟多源于资本市场中的个人投资，当金融机构面临破产清算之际，法律需要从金融机构到投资者内外两个层面均基于必要的规制。不仅防范金融机构自身的经营、财务及清算中的财产分配道德性风险，还应防范投资金融机构的经济个体的财务风险，以免造成逃债性金融投资风险。由此，《个人破产法》的出台是配合金融机构退出机制的有益工具，与之相结合的，是个人破产机制赖以存在的金融市场个人诚信体系的建设，从个人银行信誉、投资记录、经营信誉、商事交易信誉扩散到与个人信誉相关的任职经历与犯罪记录等均是渐进地培育个人信用体系的要素。诚信机制的建设、诚信环境的培育和诚信文化传承的根基都在于个人信誉体系的建设。[①] 同时，从维护金融秩序原则、过错责任原则以及公平原则对于风险爆发后的视角看，不应完全否定企业间借款合同的效力，应将取消合同效力的重要规范重点集中在恶意欺诈和贷款合同非法用途方面。此外，对于从事担保的金融机构而言，年度和每月财务状况预警机制的建设、行业风险预警的设计、区域性和担保借款用途预警机制的设计均应重点关注。[②]

[①] 人性可感觉的若干种简单快乐包括：财富之乐、名誉之乐、期望之乐、解脱之乐，对于民间资本市场而言，个人信誉机制的建设回应了人性中的财富＝名誉＝期望和解脱之乐，符合政策和规则设计层面对人类本性的满足；若干简单痛苦包括：恶名之苦、期望之苦，个人信誉机制的建设同样可以逆向的借助恶名之苦、期望之苦来规范个人的行为，同样符合人性对政策和规则的需求。参见［英］边沁《道德与立法原理导论》，时殷弘译，商务印书馆2005年版，第90页。

[②] 例如，区域性经济支柱产业发生重大不利、重大经济案件、财政收入连续出现负增长；行业盈利能力下滑或出现行业性亏损、汇率变动；自然性灾害、交易对方高管卷入重大商事纠纷、控股股东逃避第三方利益主体债务、信用记录下滑等诸多风险诱因。

第二节　民间借贷中权益人利益风险与监管

民间借贷尝试性的进入"阳光化"和"规范化"的发展历程中，这种尝试性的缓慢改革模式和进程，并非是因市场对民间借贷的积极功能与正面效应产生怀疑，更非政府不期望在深化金融体制改革的探索中切实地挖掘民间借贷合理的"生长"基础和细化其发展的具体规范，而是民间借贷在蕴含着活化金融资源、惠及民间资金需求者的同时，更隐含着潜在的巨大金融风险。政策引导民间借贷进入资本市场，法律调控其潜在的衍生风险，交叉性的法律规范将有效地规制民间借贷的业务活动，从而发挥其对正规金融不可获取的补充性功能，而控制其"传染力"极强的金融风险。监控的要点在于诚信的金融信贷环境、民间借贷机构的稳定和债权人利益的保护，核心在于债权人利益的保护。

一　民间借贷中权益人分类及域外经验

（一）债权人和债务人的分类

金融市场中存在着不同类型的债权人和债务人，差异化的债权债务关系使得借贷主体之间保护自身权利的意识、能力、对策均存在区别，从法律规则设计的因素出发，应对能力迥异的借贷主体加以区分，以回应法律规则设计的需求。"法律的保障是最广泛地直接服务于经济利益，经济利益是影响法律形成的最强有力的因素"，这种关系不仅反映在传统社会中，还折射在当下金融市场中。法律在服务于金融市场中的同时，为市场中的金融个体创造着利益。尝试从民间借贷机构类型化和债权人力量迥异化出发来审视借贷双方的关系及债权人、债务人的层级，以此为回应法律规则设计的需求。

1. 金融机构类型化的视角

民间借贷机构在市场中呈现着多样化的类型。在市场中，民间借贷正以不同的姿态渐进成长：（1）私募基金形式，市场中私募基金多投资于股票和债券市场，当下也发生了投资实体经济或基础设施的趋向，从目前的法律规范调控看，应将其纳入金融市场法制体系监控；（2）私人钱庄形式，有利于法律监管之外的地下金融的典型代表，其风险性最大，应将其纳入正规银行类金融机构的监管系统，有强制性规范对其进行规范；（3）农村中存在的金融合作社，需要借助专门的立法，积极地推动其合规、快速的发展；（4）其他如小额贷款公司等金融机构，应出台专门法律以提升监管力度；（5）"温州金融综合改革试验区"式的借贷金融机构，由专门的借贷法律加以引导和规范。对于实践中规范发展的专门借贷机构，应以民法、合同法、物权法等民事法律为基础性规范，联结公司法、证券法等专门性法律，同时，积极设计和出台《放贷人条例》，专门规范市场中以经营借贷业务而营利的金融机构。

上述五种金融机构均是民间借贷在市场中外在的表现，其本质属性未发生变化，但因模式不同，债权债务关系之间的力量强弱对比存在差异，相应的法律规则设计也应有所适应性改革。从法律规范建设现状来看，私募基金模式的民间借贷已经为政府和市场所认可，原本主要集中于股票和债券市场的私募基金已经将投资模式向实体投资转型，这个过程印证了法律的默认和支持。[①] 相比于私募基金，私人钱庄则招致法学界诸多的批评声音，实务部门也多从违法犯罪角度来对其进行监管，事实上，由于私人钱庄往往同"洗钱、官银"相联结，已经难以同犯罪相分离，因此必须对其给予强制性的法律监管和打击。农村金融合作社和小额贷款公司一直以来已经作为合法的金融机构存在，法律所应回应的，是如何从金融服务创新和挖掘小额贷款公司"潜力"的层面修改和完善相关法律规则。从私募基金到小额贷款公司，与之对应的法律规范应适时不断地修改，在回应民间借贷机构合法、合理、高效经营需求的同时提升法律规则的效率。民间借贷机构的重点监控对应置于以营利为目的而从事专门性借贷的机构，这不仅同《放贷人条例》息息相关，更同民间借贷登记中心、借贷规则等监管规范密切联系，更进一步，如何协调好民法等基础性法律、合同法、公司法和《放贷人条例》之间的关系才

[①] 《有限合伙法》的出台，被看作立法界推动私募基金发展的直接推手。

是最为重要的。当然，这其中均涉及一个重要的金融政策问题，即利率的市场化问题，不过，我们需要注意的是，利率市场化机制的设计和规范，必须辅助以法律规范监控，才能规避因过度市场化和自由化而产生的风险。①

2. 债权人力量迥异化的视角

（1）私募基金债权人

私募基金多以股权投资模式进入证券市场或实体经济领域，故而，在多数情况下私募基金自身并非以债权人的身份出现在投资领域。同私募基金密切相关的债权人利益的保护，体现为两种情形：其一，私募基金以"债权+股权"模式进入投资领域；其二，私募基金在投资后所形成的与之对应的普通债权人。前者私募基金借助灵活的投资模式，不仅保持自身股权投资所占据的"投资决断和信息掌控"优势，而且可以借助这种双重身份使得作为债权人的自身获取更多的保护自己的机会和能力，而后者私募基金则完全是以投资者的身份在面对与之交易的债权人。可见，对于私募基金而言，有两类债权人与之对应，即私募基金自身和真正的交易性债权人。作为股权投资的主体和双重身份的"债权+股权"型身份，私募基金是少有的具有足够能力保护自身利益的债权人，当然，这里对于资本市场中的市场风险和操作风险暂时忽略。同私募基金相对应的交易性普通债权人，则强弱有别，整体观察其均处于相对弱势地位，此类债权人在实践中数量颇多，不仅涉及资本市场中众多的债券持有者，更涉及实体产业中各类交易性债权人。对于资本市场和实体产业中的债权人利益的保护，需要将措施重点置于私募基金和实体公司的治理规则中。

（2）私人钱庄债权人

私人钱庄多容易脱离法律的监管，故应处于法律严格管控的灰色区

---

① 由于中国的存款长期处于负利率状态（由于通胀的真实情况被压缩，负利率情况实际上更为严重），促使存款人寻求更高回报的机会，因而，民间高利贷才能有如此坚实的基础。这削弱了银行的金融中介作用，导致金融脱媒现象越来越严重。http://blog.ifeng.com/article/18202274.html.

域，其债权人的保护问题十分严重。① 正规私人钱庄为数不多，法律监管之外的民间无序的各种私人钱庄的存在，使得各种抬会、排会和高利贷格外活跃，资本投机性极强的民间借贷给资本市场带来了风险。由于私人钱庄常常和非法集资、变相非法吸收公众存款等非法金融活动联结在一起，可见，作为私人钱庄的债权人和债务人均面临巨大的金融风险和法律风险。这都源于私人钱庄相对高额的利润空间，我国 2008 年山西煤炭整改后，民间大量的闲置资金寻求投资路径，多数资金并不青睐相对正规化的私募基金，而是更愿意在地下钱庄成为高利贷债主。② 因此，即便私人钱庄在经营模式、服务种类、审核资格方面都不同于银行和信用社金融机构，有其独特的优势，但对其监管极为严格。私人钱庄的准入门槛、经营性自由资金、财务账簿、经营风险性保证金、缴税规范、业务范围和种类、利率杠杆以及主管机关之间的协调性管理都是对其进行审慎监管的措施。

（3）农村金融合作机构债权人

农村金融合作机构的出资者往往是国家资本，主要作用和功能在于带有政策意味地为农村提供金融资源和服务，在这种背景下，很难说农村金融合作机构业务中出现的债权人风险有多大，原因在于正规农村金融合作机构总是试图从事"稳赚不赔的生意"。对于农村金融合作机构有两点需要注意：一是民间借贷彻底开放后，会有民间资本进入农村金融合作机构，这种情况下就更需要对金融合作机构的治理规则进行完善性建设，防止借组建农村金融机构为名而进行非法集资；二是正规的农村金融合作机构应在维系自身政策支持金融服务的前提下，做到服务和产品的市场化，以此来推动自身在农村金融市场中的发展。

---

① 需要指出的是，私人钱庄并非均是金融市场中的"顽疾"。国内早在 1984 年在浙江省温州苍南钱库镇方兴钱庄（1989 年方兴钱庄在政策"变相的压力"下关闭）曾得到政策和政府肯定和默认式鼓励发展，这种肯定主要来自于当地政府的大力支持。对于突破传统农村信用社和商业银行垄断、活化民间资本、开放民间借贷、探索金融体制改革有着积极的作用。参见柴冬《首家私人钱庄的峥嵘岁月》，载《中国新闻周刊》2011 年 10 月 12 日。

② 参见王秀强《山西煤老板的新江湖 转型成地下钱庄高利贷债主》，中国网，2012 年 6 月 8 日。

(4) 小额贷款公司债权人

小额贷款公司是给予民间借贷"阳光化和规范化"发展的重要的相对成熟模式，对于疏导民间借贷具有重要的导向性意义和价值。作为小额贷款公司而言，小微中型企业一直是其服务的客户，其风险集中在如何监控小额贷款公司的"变相高利贷"和"官银入股"问题，一旦发生这种现象则对于借贷关系中的其他债权人会产生潜在的风险。此时，我们应从解决风险源的角度出发，借助民法、合同法、刑法和相关的金融类监管法律来完善小额贷款公司的准入门槛和治理机制，从实践中的共识性经验层面来提取一些监督意见。法律应在联结政策对小额贷款公司法律框架与有效监管、小额贷款公司商业上的持久性、农村金融市场中小额贷款公司的规模化和资金来源的多渠道化以及风险控制、贷款担保和信用评级框架的建设方面有所作为。[1]

(5) 放贷机构债权人

商业性放贷人同小额贷款公司面临着同样如何监控市场准入的问题，若在"入门"环节发生问题，同样会引发借贷风险，危机债权人和债务人双方的切身利益。放贷机构是资金密集型金融机构，有只贷不存的困境，法律应对此予以宽松式支持。长期来看，放贷机构的准入门槛会经历由低到高、再由高到低的过程，这是对借重放贷机构开放民间借贷的实践监管需要。准入性门槛可以过滤掉一些资质不齐的投资主体，因此，在开放放贷机构初期，应渐进式地提高注册放贷机构的门槛，以规范投资主体的资质，便于后期对于放贷性金融机构的治理和监管，与有限责任类和股份类公司注册小额贷款公司注册资本不同类似，若开放股份公司形式注册放贷机构则同样两者之间的注册资本应有区别。在民间借贷市场发展到趋于成熟时，市场体制完善、约束机制健全，则可以渐进地降低放贷机构的注册资本要求，在监管机制允许的条件下放开更多的投资主体进入放贷市场。可见，准入门槛的标尺不应持续僵化，而应随市场信用机制和法律规范的成熟度而变化。同时，是否开放自然人进入放贷机构也要对与之密切联系的个人破产制度相联结。

---

[1] 参见王曙光《草根金融》，中国发展出版社2008年版，第16页。

个人破产制度的建立会预防自然人进入放贷机构所引发的借贷风险,当自然人作为放贷结构主体时会承担无限责任,缺乏个人破产机制的市场难以有效地让自然人承担这种无限责任,必然会影响借贷制度的实施效果。更进一步,纯以营利为目的的商业性放贷机构不同于一般的金融机构,未完全规范化的放贷机构常伴随着部分犯罪行为,如洗钱、暴利催债、高利贷、欺诈交易、非法集资,因而,在审核放贷机构进入时应严格并审慎地对投资主体进行信用审核、记录和常规性监管。例如,美国纽约州申请放贷人拍照需经历严格而复杂的"背景审查"程序,为此需要提交的资料多达11项,包括信贷历史记录、过去十年的民事诉讼和破产诉讼记录、犯罪记录(包括重罪、轻罪和违规)、教育经历、从业经历,等等。[1]我国香港地区、美国等国家和地区针对放贷人的监管都制定了专门的法律,并有专门的监管机构,在实行牌照制度管理的情况下实施非审慎性监管,虽然在这些监管系统中,放贷人主体的形式不受限制、资金来源多渠道化,但在我国目前的信用环境和法律监管机制下,应予以必要的限制。[2]

(二)监管对策:美国、欧洲次贷危机经验的借鉴

美国次贷危机与欧洲债务危机向处于体制变革中的我国金融市场提供了必要的学习经验。自次贷危机爆发后,美国陆续出台了诸多的金融监管政策,学术界也给予了较多的立法修改建议,例如,新的美国金融服务管理局和投资者及消费者保护机构;规定信用违约掉期进行集中清算;不应匆忙做出增加金融业资本金要求;加强"杠杆"资本金比率;赋予美联储评估对冲基金提供的机密信息的临时权限等。[3]在随着金融危机出台的系列监管改革中,尤以《多德法案》为重。在《多德法案》中,成立了消费者金融保护局,重点从保护消费者金融权益的视角来负责金融监管工作。相比于传统的监管模式,消费者金融保护局将分散于

---

[1] 参见岳彩申《民间借贷规制的重点及立法建议》,载《中国法学》2011年第5期。
[2] 《"中小企业和微小企业发展的新福音:中英非银行放贷人立法框架研讨会"综述》,载《金融时报》2010年2月27日。
[3] 参见《美国民间机构呼吁改革金融监管体系》,http://kuaiji.china-b.com/jrfxs/hgjj/20090610/49999_1.html。

各监管部门的权力和职责统一归并,以期达到信息汇总高效明晰、监督借贷风险和金融教育以及消费者金融产品咨询为一体的职责部门。

1. 消费者保护局的架构和功能

超然独立位置和权限给予了消费者金融保护局展现监管能力的空间。作为美联储体系中的行政机构,保护局保持独立的角色,不受任何政治力量和市场力量的影响,其主要负责人由总统直接任命,并由局长决定保护局内部的职工任免和薪酬,从人事架构上提升了保护局的独立性。同时,保护局不仅有权直接向美国国会提交立法建议,而且在行使自己职权时排除了美联储的干涉,这从职责权限上维系了自身的独立性,更进一步,其运行经费来自美联储理事会的拨款,不同于其他监管部门接受美国政府两院拨款委员会的审计,从财务层面最大限度地免受"谁出钱,谁点戏"的困扰。[1] 以保护消费者金融利益为设立宗旨的保护局,内设了研究处、社区事务处、投诉处、公平信贷处、金融教育处、特殊群体事务处、消费者咨询委员会等部门,主要行使着金融监管规则制定权、市场监管权、信息披露权和违法行为认定权、金融风险调查权、投诉受理权、救济和资助消费者金融权、非金融产品或服务市场主体和业务豁免审核权等。[2]

2. 消费者金融保护局经验的借鉴

美国次贷危机后的消费者金融保护局已经在架构和规则方面初具雏形,其中有些经验确实值得我们选择性地进行借鉴。重视消费者金融权益的保护、制定消费者金融保护法、设置专职金融监管机构、强化消费者金融产品和风险教育可成为我国开放民间借贷进程中借鉴的经验。金融监管的固有格局划分为三大领域,银行、证券和保险业,在分业经营和分业监管条件下的监管模式有其优势也有其固有的缺陷,当下消费者金融权益保护的重要性被提到了前所未有的高度,有其理论和实践依据,由此在传统的三大监管领域外开辟专门的消费者金融权益保护"专区"能够联结银行、证券及保险三大监管要点。这样可有效地贯穿性地调整

---

[1] Sarbanes – Oxley Act.

[2] 参见应勇《金融法治前沿》(2011年卷),法律出版社2011年版,第631页。

金融产品和服务、信用评估和信息披露、金融欺诈和不公平竞争等非法行为。同时，以与消费者权益保护密切相关的法律为基础，为保护专门消费者金融权益立法。在这基础上，协调金融类监管机构，比拟美国式的消费者金融权益保护局，在我国监管体系框架下设置特定的部门，在以银监会、证监会和保监会为主的体系下，协同工商、消费者协会等部门，整合监管资源，将此类资源集中于一个特定的监管机构之下。与此同时，履行政府的教育性责任，担负起教育消费者金融产品和风险的责任，以避免因开放民间借贷领域后所可能引发的盲目逐利行为的发生。其他如民间借贷机构信息披露、金融中介机构资质审核、金融主体信用体系建设、金融产品风险监管等具体性规范应配合消费者金融权益保护局的设立同步进行修改性建设。

长期看，美国、欧洲的金融危机所催生的立法改革经验值得我们借鉴，尤其是在甄别其立法理念、监管策略、服务模式与规则设计技巧方面应着力观察和吸纳意见。金融投机机会主义行为在当下金融市场中的泛滥和缺乏规制将会直接影响未来民间借贷领域开放后的信用体系的建设。即便在设立专门针对金融消费者权益保护局后，法律规则的具体设计也应考量和评估可能发生的维权诉讼成本和收益比例问题。消费者因购买金融产品或接受金融服务受损后，无论在举证抑或是取证方面均存在着困难，尤其是单个消费者受损的利益往往较低，若将诉讼中付出的时间、金钱、精力、机会等成本考虑在内，通常均会放弃诉讼路径获得赔偿。这种困境的出现，不仅是诉讼机制和金融立法保护规则的问题，还是权利理念和信用市场建设的问题。可见，考虑本土特色的情况下汲取国外的经验是必要的，但更应着力解决本土固有的长期存在的问题，如金融市场信用环境的建设问题。

二 权益人利益风险与监管：以高利贷为例

高利贷作为早期资本主义中的生息资本模式，自古有之。在我国尤其是广大农村地区，高利贷已经成为"城乡二元"结构下金融服务中导致民间借贷恶化、金融风险频现的最主要原因。高利贷的法律监管对策应在开放民间借贷的前提下排除政治化与犯罪化，转高利贷为合规的多样化的民间借贷金融形式，严厉打击新生民间借贷形成后的"恶性高利贷现象"，规范民间借贷的合理化发展。

(一) 我国高利贷的现状

金融行业在我国一直未完全开放，金融垄断局面所衍生出的金融抑制问题压抑着民间资本的生长，高利贷就是在这样的金融体制改革中长期存在且逆向成长的。在民间资本累积到一定规模并试图进入金融市场中获取更多收益之时，缺乏常规有效的法律监管的状态下，不可避免地会以民间借贷的形式寻求新的投资路径，必然会出现高利贷问题。[①] 当下，高利贷的发展与管控存在着一定的新趋向。高利贷现象在城市小微型企业群体与农村经济弱势群体中蔓延、在大型金融与实体型企业中显露、在政府官员与商人之间出现的趋向已愈加清晰。同时，在政策允许的合法化的金融机构中存在变相高利贷的问题已是不争的事实，这更为管控和打击高利贷增加了困难，但却为"高利贷阳光化转型"提供了充足的理由。[②]

事实上，高利贷自古有之，现代高利贷作为民间借贷内一种不合理的形态仍存在金融市场中。[③] 高利贷的规模不断膨胀，我国农村民间高利

[①] See Brian McCall: Unprofitable Lending: Modern Credit Regulation and the Lost Theory of Usury, Cardozo Law Review, Vol. 30, No. 2, 2008.

[②] 有证据显示，浙江温州投资者 2010 年即从房地产撤资，投向高利贷市场。央行温州市中心支行 2011 年上半年的《温州民间借贷市场报告》显示，温州民间借贷规模约为 1 100 亿元，而 2010 年同期该行的数字显示为 800 亿元，这意味着过去 1 年间温州有 300 亿元资金涌入民间借贷领域。2011 年 1—3 月，温州民间借贷综合利率分别为 23.01%、24.14% 和 24.81%，其中 3 月的利率水平创历史新高。5 月利率达 24.6%，6 月则为 24.4%，"利率水平处于阶段性高位"。另据该行调查显示，温州有 89% 的家庭个人和 59.67% 的企业参与民间借贷。参见陈亮《浅析高利贷的危害》，载《科学之友》2011 年 10 月。

[③] 高利贷在宋代以"库户、钱民、质库"的形式存在，到了元代，高利贷的形式更是在延续了唐代即形成的官府兼营高利贷模式的情况下，出现了"官商斡脱钱或斡脱官钱"的模式。之后在明代、清朝初期直至晚清与民国时期，高利贷持续盛行。例如，清代的《大清律例》149条规定："每月取利不得超过 3%，利息总额不得超过本金……禁止为了私债抢夺负债人财产或妻妾子女……其负债欠私债违约不还者，五两以上，违 3 月，笞一十，每月加一等。"可见清代官方规定的利率与明代类似。尽管官方以保护弱者的姿态打击高息放贷，但"债必须偿"的律例在实践中对债权和利息的保护却是不争的事实，实践中对高利贷的让步使得大量农民不得不依靠高利贷度过青黄不接的日子。参见阙洪潮《关于对高利贷设限的几个问题的思考》，载《浙江金融》2009 年第 2 期。

贷已高达 8000 亿元至 1.4 万亿元，仅浙江东南地区就有 3000 多亿元。①更进一步，高利贷的实质影响并不仅仅局限于金融领域，应如同民间借贷乃至于其他的"影子银行"一样置于国家经济发展战略、金融体制改革问题之下来考量，同时涉及一国的产业政策、财政政策、金融政策等。

在民间借贷仍未完全进入国家规范的金融行业内的状态下，主观性地试图强制地完全消除高利贷，客观上存在着诸多较难越过的障碍与困难。虽然高利贷是民间借贷的一种形式，利弊皆存，但是已经达成的共识是，高利贷这种民间借贷形式的弊端过大、危害过多，常常引发极难控制的连锁性区域性金融风险。同时，由于高利贷在产生金融风险之际，利益经常受到损害的是经济状况困难的小微型商事企业或农村家庭经济困难的普通农民，因而，引发社会风险的概率相对较高，且影响范围较广。我们必须从社会和谐、市场安全、经济发展的交叉层面来考量和评估高利贷的现实风险。

由此可见，高利贷庞大的规模之所以需要引起各界关注，是因为其存在着诸多衍生危害。不能够否认的是，高利贷在金融市场中所占据的规模，已经到了需要政策及法律给予必要的详细管控的状态。② 金融政策及法律持续的"温和"的监管高利贷的对策已经不再适宜当下国家、社会及市场对金融业改革的需求。在理性分析高利贷存在的根由的前提下，我们应对其实施"法律性应对、转型性规范、疏导性治理、严格性管控"的策略。③ 法律性应对与转型性规范相联结，高利贷问题虽然涉及市场稳

---

① 转引自廖天虎《论我国农村高利贷的法律规制路径：兼及我国农村金融体制的完善》，载《农村经济》2011 年第 8 期。

② 政府与监管部门一直默许着在貌似合理的民间借贷模式的存在，但随着金融业的发展与对利润的过度追求，传统的民间借贷风险已经极难控制。例如，存在多年的福建"标会"已经在政府安抚民意、维持社会稳定的任务下被列为清理对象。参见韩雨《福建"标会"江湖》，载《经济观察报》2012 年 4 月 23 日。

③ 高利贷一直是法律管控和打击的对象，不仅在我国历史中各朝代均存在着管控高利贷的律例，在西方的律例中同样可见。西方针对高利贷的规范源于教会所崇奉的《圣经》，但并不仅仅是一道命令，而是背后有一套和当时社会现实紧密结合的理论的支撑。《圣经》中承认社会中存在着高利贷现象，在这一客观前提下，它紧密的将高利贷同人性的"恶"和"欲望"联系在一起，从人性向善与控制人性的欲望等层面来告诫人们警惕并消除高利贷。See "The Defense of the Augsburg Confession", http://bookofconcord.org/defense_6_church.php.

定乃至于社会的安定，但其本质上仍然是一个经济和金融法律问题，不能在"稳定压倒一切"的理念下以政治问题的视角来看待高利贷问题，亟须解决的应是如何从立法和执法的层面监控高利贷问题。高利贷问题影响巨大，其正面的益处不足以弥补负面性的危害，必须在政策或法律疏导民间资本获取利润的状态下，严厉打击恶性借贷行为。

(二) 我国高利贷衍生的风险

高利贷衍生出多种不稳定因素和风险，这些因素覆盖社会、经济、金融、民生诸多领域。高利贷的风险往往是一种交叉性风险源，以金融风险和危害为中心向外延伸，首先影响高利贷借贷者的金融资本，继而削弱借贷者的经济实力，进而直接对经济个体的经营状态或生活状况产生打击性危害，最终在动摇民生稳定的催动下，可能引发政治风险。当然，鉴于高利贷的地域性特色，这些交叉性风险虽然呈现出一种混合的风险，但可能只暴露出一种或几种，同时仅仅发生于局部地区或特定领域。

1. 金融秩序的危害

高利贷是金融体制中非法存在的资本借贷方式，不受法律保护，直接冲击着正规金融体制秩序。金融秩序一般是指国家的正规（或默认）金融体制及其内容的稳定运行的状态。在我国，金融秩序内含着两个层面的金融秩序：一是国家正规金融体制运行机制，通常以各类商业银行与国家允许的规范化的金融机构的形式存在；二是虽然不为政策及法律所合法化规范，但国家已经默认其在实践中存在，并渐进式地进入国家规范化的金融体制之内的民间借贷。这两个层面的金融秩序中都没有接纳高利贷。法律严格管控打击的高利贷不为法律所保护，对于两个层面的金融秩序均有着强烈的负面性冲击，不仅直接影响正规金融体制，而且扰乱并扩大着国家默认的民间借贷行业的金融风险，使传统的民间借贷行业秩序失衡，而不得不需要来自国家政策及法律的监管。

2. 经济借贷者权益的危害

高利贷奇高的借贷利息，对于借贷中的经济个体权益有着严重的危害。高利贷本质上属于资本借贷的一种，国家对于高利贷的管控，是因其违反国家对于借贷利率的标准规定。① 国家对于在"银行利率四倍"内的借贷利息的认可，表明了常规性借贷有益于经济个体的权益增长。利率管控标准，是国家的利率管制手段，更是国家对于资本借贷风险的一种控制机制。这种风险对于借贷者是一种极大的经济损害。虽然，在高利贷发生之前，借贷双方对于借贷额度、利息标准均有明晰的认知与规定，对于可能发生的权益损害也有预测，但鉴于经济状况、生活急需、生产经营的迫切需求，甘于冒能够预期的风险而进行高利贷借贷，结果往往是借贷者权益受到极大损害。虽然经济个体在"被迫"的境况下认可了"高利贷风险"，但国家应对此予以管控。社会契约论认为，在以全部共同的力量来保障结合的人身和财富时，每个结合者及其自身的一切权利将全部转让给整个集体，而原来的约束就转化成了"社会契约"，结合行为产生的道德与集体之共同体，它的成员称它为国家。② 可见，国家的重要任务之一是蕴含的道德的力量来保护民众的人生和财富的利益，国家主动地去管控高利贷的风险，是履行其契约性义务的一种表现，更是一种维护社会秩序与经济秩序的职责的表现。

3. 市场经济秩序的危害

高利贷风险爆发常常危害市场经济的秩序。经济伦理道理与社会契约性的理念均决定了市场经济秩序应具有较强的秩序性和法制性。高利贷对市场经济秩序的冲击是巨大的，其连锁风险不仅对市场经济的秩序性造成扰乱，还对市场经济秩序的法制性提出了挑战。管控高利贷，并非是对市场中经济自由的干涉，也不是对人们合法经济权益的侵犯，而是在国家从协调人们对自身经济利益不同追求的差异和协调人们对各种经济行为的价值观念的基础上，以整体性的市场秩序为重而进行的调控机制，毕竟，我们不能因高利贷在极少情况下所解决的少量个体的经济需求，而忽略了市场中普世性价值的存在。在霍布斯看来，在"社会"产生之前的自然状态，由于人天生的自利，以及资源在满足人类无限需

---

① 最高人民法院《关于审理民间个人借贷若干问题的解释》中规定，"借款利息不得超过中国人民银行公布的金融机构同期、同档贷款的利率的4倍，超过部分不予保护"。

② "过去称为城邦，现在则称为共和国。当它是被动时，它的成员称它为国家；当它是主动时，就称它为主权者。"（卢梭《社会契约论》第一卷）。

要方面的稀缺性，其结果是普遍的利益冲突。市场经济秩序的存在，也正是为了消除这种无社会和市场之前的利益冲突问题。因而，由于高利贷的市场经济秩序的危害，必须打击高利贷，以防止其对市场经济秩序的危害，而这已经成为社会、市场以及民众共同接受的市场经济伦理价值观念。

4. 政治稳定的风险

高利贷对一国政治的稳定有着影响，这源于高利贷危及普通百姓的民生生活。在城市，小微型企业在国家产业政策、经济政策、税收政策未能给予充分支撑的情况下，试图通过高利贷来缓解资金周转的压力或项目投资的需求，但后续偿还能力往往不高。同样，在农村，高利贷多发于较为贫困的地区，经济状况相对不佳农民多不具有偿还高利贷利息及本金的能力。高利贷最直接的后果是小微型企业破产还债、农民陷入高利贷危机，常常伴随着黑社会催债等恶性事件的发生，这不仅直接破坏城市和农村中民生发展的环境，而且扰乱了和谐社会的构建。民生，绝不仅是经济和生活问题，而且是一个政治问题。[①] 同时，民生更是社会契约论下人民最为基础性的权利，人民转让自身的相关权利给国家，并非是无偿奉送，而是为着自己的生活。管控高利贷问题，就是改善百姓民生问题，从本质上看这是一种人民共同的原始、朴素的约定和诉讼，是自然状态下人类的基础性的权利要求。

(三) 高利贷存在的原因

高利贷千百年来一直存在，有其复杂的因由，当代经济发展中所存在的高利贷现象，更有其独特的原因。高利贷产生于原始社会末期，在奴隶社会和封建社会，它是信用的基本形式，在西方，基督教《圣经》中就已经有对高利贷现象的批判，这种批判更为伊斯兰教的《古兰经》

---

① "民生"，即百姓的生活、生计问题，包括民众的衣、食、住、行、用、生、老、病、死等方面，可见，民生是构成社会生活的最为基本的要素，更是国家、社会、市场重要作用的最终对象。2011年3月"两会期间"，财政部部长谢旭人在记者会上宣布，今年中央将力推包括医药卫生体制改革，大幅增加保障性安居工程等六件民生大事。用于民生的支出将会占到财政支出的三分之二左右。中国已经将民生作为一个重大问题来对待，且走在民生道路上的速度在加快。参见"民生"成两会"重大政治问题"中国民生政治提速，中国新闻网，2011年3月10日。

所引用。可见，高利贷这一问题，是历史中早已存续的现象。在反思高利贷存在的因由时，就应将考量和评估的视野放宽，而不能仅局限于将引发高利贷问题的诱因简单地归结于我国当下金融结构改革或资金供需困境。在超越金融体制改革、城乡二元结构发展、金融资本供需失衡等表象问题下，应以历史的视角来解析高利贷的成因与当代高利贷的特点。

1. 生存及发展因素

生存是很多时候农民求借高利贷的一个因素。元、明、清封建社会时期，整个社会以小农经济为主，资本主义稍有显现但并未形成趋势。在这种农业封建朝代中，统治阶级对于农民的剥削较为严重，各种税赋使得农民在耕种土地中首要考虑的是生存问题，而非如何改善生活问题。在完全"靠天吃饭和税赋过重"的境况下，向高利贷借贷钱财解决生活温饱问题成为多数农民的首选，当生存成为农民必须面对的问题时，可以预见的高利贷风险是不会成为阻碍高息借贷的理由的。[①]

2. "农、商"发展因素

重农抑商政策下的少数从商者有动机出借高利贷获取利润。重农抑商的政策在明清两代的表现形式多种多样。对于商业的各种税赋繁杂，商人从事商事经营常常苦不堪言。[②] 由于从事工商业必须承担风险，封建地租、高利贷就有更大吸引力。在明清两代，那些徽商、晋商发财以后，都广置田地，开办当铺，认为田地是最可靠的产业，放高利贷可以安坐获益。

3. 贫穷代际传承因素

财富和资产"子承父业"代代相传，使得弱势群体试图求助高利贷

[①] 在农业生产条件和耕作水平变化不是很大的情况下，每个农户拥有土地的多少，对于家庭生活的好坏有着十分重要的关系。耕地面积增加可以一定程度上增加粮食产量，晚清的总产略低于嘉庆中期，却比晚明和清乾隆中晚期增加了，或大有增加。正是如此，使得中国的粮食生产在明后期养活了1亿多人口，至清中期，人口增加到2亿、3亿甚至接近4亿仍能维持。进入清晚期乃至民国时，人口达到4亿多、5亿多，在全国也没有因为粮食问题而闹出危机。即便如此，国家过重的税赋仍然使农民生活困难。参见吴承明《市场、近代化、经济史论》，云南大学出版社1996年版。

[②] 例如，明神宗派宦官充矿监税使，在工矿业发达地区，广设关卡，处处征税。清朝在全国城镇、交通要道遍设税局，叫"内地常关"。

改变这种贫困代际传递的困境。贫困代际传递现象的成因十分复杂，内含了政治和经济等多种因素。可以认为，政治经济体制与社会结构、文化与行为方式、价值观念、传统与习俗、生活环境、人口与健康、家庭以及个人素质等因素与持续性贫困之间都存在内在的联系。[1] 在继承资源不同的前提下，未来获取的工作机会、社会资源均存在相对缺失的状态，无论社会文化或政治资本，抑或是物质性资本都会延续传承，为改变自己的生活状态，改变代际传承的困境，弱势群体往往会求助高利贷而寻求机会。

4. 乡土习俗因素

乡土习俗是千百年流传下来的习惯，其中的"婚、丧、嫁、娶"等民俗在传统和当代社会中均占有十分重要的位置，这间接地促使弱势群体求助高利贷来延续这些习俗。乡土习俗虽然不同方面、不同程度地受到亲缘关系、业缘关系、地缘关系的影响而各有特色，但是不可回避的"熟人社会"和"乡土社会中的面子"，均直接导致弱势群体为"完成并延续"这几种国人极为看重的习俗而倾力付出。这种状况下，往往伴随着不得不求助高利贷的困境。[2]

5. 投资机会及利润因素

高利贷同产业政策与经济的发展密不可分，当市场中的实业经济发展滞涨，资本只能寻求可以获得利润的金融借贷领域。民营经济发源地温州，在面临"产业空心化"的困境时，民营企业外迁和民间资本寻求投资金融领域，引发民间借贷风险，乃至于进入高利贷领域已经是不争的事实。温州一位做当地经济研究的官员称，2010年期间，温州产业、资金出现"过度金融化"，目前只有30%的温州民间资金回归实体经济，而65%则流向了股市和楼市。[3] 资本在逐利的驱动下，必然会选择高利贷领域。

---

[1] 参见李晓明《我国边远山区少数民族农民贫困代际的基本特征探论》，载《内蒙古社会科学》（汉文版）2005年第6期。

[2] 参见黎翔《乡土社会中的面子：对福建古田地区寿宴习俗的分析》，载《中央民族大学学报》（哲学社会科学版）2009年第2期。

[3] 参见《温州预警：产业空心化》，载《经济观察报》2010年9月11日。

6. "官银"因素

改革进程中部分政府官员利用权力获取了大量的不正当利益，寻求更多利益的欲望促使其将手中的资本投入到高利贷领域。在具有代表性的温州、鄂尔多斯等地的高利贷风险引发的民间借贷问题现象中，都存在着大量的"官银"入高利贷问题。这种"官银"无所约束地进入民间借贷市场，最大的问题在于其在具有权力的背景下进行高利贷业务，衍生地引导社会各方资本进入高利贷行业，极度地扩大了衍生风险。同时，"官银"入高利贷领域不仅加重腐败现象，更容易在借贷风险爆发之时引发政治的不稳定，若不对此类高利贷诱因进行严厉打击，必将成为未来高利贷现象的主要催生因素。

7. 金融结构改革因素

金融结构仍需要更深一步改革，是管控民间高利贷最为有效的对策。[①] 高利贷可能将资金配置到效率最高的项目中，也可能在超过众多小微企业投资回报率的情况下导致企业破产。利弊皆存的状态下需要我们从深化金融结构改革视角来考量高利贷的成因。金融垄断特色下的金融结构，必然会主动地推动金融资本寻求高利贷行业作为投资的渠道。"有法可依"可依规范来引导民间借贷的走向和发展，但核心的前提是金融结构改革中的民间借贷的开放。我们应以"金融结构改革的顶层设计和总体规划"的视野来对待当下的金融结构变革，逐步细化改革的内容和规则。毕竟，改革若停顿不前，市场秩序将混乱，权力干预加强使得寻租活动的制度基础得到扩大，届时腐败会愈演愈烈。当下的"温州金融综合改革试验区"即迈出了历史性的一步。相信，金融结构的渐进改革将会有效缓解民间借贷风险，进而有效管控高利贷行业的问题。

---

① 芝加哥大学商学院的 Adair Morse 教授在她 2009 年发表的学术论文《领薪日贷款的放贷者：是英雄还是恶棍？》中认为高利贷在市场中同样有正面的作用。因此，我们应在客观地承认这一事实的前提下，深化金融体制改革，拓展民间借贷投资空间，以管控的理念和疏导的方式来降低民间借贷，尤其是高利贷的风险。参见陈志武《民间高利贷并非全恶》，光明网，2011 年 9 月 5 日。

(四) 我国高利贷"转型"化的法律设计

高利贷"转型"化的法律机制，其核心是通过多类别的金融机构创新模式来疏导高利贷行业中的民间资本，以规范化后的金融机构模式来引导民间资本"阳光化"的发展。除"温州金融综合改革试验区"外，我国已经对于借助金融机构创新模式来疏导民间资本方面做了众多工作。小额贷款公司、典当行的发展，村镇银行、社区银行的尝试，私募基金的引入以及出台相关的政策都集中地反映了如何使高利贷资本规范化的转型方面所付出的智识。

1. 小额贷款公司的定位与发展

小额贷款公司是民间资本合法化投资的极为重要的创新金融机构模式之一，但目前存在着小额贷款公司在业务中变相地提高借贷利息和公司资本来源监管失效的问题。这两个问题直接影响着小额贷款公司在借贷业务中是否以一种"合法的高利贷"形式出现，同时也直接影响着金融市场中存在的"官银"是否借道小额贷款公司这一合法金融机构的身份进入金融借贷领域。

小额贷款公司是一种"只贷不存"的金融机构，法律对于其在开展业务过程中的借贷利息有严格的管控，不能超过银行同期存款利率4倍是严格的法律监管底线。但是，实践中存在的大量以"业务咨询费、手续费"等名目收取的利息之外的费用已经变相地增加了贷款人的借贷利息成本，这种已经成为业内潜规则的业务办法扭曲了小额贷款公司疏导高利贷的重要功能。当借贷者对小额贷款公司这种业务模式也表现出认可的态度时，其背后隐藏的是借贷者对大型商业银行融资借贷的无奈和对高利贷中过高利息的恐惧。显然，小额贷款公司在这种经营模式下，成为政策、法律给予特定资本"合法化高利贷"披上一层法律的外衣，违背了小额贷款公司设立的初衷。

同时，小额贷款公司因"牌照紧张"与"名额有限"的原因，成为金融市场中"官银"合法化的投资工具。"官银"往往希望寻求一种收益稳定、风险较小的方式来投资，金融市场是一个极好的环境，小额贷款公司则成为其青睐的"避风港"。"官银"依赖所掌握的权力获得小额贷款公司的牌照，进而取得投资的机会，以一种合法化的方式进入金融市场中,通过变相的高利借贷方法获益。这不仅阻碍着小额贷款公司的规范化发展,而且助长着"官银"背后的腐败现象严重化。

2. 典当行的发展

典当行目前的发展较为平稳,各地均日渐形成自己的监管措施,但典当行业中尚未形成全国性的统一的监管模式。对于典当行业的监管,应主要集中在三个方面:第一,对于典当行业的准入标准需要严格管控,尤其是对于新进入典当行业的法人股东的投资能力和股东的投资资格应进行严格的审核。例如,对于新进入典当行业的法人股东,应要求其经营满三年,同时法人股东最近两年中应实现盈利,且其出资额必须小于流动资产与流动负债的差额,在净资产范围内的权益性投资余额不超过本企业净资产的50%,净资产不低于资产总额的50%。[①] 同时,对于典当企业的股东应予以规范,对于进入典当行业未满三年的法人公司,以及在任职期内的董事等高管人员所持有的股票,应对其转让行为进行严格监管。在对典当行业准入与高管人员进行强制性监管的情况下,对于典当企业的现场检查力度方面应着力提升。对于典当企业的典当业务、财务报表等数据的及时性、全面性和真实性应继续常规性检查,尤其严格管控典当企业的现金往来与内容管理措施,严格防止资金"借款"控制典当企业。

3. 村镇银行与社区银行

村镇银行与社区银行不仅是金融机构改革与民间资本参与的成果,还是金融资本和社会资本共同设立农村与城镇金融机构的新路径和渠道,这种创新的方式引导了农村与城镇金融的商业模式和特色性产品,同时,推动了政策和法律对新兴农村金融机构的有效监管模式。[②] 作为解决"三

---

① 参见《商务部办公厅关于加强典当行业监管工作的通知》,商办建函 [2009] 第81号。
② 截至2011年上半年,全国共组建了新型农村金融机构552家,其中开业448家,筹建104家。在区域分布上,东部占40%,中西部占60%。在已开业的448家新型农村金融机构中,村镇银行400家,占89%;贷款公司9家,占2%;农村资金互助社39家,占9%。同时,已经开业的新型农村金融机构实收资本230亿元,各项贷款余额733亿元,83.4%的贷款均投向了农户和小企业,整体加权资本充足率30.5%,不良贷款率0.12%。总体上运行健康平稳,风险处于可控范围。

农"问题的重要措施之一,村镇银行与社区银行不仅使城市资本一定程度上回流到农村,还推动了农村金融服务改革。村镇银行与社区银行在发展中应关注自己的业务定位,严格区分自身同大型商业银行的业务范围与盈利模式的不同,重点关注"三农"金融业务和社区居民金融业务。同时,鉴于业务范围与盈利模式的特点,应在政策方面对其给予必要的倾斜和支持,加强村镇银行与社区银行发展的监管,对于银行内部的信用风险、操作风险、流动性风险、关联交易风险等潜在的金融衍生风险均应重点管控。

(五)创新金融机构中的监控重点

民间借贷体制改革中的核心是"阳光化"和规范化的引导民间资本的发展,给予其法律化的创新形式在金融市场中同国有金融共同竞争和分享金融权益。在这种背景下的民间借贷体制的深化改革,无论政策抑或立法层面,都不应仅仅将民间借贷机构模式创新作为规范和管控的唯一要点。[①] 同样重要的是,放开投资渠道以鼓励金融机构形式创新、管控金融中介机构及人员以防控金融风险、打击高利贷以管控非法借贷。

1. 民间借贷投资的渠道问题

从经济与金融市场的发展来看,严格打击高利贷和开放民间借贷投资渠道是规范民间资本和管控高利贷行业的主要对策。自然经济基础上所产生并逐步壮大的民间借贷,已经不可避免地同正规金融紧密联合在一起,而且影响着金融市场的稳定。民间借贷同正规金融将长期的共存是一个不争的事实,从解决农村金融服务问题、健全中小微型金融服务组织出发,以创新金融机构的模式来引导民间借贷投资将是未来主要的疏导高利贷资本的渠道。

2. 金融中介机构及人员的监管

金融中介是民间资本市场中的"看门人",直接影响着各类创新金融机构经营的稳健和效率。金融中介的监管,不仅体现在对于金融中介组

---

① See Christopher Lewis Peterson: Usury Law, Payday Loans, and Statutory Sleight of Hand: Salience Distortion of American Credit Pricing Limits, Minnesota Law Review, Vol. 92, No. 4, April 2008,, 2nd Annual Conference on Empirical Legal Studies Paper.

织的治理监管,更应着重关注中介人员。中介人员在业务中对于资本借贷双方均负有法律层面的义务,违背义务则应承担相应的责任。对于金融放贷方而言,中介人员应负有了解金融借贷产品、借贷利息等义务;对于贷款方而言,中介人员负有详细披露借贷信息、还款规则、借贷风险的义务。同时,对于放贷者的资金来源与放贷组织的治理情况,中介人员同样负有详细了解的义务。"看门人"是金融借贷市场的稳定器,也可能成为金融借贷市场的风险源,这都要依赖法律的常规性严格监管。以义务为导向,对于中介机构与工作人员给予必要的法律管控,有助于降低金融借贷的整体风险。

3. 高利贷的管控

在多种金融机构创新模式疏导民间资本的情况下,需要对仍然以高利贷身份出现的民间资本投资给予严厉的打击和惩罚。一方面,通过制定《放贷人条例》放开企业间借贷并允许非吸收存款类放贷者,在承认借贷主体合法性的情况下,有效缓解金融抑制现象的信贷困局,日渐形成以金融机构放贷为主、"贷款零售机构"为辅助的信贷格局。

在此基础上,以《刑法》中对于高利贷的监管办法为主,严厉打击高利贷现象,并从高利贷放贷行为人、高利贷资金来源、高利贷中介人员这三个层面给予严格的管控和打击。高利贷入刑的刑事责任和因高利贷而引发的追索非法行为的刑事责任均应从严惩罚。追根溯源,高利贷资金中多含有洗钱性质的资金,如非法所得的"官银"等,从高利贷资本源头处严格监管,将会有效地降低非法资金进入高利贷领域的概率。与此同时,对于高利贷行业中的中介人员,应给予严格刑事责任管制。这样,从高利贷资金的源头、高利贷非法业务流程、高利贷发生后三个层面给予刑事与民事方面的严格管控,将会取得显著的效果。

第三节 民间借贷资本流动风险与监管

一 民间资本在并购领域中的法律监管

民间资本是国家实体经济和虚拟经济共同健康增长极为重要的保障,在民间资本多元化的投资路径下,保证风险可控的标准进入金融市场的并购模式极为重要。2012年5月26日由银监会颁布的《中国银监会关于鼓励和引导民间资本进入银行业的实施意见》（银监发〔2012〕27号）明确了支持民间资本进入银行业金融机构市场的政策方向，强化对民间投资的融资性支持，在给予民间资本全新投资路径的同时，也为调控民间资本投资风险提出了新的问题。自"民间借贷金融风险"爆发以来，金融体制改革的步伐加快，政策及立法对于民间资本进入金融市场投资的态度愈加开放和务实。[①] 从微观层面来看，我国金融市场中的金融投资渠道过窄，在缺乏可能投资产品及路径选择的境况下，地下民间资本的汹涌波动也就变得可以理解，而其产生的风险则愈加不可管控。从宏观层面来看，若能开放民间资本，在规范化的情况下准予其进入金融领域，可以起到多方面的效果，不仅有利于引导地下民间资本"阳光化和规范化"发展，逐步地推进金融服务质量的提升和金融产品的创新，更有利于促进实体经济的成长。放贷公司、小额贷款公司、典当行、村镇银行等多元化的金融机构成为民间资本选择进入金融市场的方式。[②] 众多渠道中，借助并购重组方式进入正规金融机构成为开放民间资本以来重大的政策及法律性举措。在疏通投资渠道和加强投资监管的政策性引导的理念下，开辟民间资本参与正规金融机构并购重组这种投资渠道需要得到法律的严格性监管。

（一）民间资本参与正规金融机构并购重组的法律风险

国外金融业早在十年之前就已经经历了第五次并购浪潮的洗礼，而国内仍处于萌发阶段，且将处于一个长期的过程。[③] 甚至有实务界人士认

---

① 从2005年国务院签发的"非公36条"到2010年5月份国务院再次签发《关于鼓励和引导民间投资健康发展的若干意见》的"新36条"，均被业内认为是鼓励和引导民间资本进入基础产业和基础设施、市政公用事业和政策性住房建设、社会事业、金融服务等领域的里程碑式的政策。《中共中央关于制定国民经济和社会发展第十二个五年规划的建议》中也明确提出："鼓励扩大民间投资，放宽市场准入，支持民间资本进入基础产业、基础设施、市政公用事业、社会事业、金融服务等领域。"参见"民间资本进入金融领域须通渠道严监管"，中国金融新闻网，http://www.financialnews.com.cn/yw/pl/201202/t20120218_1921.html，2012年2月18日。

② 允许民间资本投资金融领域，是环节社会资金供需脱节的措施之一。参见中国金融新闻网，2012年2月18日。

③ 参见夏斌《共同下好金融业并购这盘棋》，载《银行家》2003年5月20日。

为，金融业并购不是主要趋势，其原因在于，金融行业中如果并购双方本身基础都不是特别牢固，合并之后将是一个规模更大、情况更糟的银行。[1] 显然，这种困境极容易在民间资本参与正规金融机构并购重组中发生。事实上，中国当下所发生的民间资本进入金融机构并购重组领域的情况及其影响，同全球范围内的金融业机构并购存在着差异。例如，不同国家间的金融机构在市场中所扮演的角色和发挥的功能不同，有直接金融机构、间接金融机构、银行金融机构、非银行金融机构之区别，在业务范围、制度框架、治理规则、监管法律、并购策略等也均有不同的特色，但随着金融市场的逐步开放和金融机构的不断演进，国家之间多元化的金融机构之间愈加地出现功能交叉和监管重合的现象，这为我国民间资本进入金融机构并购重组领域的规范化提供了一个国际性开放的视角和标准。

具体而言，国际金融市场环境变革产生了诸多重要的影响。(1)"直接金融"快速发展，已逐渐取代间接金融原有的重要性；(2)"金融创新"使各种金融机构之间的界限变革模糊，金融机构或为突破管制措施，或为应对利率波动所产生的影响，或为满足顾客对服务内容多样化的需求，不断推出金融创新产品；(3) 为满足金融消费者对各类金融产品的多元化需求，金融机构不断提出综合性的金融服务要求，与之对应，金融监管机关不断通过金融改革以回应对金融产品监管的需求，竞争环境下的金融机构出现了一些大型综合性金融服务机构，以满足客户对于金融商品的需求；(4) 政策和立法的监管渐进松绑，宽松立法环境下的金融机构出现了在银行业、证券业和保险业之间业务融合、界限不清的现象；(5) 金融产品百货化和金融业并购现象开始出现，在金融机构整合并购活动中，以银行经营平台所占的比率和重要性最高。[2]

---

[1] 摩根大通亚太区主席度琪明认为，在全球金融业，并购并不是一个主要的趋势。"摩根大通：金融业并购不是主要趋势"，南方网，2009年7月17日。

[2] 例如，在20世纪90年代末，在发达国家的金融服务领域都存在着大量的并购活动，而且并购活动的规模不断增长、速度不断加快，这在过去的三年尤其显著。并购浪潮的结果是出现了一系列大型的、非常复杂的新型金融组织。参见《全球金融产业并购趋势探讨》，http://doc.mbalib.com/view/a94a076cda7632c3e3fcc267732d8ced.html。

民间资本参与金融机构并购的风险在这种背景下凸显出特色，金融并购涉及的风险包括经营战略风险、财务风险、人力资源整合风险和金融机构文化风险。这种风险的根源除常规性金融机构并购风险之外，民间资本的特殊性扩大了这种传统性金融机构并购风险的影响范围。其根源在于民间资本进入正规金融机构并购领域所产生的衍生效应巨大，在规模经济、成本效率、增强市场力量等价值动机和经济、政府等角色非价值动机上均有影响，但鉴于民间资本的非规范性、短期逐利性、投资盲目性、产品低端性、资金分散性等特点，其在并购中衍生出更多的风险。

例如，"意见三十条"中规定，商业银行、农村合作金融机构、非银行金融机构及优质企业均可作为并购方实施并购；民间资本中的单个企业及其关联方合计持有一家高风险农村信用社股本总额的比例由10%放宽至20%，因特殊原因持股比例超过20%的，随并购后农村信用社经营管理进入良性状态，其持股比例应有计划逐步减持至20%。可见，监管部门虽然开放民间资本进入金融机构并购的渠道，但仍然期望最大限度控制民间资本在正规金融机构中的持股比例以规避潜在的风险。不可否认，民间资本参与正规金融机构并购，会改善民间借贷机构自身的很多劣势，例如，民间借贷机构规模狭小、金融产品质量下降、金融服务业务范围受限、民间借贷机构退出机制缺失等。但民间资本固有的投资盲目性、产品低端性和资金分散性在进入正规金融机构后可以得到有效的控制，如商业银行等内部的"规范化治理环境"将有效影响民间资本的"发展品格"。但不容忽视的是，短期逐利性并未因此而改变，且在这种"依赖"正规金融机构的环境下有可能得到强化，则并购重组中的道德风险、关联交易风险、恶意收购、贷款注资、抽逃资本行为等风险都存在扩大的趋势。[1]另外，出于短期获利的动机，民间资本存在期望借助并购正规金融机构获取金融资源后快速退出的可能性，这种动机的存在和风

---

[1] 虽然，"意见三十条"中明确要严控文中所提及的并购重组风险，但民间资本的短期逐利性绝非政策和规则能够短期规制的，只有整体金融诚信环境得到渐进地强化，才能从理念及制度上调控民间资本的短期逐利风险。

险的潜在都成为民间资本并购正规金融机构中难以绕过的法律及投资性风险。由此可见，在金融体制深化改革的背景下，金融市场为民间资本的进入开辟了新的路径，并购方式隐含着诸多风险，虽然这种风险多源自于民间资本的固有风险性，但在并购方式之下显得极为突出，需要得到政策和法律的监管。

(二) 民间资本参与正规金融机构并购风险的控制

1. 政策性风险的控制

政策性风险的控制是民间资本参与正规金融机构并购风险管控的首要前提。对于民间资本而言，其生长的历史环境和彼时阶段性的政策波动对于其未来的发展有着决定性的作用，我国金融体制深化改革仍未完成，尤其对于民间资本而言，极度渴求政策性的明晰支持，而非仅仅是模糊性的政治化鼓励。例如，面对"天花板、玻璃门"式的投资环境，民间资本参与正规金融机构的并购业务将面临极大的政策性风险，且这种风险极难控制，无法预期。宏观政策上，从"旧引导民间投资意见"到"新引导民间投资意见"的出台，印证了这种金融政策的不稳定性、不可预期性以及不可操控性；微观政策上，地方政府对于金融政策的设计和出台亦并非均可预期，诸多不确定的因素决定着微观政策同样使得金融投资存在极大的隐患性风险。[1] 对于政策性风险的防控，就当下出现的风险来看应着重从以下几点来完善，其一是政策出台的事前务实性调研和分析；其二是政策出台后期的施行和修正性落实；其三是政策和法律之间具体规则的互动；其四是政府机关对政策落实的监督和意见回应；其五是政策性风险的补偿机制的建立。由此，政策性风险的防控核心在于政策的可实施性及实施中意见的反馈、调整、修正、再实施。

2. 法律风险的控制

法律风险的控制是民间资本参与正规金融机构并购风险管控的核心要素所在。对于民间资本参与正规金融业务并购而言，除政策鼓励和支

---

[1] 地方政府微观性政策的不稳定有诸多的诱因，例如，2012年7月的"四川什邡宏达钼铜项目群体性事件"导致了投资近百亿元的项目停建，对于当事公司的损失自不必计算，其衍生出的软性投资环境和政府公信力和政策的可依赖性都受到相对的质疑。参见《四川什邡群体性事件：无人死亡已刑拘3人》，中国经营网，2012年7月5日。

持外，确实需要法律给予并购业务一定的保障。当下民间资本虽能进入正规金融机构并购业务中，但对民间资本进入的深度仍有限制，从法律风险控制因素看，在民间资本进入正规金融机构采用并购重组方式得到鼓励，持股比例放宽至20%以上的前提下，首先要求进入银行业的民营资本应具备"公司治理机构完善，诚信记录和纳税记录良好"。同时，给予民间资本一定的正规治理机制的支持，例如，村镇银行的主发起行应当向村镇银行提供成熟的风险管理理念、管理机制和技术手段，建立风险为本的企业文化，促进村镇银行审慎稳健经营。① 另外，鉴于法律支持的原则性，监管部门应出具更为细化的规范性文件，将"公司治理结构完善、诚信记录、纳税记录良好、入股资金来源真实合法"等要求具体化和明晰化，以最大限度降低法律风险。最后，对于银行业监督管理机构加强对民间资本进入银行业的服务、指导，依法答复相关法规和政策咨询亦应给予明晰的实施细则。

3. 民间资本固有风险的控制

民间资本固有风险在参与正规金融机构的并购业务中主要表现为因短期逐利而发生"隐性恶意并购"现象。我们认为，"隐性恶意并购"不同于普通恶意并购，后者是在被并购方明示自己反对并购意愿的前提而遭遇的并购；前者则是在被并购期望并购的情况下进行的并购，但在并购业务完成后，基于逐利的动机，并购方运用各种手段夺取被并购方的金融资源的行为。这种隐性恶意并购是在合法、合理的法律规则操作下实施的违法行为，一旦金融资源被夺取后，则被并购方的金融风险凸显，极容易爆发。

"隐性恶意并购"风险的控制主要在于并购业务前期的并购计划审核和并购业务完成后续的监督机制。例如，私募基金领域新近成立的诸多并购基金或其他民间资本在展开并购业务之前，应着重关注并购审核的流程，重点审核民间资本资金来源实体企业及其未来发展的计划，同时，对并购后业务的规划和实施步骤应有清晰的规划。另外，应在并购程序

---

① 参见《中国银监会关于鼓励和引导民间资本进入银行业的实施意见》银监发 [2012] 27号。

中强化对民间资本并购方退出时间和条件的约束机制，以此防控隐性恶意并购风险的发生。问题的关键在于，法律不应以阻止或抑制民间资本参与并购正规金融机构为出发点，而应以鼓励并购业务、防控风险意识并存的理念来进行规则的设计和流程的审核，这样才能达到矫枉而不过正。

4. 民间资本退出风险的控制

金融机构相比于实体企业而言，在资本退出环节应受到更多的法律监控，对于民间资本参与并购后的金融机构而言，尤应如此。健全的民间资本退出机制是其参与并购正规金融机构业务的重要法律保障，民间资本退出环节涉及资本权益人、债权人、经营者、监管部门等利益主体的权利和义务，基于民间资本的特殊性，退出机制应有别于正规金融机构的规则。鉴于民间资本的特点，在退出环节应重点关注两个问题，即风险预警机制和退出模式的设计。民间资本具有松散性的特点，当金融机构经营中出现问题时，资本的提供者可能会产生经营策略的变更意向和建议，这都可能影响金融机构的正常运营。同时，民间资本若直接或间接地掌控金融机构，相比于正规金融机构，应更加强化对其常规性监管和提升风险预警标尺。另外，亟须重点考虑的是与民间资本参与金融机构并购业务配套的个人破产机制和金融机构高管人员的行政责任、民事责任及刑事责任的规制。例如，个人破产机制是防范民间资本投资性风险的重要对策，在个人资不抵债的境况下，债务人为逃避自身债务而选择的出逃或过激手段均会引发衍生的金融风险。从维护金融机构稳定、金融市场秩序、社会和谐和百姓民生的角度出发，应积极出台《个人破产法》才能规避潜在的民间资本退出性风险。当然，同时也要防止利用《个人破产法》恶意逃债的问题，结合民事责任、刑事责任以及行政责任的承担，全方位的推出个人破产机制，防控民间资本退出性金融风险。

(三) 多元化的并购领域与严格的管控机制

民间资本进入实体经济和虚拟经济领域正呈现多元化的趋势，在这一趋势中，作为进入特定领域的路径之一，并购模式发挥着很大的作用。并购风险一般体现为三种困境：并购失败、并购后企业的赢利无法弥补企业为并购支付的各种费用、并购后企业的管理无法适应企业营运的需要，困境意味着风险，并购风险的预防机制并非简单的政策或法律的累积，而是多角度的综合性规范体系的设计。①

1. 多元化的并购领域与风险诱因

银行业、文化产业、保障性住房领域等更为开放的多元化领域向民间资本敞开，民间资本正以"强势"的姿态进入实体经济和虚拟经济领域。依据国务院鼓励民间投资细则的意见要求，国家鼓励民间资本进入公路、水运、民用机场、水利工程、电力建设等基础产业领域，鼓励进入社会事业领域，鼓励进入市政公用事业和政策性住房建设领域，金融服务领域，商贸流通领域，国防科技工业领域，国有企业改革领域等诸多曾经为政府管控的重要领域。

诸多投资领域的开放，使得民间资本在未来的发展中将会大力借重并购重组性投资模式，这将便捷、辅助民间资本进入特定领域开展业务。不同领域之间均有风险性差异，这种风险性差异的背后是不同的风险诱因，例如，民间资本投资者、管理者对不同行业的管理能力存在差异、民间资本对赢利性较高行业的短期逐利性投资风险、民间资本对特殊行业政策及法律规则解读偏差的投资性风险等。风险诱因存在民间资本参与并购业务之前，但却伴随并购业务始终，因此，民间资本参与并购业务的风险性呈现多样化趋势。

2. 严格监控的对策和机制需求

民间资本参与并购业务的风险监控应以严格监控对策为主线来设计。在政策和法律给予民间资本进入相关领域机会和空间之际，并购方式的流程审核和后续的监管机制应以"预防与监控并重"的理念来进行规则设计。事实上，风险防控机制的建设已经不再局限于单纯的并购法律规则自身，单独的并购规则无力承载控制民间资本参与并购业务的风险性，事前的预防机制和事后的监控机制需要全方位的法律规则配合。以民间资本参与并购后的金融机构破产为例，在监控民间资本退出环节中，就至少应从个人破产机制的完善和投资者保护机制的完善两个角度来审视资本退出的风险控制问题。可见，参与并购业务，仅仅是民间资本进入

---

① 参见柳传志《并购风险》，http://vip.book.sina.com.cn/book/chapter_63736_38942.html。

金融领域的一种路径，而这种路径的选择和风险控制则涉及宏观层面的金融法治环境、个人诚信体系、配套法律完善等问题，更同时涉及微观层面的并购业务审核、民间资本金来源审核、金融债权人利益保护等问题。由此可见，民间资本参与并购正规金融机构的机遇与风险并存，其监控对策应是一个"对策束"，而不仅仅是并购规则所能承载。

3. 监管政策的变革方向

民间资本进入金融领域已经成为政策及法律积极支持的金融体制深化改革的关键步骤。在这一进程中，民间资本必然将以多元化的姿态步入金融市场，在为投资者提供更优质金融服务和多样化金融产品的同时，为金融市场的发展注入新活力。民间资本持久的发展动力源于其多样化的投资模式，就民间资本参与高风险的正规金融机构并购重组而言，政策的大力支持和法律强化性监管应保持一种开放和监管兼容的态势，以达到监控而不压制、管控而不阻塞、推进而不滞后的效果。

二 民间借贷机构退出机制中的法律监管

民间借贷机构市场退出机制同金融制度的稳定和金融风险的化解密切相关。尤其对于中小金融机构而言，涉及广大金融投资者权益的保护和外部债权人利益的维护。[1] 民间借贷机构在我国金融结构深化改革的进程中影响着金融资源供给的数量和质量，必将逐渐地成为金融市场中强大的金融力量。正如资本市场中的上市公司一样，同样应遵循一种优胜劣汰的"游戏规则"。那种能够"登台"，却永远无法"谢幕"的模式只能累积金融市场中的风险，质量差异化的民间借贷机构应被"有所选择"地留在市场中或被清除市场之外。此时，民间借贷机构的市场退出机制则需要谨慎设计，结合民间借贷机构"合法化与规范化"刚刚开启的背景，应以具有前瞻性的规则设计理念和严格的规则建设来审视退出环节的规则设计。[2] 民间中小金融机构退出风险预警机制、退出中权益分配的顺序与方式的设计和监管、行政手段与法律规则的协调、保险制度和补

---

[1] 参见沈欣萌《我国中小金融机构市场退出机制研究》，载《经济师》2013年第3期。
[2] 参见王燕、沈雅琴《激励相容的金融机构退出机制》，载《上海金融》2005年第1期。

偿制度、司法系统介入的条件和功能等问题均需要详尽的规划。在对前述问题有明确的和针对性的制度构建的基础上，考量在金融机构退市环节中，多存在对金融机构退市的不理解与借助其非法获利的观念，应强力培育民间借贷机构退市的理念和信用环境。理念和信用机制的培养是一个长期的过程，不能仅仅停留在积极的引领性的方式和机制的建设上，而且需在民间借贷机构退市环节中注重责任追究机制。[1] 针对金融机构高管人员、退市中金融机构的管理者、行政人员、司法系统人员以及外部债权人代表等相关重要利益体，均应设置责任追究机制，这样也有助于增加和提高其金融风险预防意识，有效规范自己的职责行为。

(一) 差异化金融机构的竞争

不同视角下金融机构分类很多，有正规金融机构和非正规金融机构、普通金融机构和问题性金融机构、国营性金融机构和民营金融机构、优质金融机构和风险性金融机构、银行类金融机构和非银行类金融机构等诸多划分。不同类别金融机构区分的视角不同，差异化的金融机构之间存在着一定的竞争，其竞争的目标多是获取更多的金融交易或销售业务，以最终取得更多的利润，为投资者、金融机构高管和金融机构自身给予更多的投资或服务性回报。究其本质，差异化金融机构竞争的结果必然会出现不适应市场发展的劣质金融机构，既包括国营金融机构，也将包括民营金融机构。事实上，从经济发展和既有的信用环境来看，审慎面对劣质民营金融机构的"存活"和"退场"更为重要，毕竟，国营金融机构隐含着政府政策支持，而民营金融机构则直接面临着市场经济的残酷选择。在这种境况下，有必要观察差异化金融机构竞争的现状，以对民营金融机构的退市制度进行总结、反思和改进。[2]

1. 正规金融机构和非正规金融机构

正规金融机构和非正规金融机构之间的竞争，正规金融机构多占据

---

[1] See Ross Levine: Financial Development and Economic Growth: Views and Agenda, World Bank Policy Research Working Paper No. 1678.

[2] 不同视野下的差异化金融机构，虽然分类众多，在本质上是竞争力强和竞争力弱的金融机构之间的竞争。在金融市场中，经过优胜劣汰式的残酷金融业务竞争后，为市场法则淘汰出的弱势民营金融机构在如何退市环节存在着诸多问题。

优势。两者在资金来源、投资领域、治理模式、利润回报、风险预防和防控上均存在差异，基于前者发展的成熟性和政策支持，后者在诸多方面都无法比拟。但相比于正规金融机构而言，非正规金融机构对于小微型企业和农村金融消费需求的满足具有"天然"的优势。这种优势在相当长一段时间内是不可改变的。正规金融规模较大，对经营利润的需求相对更大，在农村等金融业务开展欠佳的地区并不希望投入过多的资源。与之相比，非正规金融在"地缘、业缘、血缘"等因素的促使下，能够为许多正规金融无法触及的地域或领域中供给相对多的金融资源，这种环境下的非正规金融机构比正规金融机构具有竞争性优势。总体来看，正规金融的优势仍强于非正规金融机构，在金融机构退市环节中，非正规金融机构的风险相对大于正规金融机构。

2. 国营金融机构和民营金融机构

国营金融机构和民营金融机构不同于正规金融机构和非正规金融机构的划分，国营金融机构的竞争力在当下强于民营金融机构。传统意义下，国营金融机构多属于正规金融机构，而民营金融机构则多属于非正规金融机构，随着金融体制深化改革，民间资本进入金融领域的合法化和规范化，更多的民营金融机构也进入到正规金融机构的序列中。国营和民营金融机构之间的区别在逐渐淡化，概念化差距的现实意义在逐渐降低，具体到两者的市场竞争力领域，民营金融机构更具活力，国营金融机构相比之下更具实力。从金融市场的发展来看，难以整齐划一地判定两者之间的竞争力强弱。在金融机构退市环节中，两者均存在风险，而民营金融机构的规范化发展时间较短，其风险性更为突出。

3. 银行类金融机构和非银行类金融机构

银行类金融机构和非银行类金融机构之间的竞争力差距悬殊，前者在竞争力、抗风险能力和发展的持久力上要明显地强于后者。银行类金融机构一直是金融市场中金融机构的"主旋律"，其业务种类和营销模式都渐进成熟，影响力在不断扩大，更进一步，非银行类金融机构的诸多业务开展一定程度上依赖于银行类金融机构的肯定和支持。从金融机构的长期发展来看，非银行类金融机构将更具经营活力，两者在竞争力上将呈现分化，银行类金融机构在服务于大型业务中存在优势，尤其是几大银行在特定领域内，如农业银行针对农村金融领域、国开行针对的基础产业领域等。非银行类金融机构有其特定的金融服务对象和领域，逐步形成自己的竞争优势。相比之下，非银行类金融机构所服务的特定领域处于金融体制深化改革中不断开放的领域，监管规范处于探索和规范期间，因而其在退市环节中的风险相对较大。

4. 优质金融机构和风险性金融机构

优质金融机构在金融市场中的竞争力和抗风险能力要明显强于风险性金融机构。风险性金融机构多发生在经营困难的金融机构中，且潜在的金融风险极容易爆发，难以如同优质金融机构那样可以开展正常且富有竞争力的业务。但鉴于正规金融机构和非正规金融机构中均存在优质金融机构或风险性金融机构，两者的竞争力又不可划一式地下定论。在退市环节中，风险性金融机构的风险明显大于优质金融机构，毕竟从定义和概念划分的层面来看，前者的退市因由不可能由于经营出现问题，而只能是金融机构转型或组织样态变更。因此，政策和法律应更加关注对于风险性金融机构的监控。

（二）金融市场淘汰机制的分类

金融市场中，众多金融机构的优胜劣汰竞争导致部分金融机构逐渐退出市场，其退出的方式呈现多元化的趋势。同资本市场中的上市公司类似，政策和法律应给予风险性民营金融机构以多渠道的退出方式和重生路径选择，在考虑金融机构投资者和外部债权人权益保护问题之际，应从维护金融市场稳定和鼓励资本流动的因素考量拓展民营金融机构的退出模式和方法。[①] 从微观经济发展来看，民营金融机构的市场退出环节面临着多种契约式的选择和束缚。在民营金融机构进入金融市场之初，默认式地同金融投资者、外部债权人、政府监管部门、金融中介组织、机构高管人员、公司员工等诸多利益体达成了一种契约网。多方相关利益体自民营金融机构设立开始就"自动"地开启了相互之间契约的联结，当然，其相互之间的契约期限、内容、方式均存在差异。当金融机构面临退出市场，

---

① 参见赵华伟、李小红《对建立健全我国金融机构市场退出机制的思考》，载《海南金融》2009 年第 3 期。

无论选择以利益分配方式结束组织还是选择以其他方式继续在市场中经营，从契约约束的视角来考察，都应在遵守契约效力的前提下，尊重和维护相关利益体的权益和利益诉求。[①] 就当下来看，以民营金融机构退出市场为例，主要有四种方式：其一是同其他金融机构合并；其二是接管、重整，继续经营；其三是转型为村镇银行；其四是直接退市。

1. 民营金融机构之间的合并

合并是民营金融机构尤其是处于经营困难期的民营金融机构继续存留金融市场中谋求后续发展的重要路径之一。合并对于民营机构而言，是一种自救式的经营方式，可以发挥民营金融机构之间强强联合的效应，有助于弱势民营金融机构的发展和壮大。金融机构之间的合并对于双方影响十分巨大，从合并分类来看，有"强强联合"、"强弱联合"、"弱弱联合"，其共同的效应是合并后金融机构治理水平更高，更具市场竞争力。而在合并过程中，尤其是弱势金融机构多有考虑借重此种方式"淘汰出局"进而"重生"的因素。可见，"淘汰出局"并非是完全退出金融市场，合并方式给予了弱势或问题性金融机构重新经营的机会和空间。未来，合并方式将是问题性金融机构间接"退出"金融市场重要的途径，而其中的风险主要集中在如何在合并过程中保护职工和债权人的利益。

2. 民营金融机构之间的拆分和重整

拆分和重整同样是民营金融机构继续存在金融市场中的策略。当金融机构发生经营性困难，但却存在优质业务和劣质业务之时，为保存金融机构的营利性，可以考虑将优质业务剥离出来以组建新的公司独立经营。这种策略也受到市场中金融机构的偏好，不仅可以避免潜在风险继续扩大危及金融机构在市场中的生存，而且可以有效地建设一个新的富有竞争力的商事组织。同样，金融机构在风险爆发之际，借助重整这种方式以清理附带的负债和潜在风险，重新恢复正常经营，也是面对直接退市风险的金融机构渴求的选择。[②]

[①] 参见庄守宝《金融机构退出机制分析》，载《中国集体经济（下半月）》2007年第2期。

[②] 金融机构重整中所需处理的潜在风险是多方面的，不仅包括资产层面的清理和对外部债权人利益的保护，还包括原金融机构高管人员的规范和金融机构自身治理规则的重建。

3. 转型为村镇银行

民营金融机构在规模和质量均发展良好之时，可以应势而变，积极遵循国家政策，向村镇银行转变。① 民营金融机构发展的趋向，应以村镇银行为目标，其治理规则，应渐进地以村镇银行为模板不断修改。从民营金融机构的长期发展来看，在符合政策条件的情况下转型为村镇银行不仅对金融市场有利，而且对满足农村金融消费者的需求有利。民营金融机构转型为村镇银行后，治理规则、经营业务范围、资金来源、发展趋向等都会有重大改变，对于投资者和外部债权人而言，均十分重要，能够从长期发展的层面来增进两者的投资权益和回报利润。

4. 直接退市

直接退市是民营金融机构发生经营风险后，最为直接的退出金融市场的方式。直接退市涉及利益群体众多，除金融投资者外，更多地影响着外部债权人的利益，因此，法律对于直接退市环节应重点规制。无论对金融机构投资者而言，抑或是外部债权人乃至金融消费者，民营金融机构的直接退市均对其个体利益影响至深。在创业板市场中的公司退市模式中，直接退市机制也是渐进地在不断完善，同样，对于可能隐藏着潜在金融风险的民营机构而言，更应审慎地规划和逐步进行。毕竟，直接退市中，金融机构将直接被淘汰出金融市场，尤其对于外部债权人而言，面临着更多的风险。更进一步，民营金融机构直接退市没有为投资者提供"重生"的机会，相关利益体的权益需要得到及时的保护，同时更将直接承担部分风险，这都考验着民营金融机构直接退市后相关利益体的抗风险能力。

(三) 民间借贷机构市场退出机制的设计

民营金融机构市场退出机制的重点在于规范化直接退市的问题。诸多民营金融机构依据自身经营状况和契约相关利益群体的需求，来最终决定以何种方式退出金融市场，既包括合并、重整以及转型为村镇银行

---

① 此处的民营金融机构主要指小额贷款公司等小型金融机构。

等方式，也包括直接退出方式。① 从保护金融投资者和外部债权人的视角来看，重点规范和监管对象是直接退市环节。在这一环节中，面临着金融机构风险的预警、风险爆发后防控机制、资产偿付的顺序与规范、投资者或外部债权人利益受损后的补偿机制等诸多问题。从契约视角来看，退市环节的"事前风险预防、事中风险控制、事后权益保护"均涉及维护民营金融机构设立之初所达成的契约联结的问题。从这一视角出发，就可以更加清晰地以契约的因素来从权利、义务的路径来审视多方利益群体对民营金融机构直接退市的态度和利益要求。其中，政策的制定和规则的设计应尤为重视对三类理念的选择，即在效率机制、公平价值、秩序价值三者之间的选择。高质量的政策及规则应涵盖三种价值，但显然存在难度，对于三者的选择如何平衡应将此类政策和法律规则的设计置于金融市场的发展和金融体制深化改革的大背景之下来考察。从当下的发展来看，鉴于民营金融机构所涉及的范围较广，其中的金融投资和消费者利益群体力量较弱，对于退市问题而言，应重点推崇对正义和秩序价值的保护，效率价值稍次之。

1. 退市风险预警机制

民营金融机构退市风险预警机制是防控因金融机构经营不善而导致金融风险的首要防范对策。风险预警机制应包括民营金融机构治理规则、经营绩效、利润回报、项目进展动态记录、高管人员变动情况等环节。事实上，这其中的任何一个环节的问题，均可能引发退市风险，因此需要得到来自法律的常规性和预防性监管。除了对民营金融机构的资产质量进行常规性监管外，更应针对其年度、季度、月度的经营绩效给出评估标准，并对投资者的利润回报做实时记录，同时关注重大项目的进展质量和重要高管人员的变动。对于诸多环节变动的情况，应以制度化的信息记录和传递流程确定，使得金融机构内部监管者、外部政府监管者乃至一定的投资者及时获知，提前预判金融机构发展的质量和潜在风险的大小。

---

① See Erik F. Gerding: The Outsourcing of Financial Regulation to Risk Models and the Global Financial Crisis: Code, Crash, and Open Source, Washington Law Review, Forthcoming.

2. 退市中风险防控机制

退市中的风险防控机制对于控制风险扩大和传递起着十分重要的作用。风险防控机制，应重在控制退市中责任人的滥权获利、风险传染、债权人利益的维护、监管部门与防控机制的连结、司法系统的监管支持等环节。在民营金融机构退市风险控制机制中，应着重发挥外部债权人的作用，毕竟退市风险威胁较大的权益主体必将更为关注自身利益的波动。预警机制中的不同"预警要素"的变化，应在不影响金融机构商业秘密和正常业务开展的前提下向债权人及时披露。政府监管部门和市场中介机构可以联合，对可向债权人披露的内容加以规范，以约束和提高金融机构信息披露的内容和质量。对于违规未向债权人详细披露信息的金融机构高管和信息传递中所经过的"环节负责人"，均以法律处罚，并将处罚结果对外披露和记录。

3. 退市中投资者权益的保护

退市过程中，民营金融机构的投资者的利益需要受到法律保护。金融投资者有权维护自身的权利，并有义务对退市的流程和内容进行监督和规范，正如公司股东所言，公司在破产或变更之际，股东有权收回或借助其他办法处置自己的投资。

4. 退市中外部债权人利益的保护

外部债权人利益的保护在退市中至关重要，直接影响到退市中是否会产生金融风险以及风险的传递问题。债权人同投资者相比较，在资本投资和追求回报的意义上两者是相同的，区别在于所享有的权利和承担的义务，同时，债权人利益的波动比投资者更能对其他利益相关群体和金融市场的稳定产生影响。

5. 退市中金融高管的问责机制

民营金融机构退市环节中所涉及的诸多风险防控对策，需要一个能够贯穿其中的连接线，这条线就是金融机构高管人员的责任追究机制。高管人员掌控着金融机构退市中的每一个程序，毕竟最熟悉金融机构资产状况、营利情况、风险所在、发展趋势的人是企业的管理者。在信息不对称的情况下，高管人员是监管者、投资人、外部债权人和其他利益相关者了解金融机构资信的重要渠道，高管人员的行为影响着预警机制是否可以有效提前发挥其作用，影响着金融机构日常治理机制是否能够正常运转，对于投资者和外部债权人的权益更是起着近乎决定性的作用。事实上，包括金融机构自身是否符合退市标准，以并购或其他方式继续发展等重要决策的信息审核依据均来自高管。我们认为，民营金融机构高管行为对于整体上控制金融机构的风险至关重要，而除在法律理念和企业信用文化角度来引导高管审慎行为之外，只能借助责任的规范以约束和引导高管的经营行为，使得其时刻意识并要求自己的行为符合高管对于企业所担负的忠实义务和注意义务。

(四) 退出机制法律监控的重点

退市风险防控的框架应以金融市场中信用环境、法律理念及规则、政策制定四者相结合来具体规范。长期来看，民营金融机构退市方式及空间的拓展、退市中衍生的金融风险的控制、退市中负责人责任的规制、金融机构员工权益的保护、退市标准的设定和弹性变动、官银入股的管控和投资性质认定等问题是民营金融机构在退市中需要着重规范的问题。[①] 从金融体制深化改革和开放的层面来看，金融机构退市方式应多元化，给予民间资本进入和退出一种更为广阔的空间和自由度，在防范风险的同时引导资本在市场中的自由流动；对于退市中出现的金融风险应作为退市环节中最为重要的问题加以规范，实践中出现的民间借贷风险印证了金融机构破产之际所引发风险的传递性、破坏性和不可控性的危害，需要得到政策和法律的严格性监管；作为风险的"引爆源"，金融机构退市中的责任人应受到法律的严格监控，以规范其行为，减少因退市造成的金融机构资产受损问题；基于民营金融机构内涵的丰富和样态的多元化，应积极设计有针对性和弹性的退市标准，以适应特殊类别的金融机构；对于官银入股而言，不仅涉及投资者金融投资利益的回收，还涉及腐败问题，需要从商事法律和刑事法律两个方面共同审视。

1. 退市方式空间的拓展

民营金融机构经营不善或接近破产之际的退出渠道需要拓展，这涉

---

① 参见熊进光、潘丽琴《中国民间借贷的法律监管问题》，载《重庆大学学报》（社会科学版）2013年第1期。

及市场是否给予了民间资本充足的投资和流动空间。金融市场的准入门槛在不断降低，并已经为民间资本打开了大门，但从成熟的金融市场的经验来看，资本进入金融市场之后的流出模式仍需政策给予更进一步的支撑和规范。

2. 负责人责任的规制

退市环节中，民营金融机构负责人掌控着资产的分配和退市关键事项，对于债权人、员工及其他投资者的利益影响至深。对于责任人应予以严格的责任管制，这种管制不应局限在退市中对其行为的规范，更应明晰违反规则后处罚标准以及事后追责机制。对于退市中金融机构资产的处置实行签字负责制，签字审批人员的责任追究时间应在五年到十年之间，以此警示并约束责任人。对于责任人追责的种类，仍应以民事责任为主，刑事责任为辅。事实上，此环节的关键在于如何监督和评判责任人是否尽到注意义务和忠实义务，以及是否违背了退市中其所应承担的义务，同时，一旦发现此类情况，监管部门又是否能真正的追究其责任。

3. 职工权益的保护

职工在民营金融机构中更容易受到退市风险的影响。国营或正规金融机构中的职工，多"捆绑"着多种利益保障机制，其维权意识更强，相比之下，民营金融机构中的职工维权意识淡薄，法律所给予其维权的机制难以自动地运转起来。在这种情况下，应在金融机构的日常经营中，常规性地从法律风险防范和权益保障层面进行知识性的培训。但鉴于此种培训的对象和其最终目标，会"天然"地引起高管人员和投资者反感，如何能够使这种培训务实性地开展而非流于形式，是立法所要考量的重点。

4. 退市标准的设定

民营金融机构的退市标准，应践行多元化的标准要求。民营金融机构多为非正规金融机构，服务的领域集中在正规金融多不愿或难以开展的业务范围，由此，民营金融机构的规模相比正规金融机构弱小，开展金融业务的空间和种类受限。在这种背景下，不同类别的民营金融机构在特定的金融服务领域形成了自己的"准入标准和退市标准"。对于民营资本所设立的典当行、小额贷款公司，尤其是在村镇中设立的非银行类金融机构，必须依据当下金融市场发展的情况来设定退市标准，而不能整齐划一地来要求。这种标准认定和审核的权力可以下放到县级的金融监管部门，同时，设立垂直的上级监管部门，以监管"监管者"。这种垂直的监管是极为必要的，可以在一定程度上有效地避免因权力下放而造成的寻租成本。更进一步，退市标准的设计必须以一种弹性的理念来引导。民营金融机构在村镇领域中退市的标准可以"应势而变"，当其自身资产规模、业务范围逐步升级后，其退市标准自然就应过渡到上一个级别的标准。这种立法理念就会产生一个问题，那就是出于监管标准的问题，发展壮大的民营金融机构不会自愿地去"升级"。因此，监管部门也应设定常规性的检查和检测程序，以主动地推进民营金融机构的监管升级。

5. 官银入股的管控和投资性质

民营金融机构中的投资者难免会出现官银入股的问题，需要严格管控。官银入股的性质和发现后的处理问题多在两种情况下显现出来，其一是面临金融风险，金融机构资不抵债之际，投资者追索投资时官银问题会浮出水面；其二是在金融机构退市之际，面临利益的分配与权益的保护时，官银问题也会出现。对于官银入股问题的处理，有两种路径：一是为了维护金融市场的稳定和秩序，采取保守对策，将官银作为一种普通的投资或债权处理；另一种是采取严格管控的对策，审核官银的来源和途径，以查核官银背后是否潜藏金融腐败或其他法律问题。我们认为，从官银入股的本质和金融市场长期的发展来看，应对其给予严格管控和责任追究规制。官银入股背后多潜藏着权力和金钱的交易或其他腐败问题，对于金融市场深化改革有弊无益，权力的介入必然导致金融市场自由化和开放化中出现资源向权力倾斜和让步的问题，其中的衍生交易存在风险。因此，官银入股民营金融机构应得到有效和严格的控制，一旦官银入股问题被发现，首先应对官银的来源进行审核，若出现问题则应从刑事或行政责任方面追究相关责任人。从温州民间借贷风险爆发后的官银入股处理方式来看，政府更倾向于采取一种稳健的对策，这种控制风险的态度在彼时是可以被理解和接受的，民众对于这种处理策略也给予包容和理解，其根源在于金融市场已经爆发风险，不宜更进一步刺激更深层次的问题和矛盾。但从立法设计层面来看，则应从规制风险、严格治理的效果来规范官银问题。

其中可能涉及的问题是，当民营金融机构退市或发生金融风险之际，经审核发现投资资本中有官银入股问题，若常规性地继续追究官银的来源及其问题会更进一步地影响该金融机构的资产安全性和抗风险能力时，应如何处理。我们认为，金融机构的稳定至关重要，不仅影响其除官银之外的投资者权益的稳定，而且影响金融机构外部债权人的利益，对于此时的官银应采取托管处理方式。即如果经审核发现官银来源的路径确实存在问题，但又不得不继续保留官银在金融机构中的投资需求，则应将官银资本托管给监督管理机关，由其组成代管项目组，以管理者的身份来负责官银在金融机构中的常规性运行。在合理责任的基础上，管理者应负有公司中普通高管所应担负的注意义务和忠实义务，对金融机构的投资者和外部债权人利益负有责任。当金融机构相关问题处理后，再由官银项目负责组将权限交还金融机构，继续由司法部门就官银问题做进一步调查和审核。对于官银入股的责任人应追究其责任，其责任人至少应包括两类主体：其一是官银入股者；其二是金融机构的核心高管人员。对于前者的责任追究没有异议，而后者是否应承担责任，将承担何种责任则存在尚需明晰之处。我们认为，所谓核心高管人员，是指那些了解官银资本的性质、来源及其非法性的金融机构的管理者，既可以是金融机构的发起设立者，也可以是重要的投资者和金融机构的管理层。此类主体清楚官银本身属性，主动允许其进入民营金融机构，间接地利用官银背后的权力，不仅注入潜在风险影响金融市场的稳定，还是对金融市场秩序的一种冲击和对抗，应担负一定的责任。对于市场中介机构而言，若在对官银入股中发现其明知资本的来源和性质，仍为此项业务提供中介服务，则也需要承担法律责任。

6. 总体框架设计

民营金融机构退市机制的规范化，是金融市场深化改革中开启民间资本进入金融市场流动的重要环节，需政策和法律审慎规制。差异化金融机构之间的竞争，其实质是优质金融机构和劣质金融机构之间的竞争，当然，这里需要忽略国家政策对国营或正规金融机构的政策性扶持。在这种境况下，劣质金融机构退出金融市场的方式和空间需要拓展，以回应民间资本在金融市场中自由流动的需求。在对比上市公司退市机制的安排下，民营金融机构的退市规则应重点关注公平、正义、秩序价值的实现，效率价值应置后。与此同时，立法者应以民营金融机构设立之初的契约因素来审视退市环节的法律问题，以各方利益体的权利、义务诉求来审视规则设计的优劣和待完善的地方。其中极为重要且需要规制的问题集中在两个方面：其一是政策和法律对待官银入股金融机构的问题，从金融体制深化改革和金融市场健康发展的因素考量，必须严格管控当下官银入股的现象，以预防其中潜在的权力滥用和衍生腐败的问题；其二是民营金融机构退市标准的弹性化，对于经营领域集中在村镇范围内的民营金融机构，应给予其特定的退市标准和"升级"标准，为其提供充足的生长空间和灵活的发展策略路径。

第四节 借贷高需求现象的反思：农村金融现实困境

一 我国农村融资困境及对策

（一）农村融资现状

从社会资本、非正规金融对农村金融所发挥作用的视角进入，比较社会资本同非正规金融之间的异同，引入产权制度改革所产生的金融效应，可以发现农村产权对于缓解农村融资困难的有巨大作用及丰富的衍生效应。通过对社会资本展开研究，我们发现社会资本和非正规金融存在内在关系，作为社会性金融资源，可以借由非正规金融制度安排来为农村融资提供强大支持。而产权制度改革将会更进一步地改变社会资本结构，以金融道德与社会道德引导社会资本和产权资源，并促进农村金融实质性问题的解决。在农村产权制度变革中，应注意将活化农村产权资源和控制衍生风险置于同一制度变革中。

目前，农村融资难问题仍然是困扰"三农"问题的重要症结，更是影响金融体制深化改革的重要因素，虽然国家从多元层面提供了丰富的金融支持，期望改善并扶持村镇小微型企业，但农村金融市场中的老问题"贷款难、融资难"依旧存在。[①] 有学者认为，这种困境的存在有两个深层次原因：其一，是金融体制尚在深化改革期中，农村金融资源仍未能完全解放出来，在既有的国家金融扶持"一事一办"模式下，农村金融市场难以得到深化改革和长效发展；其二，是金融立法不健全，在政策准许民间资本进入金融市场后，相应的立法规则未能及时跟进，为农村市场中民间借贷开展业务提供法律层面上的支撑，更进一步说，既有的农村金融市场法律规范仍有诸多尚待完善之处。在国家金融体制改革的大背景下，应借助政策的支撑，积极将法律创新作为扶持农村融资模式完善的对策和工具，引导并保障农村产权制度改革的进程和安排；将活化农村产权资源、控制产权流转风险及农民生活风险均衡的置于农村金融立法构建框架之下，才能渐进地发挥金融立法的作用，继而满足农村地区融资需求，并回应社会资本、非正规金融制度、产权制度变革三者的历史性发展和改革。

（二）农村融资困境成因

经济体制改革开放至今，农村村镇私营企业已成为不可替代经济推动力量，其重要性和地位已经无可非议地成为理论界和实务界的共识，同样，长期以来农村融资困难的"老问题"也持续性地吸引着学者的关注。对于村镇私营企业而言，在面临寻求正规金融资金门槛较高的境况下，只能借助非正规金融来解决自己融资难的问题，这种转轨经济环境下的金融抑制一直困扰着正规金融体制在资源配置上未能向农村倾斜。非正规金融在深化金融体制改革和推动金融产品与服务创新方面起着巨大的作用。同时，非正规金融视野下的社会资本对于降低融资过程中的信息不对称成本和交易成本、培育诚信环境方面发挥着不可替代的作用。当然，在分析农村融资问题时，应考虑到中国农村地域经济发展不均衡

[①] 财政部有关负责人指出，支持小微企业发展的各项税收优惠政策主要包括：大幅提高增值税和营业税起征点；将小微企业减半征收企业所得税政策延长到2015年底并扩大范围；自2011年11月1日至2014年10月31日，对金融机构与小微企业签订的借款合同免征印花税；将符合条件的农村金融机构保险收入按3%税率征收营业税的优惠政策延长至2015年底；将金融企业涉农贷款和中小企业贷款损失准备金税前扣除政策延长至2013年底等。参见李蕾《中央财政安排30亿元资金扶持初创期小微企业》，载《新京报》2012年5月5日。

的差异问题。有学者认为我国农村金融市场的根本性问题"不是有效需求不足导致的资金外流，而是融资机制扭曲造成的有效供给不足，由此造成融资市场均衡处于低效率状态，即农村金融歧视性和农村信用合作的变异性导致的农村资金的配置效率低下"①。

1. 农村金融资源供给不足

从农村经济的发展趋势看，村镇私营企业对于金融资源的需求一直保持同经济水平发展的"同步"。市场经济改革下的农村私营企业对于金融资源的需求不断提升，融资已经成为困扰"三农"经济发展的"老问题、难问题"。作为农村融资模式的主要路径，信用融资一直占据主导地位，这种自发性的融资模式在庞大的村镇私营企业的需求下，并非正规金融机构所能满足。② 尤其是在正规金融机构更倾向于城市企业、正规机构贷款的背景下，农村村镇企业难以从正规金融机构寻求到适度的金融资源。

此外，从农村融资需求的群体角度观察，差异化的融资类型现象愈加明显。往往收入中等的农户缺少对融资的需求，但在收入处于两极的收入高和低的阶层则出现了"井喷"式的样态，出现上述现象的原因是由农户自身发展模式所决定的。收入偏高群体希望融资以更进一步提升收入水平，而收入偏低的农户则是为了解决生活问题而对融资有所需求。在提升和改变生活质量以及寻求生存和安全环境情形下所出现的差异化融资需求是不可控且长期存在的，与之相对应，所融资金的用途在两者间也存在较大差异，当然，融资额度大的资金多数以投入生产经营为主。③

2. 金融缺口和融资制约

经济增长与金融市场密不可分，完善的金融体系不仅能够有效配置金融资源，还可以降低交易和投资成本，继而影响技术性创新和促进金

---

① 参见许炳南《我国农村融资现实审视与制度重构》，载《金融研究》2006 年第 1 期。
② 不完全统计，中国农村拥有 2.4 亿农户和 2300 万元农村企业，这必将产生巨大的融资需求。参见：同上。
③ 生产性经营的投入多集中在种植业、养殖业、建筑业、运输业、商饮服务业方面，而生活性投入集中在建构房屋、婚嫁、教育、医疗、添置家电等。

融效益的增长。但是，在金融抑制下常常存在的金融缺口影响着金融市场的融资配置，尤其是在农村金融市场中，金融缺口问题十分严重。农村金融投资收益率相对较低，而正规金融机构毕竟是营利性的商事组织，在这种情况下对于农村地区无利可取的业务方面兴趣不大，这种商事组织的本性特征阻却了农村融资完全依赖正规金融的路径。由此，非正规金融在农村地区尤其是对金融资源极度渴求的地区频发。

农村金融存在缺口的主要原因不仅是农村金融市场金融需求总量无法通过正规或非正规金融机构得到满足，而且是同时存在严重的资金外流现象。这种金融市场均衡的低效率在非正规金融的作用下有所缓解。在非正规金融的高利贷现象中，利率的变化取决于多种因素，例如，银行利率水平、地域性资金需求的现状、融资主体资信、借贷资金用途和风险等都影响借贷利率的变化。一般情况下，高利率的借贷资金用途多发生在房地产领域，虽然这种高利贷风险较大，但巨大的经济收益往往蒙蔽了借贷者的双眼，以致其忽视了其中的借贷风险和法律风险。农村产业弱收益性也是农村获取融资的重要约束因素。在金融市场中，资本必然会寻求能够获得高收益的投资渠道，这是资本的本性。但农村产业中多是农业产业，不仅投资风险巨大同时收益率同城市中的项目投资较低，从资本收益的因素评估很难吸引寻求高利润的资本。更进一步，农村金融市场的信用环境相比于城市金融市场更为缺失，金融机构从规避风险出发，也会倾向于将资金投入到信用机制建设相对完善的城市金融市场中，而即便对于资信好的农户和农村私营企业，也没有借贷的兴趣。

（三）融资问题风险及对策

1. 融资风险

农村金融市场在对金融资源渴求的同时，伴随着民间借贷风险的多发，虽然正规金融一直是农村希望并一直重视的金融借贷机构，但非正规金融已经成为民间借贷的主要路径，据 IFAD（International Fund for Agriculture Development，国际农业发展基金）（2011）研究报告指出，中国农民的信贷需求主要依赖非正规金融，其从非正规渠道贷款的规模大约相当于来自正规金融机构的4倍。① 我们应清醒地认识到，即便在美国金融市场如此完善的国家中，非正规金融也仍然是广泛存在且起着重要的不可替代的作用。试图用正规金融完全取代非正规金融是不符合客观事实的。在平衡二者之间的关系上，应从平等竞争、相互补充的功能性视角来审视各自的优势，从而发挥互补性的作用。

非正规金融虽然有诸多正规金融不可比拟的优势，但同样有自己的"顽疾"。高利贷就是存在于非正规金融中不可抹去的风险性问题。非正规金融中利率较高，通常情况下可能性的借贷成本也要高于正规性金融机构，但基于信息优势和资信审核优势的存在，正规金融在借贷成本方面仍然要高于非正规金融机构。非正规金融机构中的隐性担保机制往往成为诱发高利贷风险的因素，不过可以肯定的是，高利贷现象不应也不会成为非正规金融中的常态。②

在借贷过程中，借贷者选择高利贷方式进行融资的因素有两点：一是，高利贷手续流程简便，能够非常及时地解决资本需求；二是，凭借自己的资信无法从正规金融机构获取相应的资本，或即便能够获取资本，但是借贷手续烦琐、耗费时间较长，难以满足应急性的资金需求。从深层次来看，农村信用社的借贷利率也不低，部分群体认为农村信用社的借贷利率相对较高，但可以接受，这表明农村通过高利贷获取资金需求的原因并非完全取决于利率的高低，而更大程度上取决于资金的可获得性。事实上，高利贷仅仅是非正规金融中的一小部分，但其引发的金融风险则可能波及整个民间借贷的体系。

2．应对策略

作为正规金融进入农村金融市场的唯一金融机构，农村信用社担

---

① 参见殷俊华《金融缺口、非正规金融与农村金融制度改革》，载《金融研究》2006年第8期。

② 随着正规和非正规金融机构的改革，愈加多的金融机构加入到金融市场中为农村提供更多的金融资源，可以缩小金融缺口，降低诱发高利贷的风险。据统计，在农村金融市场中占据重要位置的农村信用社的金融供给能够接近满足三分之二的农村信用社贷款户，粗略估计，剩余三分之一的资金需求者只能将获取金融资源的路径依赖于非正规金融机构，而其中必然有部分"资信差"的贷款者求助于高利贷。

负起了补给农村金融的重任。尤其在国有银行退出农村金融市场后，留下的金融市场空白均由农村信用社来承担，但股权机构单一、治理规则尚待完善、服务产品匮乏等问题一直困扰农村信用社的金融供给，这造成了信用社的金融供给能力不能满足农村金融市场的常规性需求。对于农村产权制度的改革，作为农村信用社体会尤深、需求更大，活化农村既有的资产以丰富金融市场中农村能够调动的资本也一直是农村信用社所期望的，其核心问题在于产权流传并资本化后必然会产生的"失去产权的农民的生活保障"问题如何应对。农村信用社从自身的治理机制到市场定位均应重新审视，从政策性金融机构到政策性与市场性并存的金融机构的转变将会为农村信用社提供更具有竞争力的产品和服务。

农村金融体制改革的核心是农村金融市场机制的建设，是正规金融机构和非正规金融机构如何协调发展、相互补充机制的建设。有学者认为，中国小农经济的性质和小农的行为特征与商业性金融是不兼容的，也就是说，农村中民间借贷广泛存在，其原因不仅在于其经济合理性，而且还有制度上的根由。[1] 这种观点虽然有一定的理论依据，但不能就此认为扩充正规金融机构在农村金融市场中的服务空间和广度就不会使农村金融需求紧张状况得到缓解。不可否认，即便正规金融重新深度进入农村金融市场，非正规金融机构仍有自己生长的空间和土壤，不过正规金融为农村所能提供的金融服务的正面效应将会是巨大的，而且是非正规金融机构不可替代的。在推进正规金融进入农村金融市场的进程中，我们应充分地认知非正规金融机构对于农村金融市场的重要性和意义，多数缺乏有效抵押资产的农户只能得到非正规金融机构的"青睐"，这决不能否认。由此，产权制度的变革将会对推动金融体制改革起到巨大的作用，其核心在于，产权制度的改革将会为农村提供更多的可以活化和进入金融市场的资产和资本，真正发现并发掘出存留在农村的资源和价值。

---

[1] 参见殷俊华《金融缺口、非正规金融与农村金融制度改革》，载《金融研究》2006年第8期。

二 微型金融服务"三农"的作用和模式

"三农"金融服务问题不仅是某一地区的重要经济和社会问题,还是国家的重要经济和民生问题。农村金融服务政策和法律规范的完善可以推动"三农"的发展,对于涉农贷款支持的路径呈现出多元化趋势、涉农金融产品日渐创新、金融政策不断丰富,这将有利于农业现代化的推进,改善农民金融服务环境。未来涉农金融产品和服务将在调动农村各类生产要素、活化资金流动的基础上,逐步完善涉农微型金融政策和法律规范。

农村金融是涉农资金各类要素流动和重新配置的重要模式,在推动农村经济发展和服务"三农"建设中发挥着作用的巨大。"三农"发展有其特殊的地域性环境和特定的生产要素资源,正规金融可以对服务涉农金融起到巨大的推动作用,但全方位的涉农金融服务需要民间借贷中微型金融的细化性支撑。在当下,完善涉农微型金融服务应从三个方面来重点思考:其一是体制层面的改革,涉及金融体制深化改革的问题;其二是涉农业务方面,涉及金融产品种类和服务方式的创新问题;其三是国家政策和法律规范的支撑,关于涉农金融服务的环境和信用机制的建设问题。[1]

(一) 微型金融服务"三农"的功能

历史传承下的农村金融基础较弱,金融环境尚未成熟,农村获取金融产品和服务成本较高,正规金融未能给予农民充足的金融资源服务。同正规金融相比,微型金融更能够有效地深入到农村金融基础性服务层面,这将有利于推进涉农金融贷款的增长,缓解农民对贷款的需求,满足其对金融资源的合理要求。与此同时,积极地针对农民家庭组成的特殊性,拓宽涉农贷款的抵押品种类,以此带动金融产品创新和金融服务的创新,继而拓宽农民在能力范围内可以获取的金融服务空间。

---

[1] 从金融服务方面支持"三农"发展来看,国家和地方已经陆续出台了多个相关铺垫性政策,例如,《关于加快推进农业科技创新持续增强农产品供给保障能力的若干意见》《国务院关于支持农业产业化龙头企业发展的意见》《中央财政新型农村金融机构定向费用补贴管理暂行办法的通知》《中国银监会办公厅全面做好农村金融服务工作的通知》等。

1. 应对农村金融基础性问题

涉农金融产品和服务对于满足农村贷款依然存在短缺问题。正规金融机构虽然力图满足农民对贷款等金融服务的需求，但鉴于各类正规金融机构的特性和政策、营利性追求，均无法完全地将金融资源投入到回应农民需求之上。例如，县域银行吸纳的存款存在着为追逐利润而发生外流的现象极为严重，农村信用社作为服务"三农"金融支撑的主力受信贷投放能力制约，对农村的担保抵押机制仍有较大的空间尚待推展，农村金融部门普遍缺少熟悉金融知识、法律知识和会计知识的复合型人才，农村金融信用环境整体较差等问题。

对于以上问题，从农村金融体制深化改革层面出发应推进以下几方面的工作：其一是在合理控制县域银行金融机构资金投放本省农村的前提下，着力提升农村信用社服务农村金融的深度和广度；其二是针对服务农村的政策性银行金融机构，应大力扩展其服务的范围和空间，将政策因地制宜地细化为当地银行金融机构的具体业务种类；其三是积极引导商业性银行金融机构服务农村，合理地给予政策支持，以扩大其在农村开展金融业务中的利润空间；其四是创新性地推进微型金融机构在农村的建设和业务开展，以微型金融机构作为补充拓展正规金融的服务范围；其五是注重对微型金融服务的网络化建设工作，以从降低成本、便捷服务的因素，考量并改进服务农村金融的机制建设；其六是充分发挥小额贷款公司、典当行等初具成熟形态的民间借贷机构优势。

2. 形成重点县域金融支撑

基于农村对金融服务需求的重要性，可以在推进金融机构联盟的建设性框架下增强金融机构服务此类县域的能力和空间。对正规金融机构和民间微型金融机构之间、对银行和担保公司等金融机构之间、对市级和县级金融机构之间给予政策支撑，鼓励以合作和联盟方式提供金融服务。从政策上对于小额贷款公司、村镇银行的设立予以支持，尤其对于农业发展、农田水利基础性设置的信贷投入应加强。具体而言，在重点粮食县内，鼓励村镇银行和小额贷款公司的"保底性"设立，同时，对于金融机构的分支机构给予政策支持，以拓展金融机构服务县域的地方范围。针对小额贷款公司贷款额度受限的问题，应积极推进银行和贷款公司之间委托代理关系的建立,进而鼓励银行类机构为贷款公司提供信贷资金,扩大服务能力,解决受信贷额度限制的难题。

3. 发展小额贷款公司的政策

小额贷款公司同典当行相比,有巨大的金融服务优势,在推进涉农金融服务上应重点培育。对于县级小额贷款公司应从数量上和业务政策上给予支持,例如,每个县设立不少于 1 家的小额贷款公司,对于其中对小额贷款公司需求较大的县可以设立 5 家以上小额贷款公司。同时,政府和银行类金融机构积极引导当地涉农企业同小额贷款公司对接,起到促进企业和金融机构之间无缝对接的作用。更进一步,对于县域中资金实力较强的涉农企业,给予政策支持其设立小额贷款公司,专门针对涉农业务给予信贷投放。[①]

(二) 微型金融模式优化措施

加快推进农村微型金融服务基础性措施一方面可以拓展金融服务机构的服务范围,同时便捷地为农民提供金融服务。ATM 机、POS 机、电话银行、网络银行、手机银行等现代化的金融服务性设施将有效地辅助农村金融消费。以省级为单位,以吉林省为例,基于吉林省农业发展性需求,可以推进正规金融机构和民间微型金融同社会资本结合发挥作用,例如,推动各类投资基金、信贷资金、租赁公司等同本省农业中的基础水利设施建设、节水灌溉技术推广等联合共建。引导各类金融机构和资本进入农村基础设施的建设,例如,推动资金进入棚膜蔬菜经济发展模式、支持畜牧业的发展、助力农业科技成果转化和推广等。

从金融服务带动涉农经济发展的层面看,必须通过地方财政政策积极地引导各类资金投向农村农业发展中重点行业和急需资金支持的重大

[①] 以吉林省为例,自 2008 年开展试点工作以来,吉林省小额贷款公司从无到有,实现了稳定、健康发展。截至 2011 年 12 月末,我省已经批准开业小额贷款公司 231 家,其中县域地区共有 125 家,占小额贷款公司总数的 54.11%。县域小额贷款公司注册资本金 20.85 亿元,占全省已批准开业注册资本金总额的 39.11%。县域小额贷款公司累计发放贷款 18.49 亿元,全省小额贷款公司同期累计发放贷款 66.48 亿元,县域公司累计发放贷款占比为 27.81%,贷款余额 11.57 亿元,全省小额贷款公司贷款余额同期为 32.45 亿元,县域公司贷款余额占比为 35.65%。对农村经济和中小企业发展起到了积极的推动作用。

项目。从推进农村工业化建设中的金融服务需求出发来看，应通过改善金融服务质量和环境来吸引县域外的优质企业进入本县。从企业的供应链金融服务出发，更进一步地完善企业联保方式，对小微型企业加大信贷投入。提高农村企业之间的信息化沟通能力，尤其是企业同金融机构之间的信息流动，尽量解决信贷资金需求方和供给方的信息不对称问题，这将在降低企业寻找金融资源的同时，提升金融机构服务效率。

可见，最大限度地在企业和金融机构之间建立起一种无缝隙的金融资源共享平台极为重要，一个信息透明、资源丰富、真实准确的金融产品和服务共享平台对于完善农村新型工业化金融环境建设极为重要。尤其对于当地大型企业而言，要选择中大型金融机构建立起长效性服务机制，合理地确定借贷资金的期限、利率、还款方式，以服务企业发展为出发点，以保障金融机构利润为底线来设计长期合作模式。更进一步，应推进当地金融机构辅助和支持地方支柱型大型企业承担地方主要农产品售出工作，对其出口信贷以及未来发展中可能面临的上市、融资、发行债券等问题均予以支持。

1. 支持林业等特色性产业对金融服务的需求

林业在涉农经济中占据重要位置，推进林权改革等措施和活化林权资源，均离不开相应金融服务的支撑。细而言之，在既有的产权交易中心的基础上，进一步建立起林权交易体系，针对林业特殊的林权担保建立针对性的担保机制，真正实现林权在抵押贷款方式中活化价值。同时，对于特色优势产业，如鹿茸、人参、林蛙等特色产业资源，应借重引入金融投资战略者的优势来开发相应的产业链，继而打造成贯通种植到销售的产业金融服务。政策先导先行、法律规范辅之是逐步建设支持特色性产业金融服务的理念，在政策强力支持和引导的前提下，在国家金融法律规范的框架内，地方政府陆续出台具有针对性的和可持续性的地方法规，以规范特色性产业的金融服务支撑。

2. 支持农民专业合作社

农民专业合作社对于推动农民"联盟式"地进入涉农市场、开展农业产业化经营有重大的推动作用，需要得到金融服务的大力支持。例如，民间微型金融机构应通过信贷员或金融产品销售人员，深入农民专业合作社了解其对贷款规模、方式、用途的需求，对农合社中农民资信信息进行审核并存储到征信系统中，在形成信用等级后，作为审批信贷的依据。实践中由市场推动下形成的"公司+合作社（基地）+农户"的农业产业化模式正在逐步壮大，其对于连接农合社发挥民间的生产要素有着极为重要的意义，也为微型金融机构给予农合社金融信贷支撑提供了必要的担保。创新性的担保模式多源于市场自发的演进，农合社模式创新性地活化了模式中各类主体之间要素的价值，并使之能够在流动中获得相应的金融服务支撑。

3. 县域龙头企业的金融服务支撑

龙头企业的高效推动式发展，可以带动县域内的涉农经济，对其应给予政策上金融服务的必要支撑。具体从以下三个方面来给予考量：其一，支持县内大型企业上市，通过实行上市前辅导和培育中小企业融资服务工程计划来引导更多企业上市，依据企业规模不同而选择性地推介企业选择不同的资本市场，支持重点企业通过多元化的融资路径进行筹资；其二，加大地方财政资金对投资类基金设立的引导，对设产业扶持倾向明晰的投资性基金给予地方财政支持；其三，从参与国内和国际化涉农市场风险控制角度出发，引导涉农大型企业进入期货市场进行风险管理和套期保值，在接纳金融服务的同时最大限度规避金融市场风险。

4. 引导涉农信贷产品创新

涉农信贷产品的创新，是激励农民购买金融服务的动力。尤其对于涉农产业而言，农民在多数情况下相对缺乏抵押产品，而无须抵押担保的农民小额信用贷款可以弥补这一缺陷，同时，对于农民贷款存在的潜在风险，可以借由改进后的农民联保贷款模式来推进贷款规模扩展。从贷款抵押担保物品种类上也要有所创新，对于已经被纳入到抵押担保范围的农村大型农机具和正在逐步推广的农村宅基地抵押贷款应进一步完善和推广，真正起到活化农民财富，提供给农民金融支持的作用。当然，在这种新型贷款产品推广的过程中应着重注意金融风险的控制，对于微型金融机构而言更应关注贷款对象的偿付能力和联保方式中潜在的风险源。

5. 强化涉农保险金融支持

涉农保险金融服务会在一定程度上为农民基础性生活带来保障。政策层面上，应在不断加大地方政府对涉农保险补贴资金投入的同时，逐步地开放和拓展保费补贴涉农保险的种类和适用空间。在传统种植业和养殖业的基础上，必然会渐进地推广特色农业产业，这就需要配套保险机制的辅助，推进特色农业产业保险机制的完善势在必行。与此同时，针对近年来农业食品安全问题，可以提供涉及农产品的责任保险产品服务，以此提高农产品质量。更为重要的是，针对与农村家庭生活密切相关的医疗、生活等各类商业保险等均应从保险产品开发、服务流程、后续回应等方面进行完善性建设。

（三）微型金融模式待解决的问题

1. 发挥金融机构总部的作用

金融机构业务的开展、分支机构的建设、金融服务资源的倾斜、金融产品的创新等均需要由金融机构总部来决定，这就要求发挥各类金融机构总部的规划性作用。推动金融机构总部将金融资源向本省涉农产业倾斜，开发涉及农业的金融产品和符合农业产业需求的各类金融服务。同时，涉及各金融机构之间的联合与合作工作，均需要通过金融机构总部来完成。

2. 农村抵押担保机制的深化

拓展农村抵押担保种类和方式的空间是引导金融资源进入涉农产业和农民生活的关键所在，对于已经开展的土地承包经营权质押、农村住房和宅基地抵押、农业机械抵押等均需要进一步的完善，同时，不断完善直补资金担保贷款等创新产品，以回应弱势农村市场对金融服务和产品的需求。[1] 对于开展新型金融产品和服务的风险控制机制，地方政府为主导下设立农业生产要素抵押担保贷款服务中心，对担保要素、担保流程、担保信息、中介信息流动等提供统一的服务，便捷贷款方获取相关信息。[2]

---

[1] 2009年吉林省金融办《关于扩大农村有效担保物范围发展多种形式担保信贷产品试点的指导意见》。

[2] 《关于进一步强化金融服务"三农"发展的指导意见》，国务院办公厅，2014年4月发布。

本章小结

本章主要探讨了民间借贷市场风险与监管实践问题。针对民间借贷市场风险性问题的监控主要集中在：系统性金融风险的监管、权益人利益保护、高利贷问题及并购风险、退出机制监管等方面。首先，系统性金融风险的监管，需要在防范金融机构自身的经营、财务及清算中的财产分配道德性风险的基础上，着重防范投资金融机构的经济个体的财务风险，以免造成逃债性金融投资风险。其次，民间借贷权益人利益风险与监管核心在于构筑稳定的债权人利益保护体系，市场中债权人形态迥异，需要构建统一有效的监管体系。最后，民间借贷资本流动过程中涉及诸多利益的分配和纠纷，核心问题是如何处理外部债权人和内部投资者的可能损失及投资回报。民间资本并购及退出机制应关注运行环节的风险监管机制、投资者权益保险制度、金融机构不良资产回收等问题的处理。因此，民间借贷市场的法制化建设，应以各类监管对策为基础，最终提出细化的民间借贷监管制度的立法建议。最后，本章反思了农村金融的现实困境，认为中国农村金融市场中存在"金融抑制"和"金融缺口"，直接导致农村农民融资困境，并提出了法律对策建议。

第六章

民间借贷法律监管制度框架设计

如前文所述,民间借贷市场法制化的建设应是一个广义且内容丰富的法律监管体系。在法律监管框架的设计中,不仅要加强相关环节的立法工作,而且要使对民间借贷行业的监管形成一种规范的内在机制和外在体系,这样才能更好地对民间借贷行业实施有效监管,以维护整个金融市场的秩序,推动金融行业的大发展。具体包括两个方面:民间借贷立法变革;民间借贷行业监管的框架设计与机制建设。

第一节 民间借贷立法变革

一 民间借贷经济

简而言之,民间借贷是指公民之间、公民与法人之间、公民与其他组织之间借贷。只要双方当事人意思表示真实即可认定有效,因借贷产生的抵押相应有效,但利率不得超过人们银行规定的相关利率,即不得超过银行同期贷款基准利率的四倍否则视为高利贷,超出部分不受法律保护。民间借贷分为民间个人借贷活动和公民与金融企业之间的借贷。民间个人借贷活动必须严格遵守国家法律、行政法规的有关规定,遵循自愿自助、诚实信用原则。狭义的民间借贷是指公民之间依照约定进行货币或其他有价证券借贷的一种民事法律行为。广义的民间借贷除上述内容外,还包括公民与法人之间以及公民与其他组织之间的货币或有价证券的借贷。现实生活中通常指的是狭义上的民间借贷。

近年来,随着经济的快速发展和人们生活水平的不断提高,社会中积累了大量民间资本,而企业,特别是中小企业对资金的需求也越来越高。在国际金融危机的大背景下,银行信贷收紧,中小企业从正规金融机构获取资金变得异常艰难,社会上资金供需矛盾很突出。根据国家统计局对3.8万家小微工业企业贷款的调查数据显示,2011年仅有15.5%的小微企业能够获得银行贷款,小微企业银行融资占比与其对经济社会发展的巨大贡献不成比例。

(一)民间借贷与正规借贷的关系

研究民间借贷,对于正规借贷的了解很有必要。如前文述及,正规借贷是指发生在官方金融体制之下的正规金融机构、企业、社会个人及其他经济主体之间的以货币资金为标准的价值让渡本息偿付的活动。整体上,民间借贷与正规借贷之间存在着既竞争又补充的关系。

竞争关系。与正规借贷相比,民间借贷往往有着更高的运作效率。民间借贷以现金交易为主,交易方式灵活,手续简便,加上民间借贷一般发生在一个成员彼此熟悉的环境中,有利于减少信息不对称,而且社区中的传统习俗和共同道德使得民间借贷更容易引起社区成员的认同,有助于减少交易成本,提高交易双方的收益水平。此外,民间借贷的利率市场化程度比较高,能够更好地引导资金流向,满足借贷双方的需求。民间借贷对于正规借贷的这些优势,都会对正规金融借贷形成压力,随着民间借贷市场份额的不断增加,二者在市场上会因为争夺资金和业务而形成竞争。

互补关系。在我国,正规金融机构主要是为国有经济提供服务的,其资金主要流向国有企业。虽然正规金融机构对非公有制经济的支持在近年来也不断提高,但与正规金融相比仍然差距较大。而民间借贷主要是为非公有制经济特别是民间经济服务,其资金主要流向民间中小企业、个体户和农户。由于很多民间中小企业、个体户和农户难以从正规金融部门获得生产发展的资金,只能转而求助于民间借贷的支持。例如,在我国的东部沿海地区一些城镇中,例如温州,非公有制经济发展迅速,之所以非公有制经济能够如此迅速的发展,究其原因与民间借贷密不可分。从这个角度来看,民间借贷在一定程度上弥补了正规金融的不足,其与正规借贷之间存在着一定的互补关系。

根据民间借贷与正规借贷在整个金融市场上的竞争与互补，在维持国家正常的金融秩序中保护与破坏的关系，我们更应冷静地分析介于他们各主体之间的利益关系，用理性的态度对待日益增长的民间借贷市场，使其运作更加规范，同时尽力降低并消除它对社会的不利影响。

（二）民间借贷的法律特征

目前，我国民间借贷的法律特征有如下特点：民间借贷是一种民事法律行为。借贷双方通过签订书面借贷协议或达成口头协议形成特定的关系，从而产生相应的权利和义务。债权债务关系是我国民事法律关系的重要组成部分，这种关系一旦形成便受法律的保护。

民间借贷是出借人和借款人的合约行为。借贷双方是否形成借贷关系以及借贷数额、借贷标的、借贷期限等取决于借贷双方的书面或口头协议。只要协议内容合法，都是允许的，受到法律的保护。民间借贷关系成立的前提是借贷物的实际支付。借贷双方间是否形成借贷关系，除对借款标的、数额、偿还期限等内容意思表示一致外，还要求出借人将货币或其他有价证券交付给借款人，这样借贷关系才算正式成立。民间借贷的标的物必须是属于出借人个人所有或拥有支配权的财产。不属于出借人或出借人没有支配权的财产形成的借贷关系无效，不受法律的保护。民间借贷可以有偿，也可以无偿，是否有偿由借贷双方约定。只有事先在书面或口头协议中约定有偿的，出借人才能要求借款人在还本时支付利息。

我国民间金融市场由于长期缺乏有效的监管，合法民间借贷与高利贷和非法集资混杂于民间金融市场中，不仅不利于合法民间借贷发挥促进经济发展的作用，还会影响正常的金融市场秩序，阻碍经济健康发展。

高利贷问题。高利贷是指索取特别高额利息的贷款。极高的利率是高利贷的明显特征，根据最高人民法院《审理借贷案件的若干意见》第六条规定，民间借贷的利率可以适当高于银行的利率，各地人民法院可以根据实际情况具体掌握，但最高不得超过银行同类贷款利率的4倍，超过此限度的超出部分的利息不予保护。所以，可以看出，高利贷是指借贷利率高于银行同类贷款利率4倍的借贷活动，而借贷利率低于银行同类贷款利率4倍的民间借贷活动就是合法民间借贷。

由于高利贷有主体分散，个人价值取向、风险控制无力等特点。高利贷活动不可避免地会引发一定的经济和社会问题。一些利率奇高的非法高利贷，经常出现借款人的收入增长不足以支付贷款利息的情况。当贷款拖期或者还不上时，出借方经常会采用不合法的收债渠道，如雇佣讨债公司进行暴力催讨等。于是，因高利贷死亡、家破人散、远离他乡、无家可归的现象数不胜数。

2011年8月1日，温州巨邦鞋业公司老板王和霞失踪，大量农民工聚集厂区讨薪。同一天，温州市原人大代表谢公荣因涉嫌非法吸收公众存款罪被提起公诉，他被曝向58名个人和一家企业非法吸收存款1.7亿元。

2014年5月13日，青岛君利豪地产大亨姐妹双双跑路。究其原因还是在资金链上出了问题，由于从民间借贷机构大笔融资，需要高利贷周转，但遇到楼市转冷，销售陷入停滞，随之而来的必然是资金链的断裂，偿还不起高利贷选择跑路。

非法集资问题。除了高利贷之外，非法集资也是民间金融市场的一大诟病。企业为了生产经营活动所需向公民募集资金的行为在生活中尤为普遍。企业的这种行为是为了实现某种经济目的，依照法律、法规的相关规定的条件和程序，通过向社会或公众发行有价证券。企业集资分为合法集资和非法集资。合法集资是符合我国有关集资的相关规定的行为，非法集资是指单位或者个人未依照法定程序经有关部门批准，以发行股票、债券、彩票、投资基金证券或者其他债权凭证的方式向社会公众筹集资金，并承诺在一定期限内以货币、实物以及其他方式向出资人还本付息或给予回报的行为。

近几年来，非法集资活动猖獗，案件数量居高不下，大案要案频发，涉案地域广，涉及行业多，参与集资群众众多，不仅严重损害了人民群众的利益，而且严重影响了社会稳定和国家经济安全，非法集资已经演变成为典型的涉众型经济犯罪。为依法惩治非法吸收公众存款、集资诈骗等非法集资犯罪活动，最高人民法院会同中国银行业监督管理委员会等有关单位，研究制定了《关于审理非法集资刑事案件具体应用法律若干问题的解释》，该司法解释自2011年1月4日起施行。

二 民间借贷金融机构

民间借贷金融机构是相对于官方的金融机构而言的，官方的金融机构包括：银行、证券公司、保险公司、信托投资公司和基金管理公司等。民间借贷金融机构与官方金融机构相比有自己的特点。它是指一般不直接经营货币，只作为借贷双方介绍人、并从中收取一定报酬的中介人或者中介机构，往往具有一定的资金实力，消息灵通的特点，在一方有闲钱，而另一方缺少资金，但借贷双方都彼此不了解的情况下，从中撮合，使双方在商定好的利率上成交，从而获得收益。

民间借贷金融机构包括专门从事民间借贷中介业务的贷款经纪人和具有法人资格的金融中介公司。借贷经纪人为借款人和放贷人牵线搭桥，促成借贷交易成交，依据交易金额的大小从中抽取一定比例的手续费或者信息费。具有法人资格的金融中介公司从事的民间借贷中介活动与个体借贷经纪人没有本质区别，只是比个体借贷经纪人更加规范，提供相应法律服务，借贷活动更加安全。近年来，金融中介公司快速发展，成为民间借贷发展的新方向。由于这些从事民间借贷中介服务的金融中介公司在工商行政部门注册，具有法人资格，便于金融监管部门的监督管理，所以金融中介公司的发展有利于我国民间借贷市场的规范化。

目前，贷款途径除了亲朋好友之间不需要机构的借贷，主要还是通过小贷公司获得贷款，随着互联网的发展 P2P 网络借贷在民间迅速成为主力，由于其具有速度快、额度高、利率低的特点，现在已经成为民间借贷的最佳途径。

（一）小贷公司

小额贷款公司是由自然人、企业法人与其社会组织投资成立，不吸收社会存款，不得进行任何形式的非法集资。与银行相比，小额贷款公司更为便捷、迅速，更加适合中小企业、个体工商户的资金需求，对促进个体私营经济发展等方面发挥了积极作用。具体表现在三个方面：一是救急解难，帮助居民和中小企业克服了企业生产生活中的临时性困难；二是支持中小企业和个体私营经济的创业与发展，促进生产，活跃商品流通；三是作为正规金融融资主渠道的有益补充，对高利贷具有一定的抑制作用。小额贷款公司尤其是对于农村企业和农户应付小额融资、周转资金可以发挥重要的作用。小额借贷公司有以下特点：

首先，贷款利率高于金融机构的贷款利率，但低于民间贷款利率的平均水平。许多省、市规定：小额贷款公司按照市场化原则进行经营，贷款利率上限放开，但不得超过中国人民银行公布的贷款基准利率的4倍；下限为贷款基准利率的0.9倍；具体浮动幅度按照市场原则自主确定。从试点的小额贷款公司的利率来看，其贷款利率根据不同客户的风险情况、资金状况、贷款期限、抵押品或信用等级实行差别利率，以人民银行基准利率为基础，参照本地区农村信用社利率水平综合确定。

其次，在贷款方式上，《关于小额贷款公司试点的指导意见》中规定：有关贷款期限和贷款偿还条款等合同内容，均由借贷双方在公平自愿的原则下依法协商确定。小额贷款公司在贷款方式上多采取信用贷款，也可采取担保贷款、抵押贷款和质押贷款。在贷款对象上，小额贷款公司发放贷款坚持"小额、分散"的原则，鼓励小额贷款公司面向农户和小企业提供信贷服务，着力扩大客户数量和服务覆盖面。再次，在贷款期限上，小额贷款公司的贷款期限由借贷双方公平自愿协商确定。

(二) P2P 网络借贷

P2P 网络借贷，是 P2P 借贷与网络借贷相结合的金融服务网站。P2P 借贷是 peer to peer lending 的缩写，peer 是个人的意思，正式的中文翻译为"人人贷"。网络借贷指的是借贷过程中，资料与资金、合同、手续等全部通过网络实现，它是随着互联网的发展和民间借贷的兴起而发展起来的一种新的金融模式，这也是未来金融服务的发展趋势。目前 P2P 网络借贷伴随着互联网技术的快速发展和普及迅速成为民间借贷的重要组成部分。

P2P 网络借贷平台在英美等发达国家的发展已相对完善，这种新型的理财模式已逐渐被身处网络时代的大众所接受。一方面出借人实现了资产的收益增值，另一方面借款人则可以用这种方便快捷地方式满足自己的资金需求。国外成功的 P2P 网络借贷平台 Zopa 2005 年 3 月在伦敦成立，目前已拥有超过 24 万注册会员，除 Zopa UK 外开发出 Zopa Italy，Zopa Japan，Zopa USA。国外成功的 P2P 网络借贷平台 Prosper 成立于 2006 年，拥有超过 98 万会员，超过 2 亿的借贷发生额，是目前世界上最大的 P2P 借贷平台。国内于 2007 年 8 月在上海成立了首家 P2P 网络借贷平台，2012 年国内 P2P 进入野蛮生长期，但并无明确的立法。发展至今由 P2P 的概念已经衍生出了很多模式，中国网络借贷平台已经超过 2000 家，平台的模式各有不同，归纳起来主要有以下四类：

首先，担保机构担保交易模式，这也是最安全的 P2P 模式。此类平台作为中介，平台不吸储，不放贷，只提供金融信息服务，由合作的小贷公司和担保机构提供双重担保。此类平台的交易模式多为"1 对多"，即一笔借款需求由多个投资人投资。此种模式的优势是可以保证投资人的资金安全，由国内大型担保机构联合担保，如果遇到坏账，担保机构会在拖延还款的第二日把本金和利息及时打到投资人账户。

其次，"P2P 平台下的债权合同转让模式"的宜信模式，可以称之为"多对多"模式，是一条非典型的道路——P2P 的线下模式。借款需求和投资都是打散组合的，甚至有由宜信负责人唐宁自己作为最大债权人将资金出借给借款人，然后获取债权对其分割，通过债权转让形式将债权转移给其他投资人，获得借贷资金。宜信也因其特殊的借贷模式，制定了"双向散打"风险控制，通过个人发放贷款的形式，获得一年期的债权，宜信将这笔债权进行金额及期限的同时拆分，宜信利用资金和期限的交错配比，不断吸引资金，一边发放贷款获取债权，一边不断将金额与期限错配，不断进行拆分转让，宜信模式的特点是可复制性强、发展快。其构架体系可以看作是左边对接资产，右边对接债权，宜信的平衡系数是对外放贷金额必须大于或等于转让债权，如果放贷金额实际小于转让债权，等于转让不存在的债权，根据《关于进一步打击非法集资等活动的通知》，属于非法集资范畴。

再次，大型金融集团推出的互联网服务平台，此类平台有大集团的背景，且是由传统金融行业向互联网布局，因此在业务模式上金融色彩更浓，更"科班"。

最后，以交易参数为基点，结合 O2O（Online to Offline）的综合交易模式。例如阿里小额贷款为电商加入授信审核体系，对贷款信息进行整合处理。这种小贷模式创建的 P2P 小额贷款业务凭借其客户资源、电商交易数据及产品结构占得优势，其线下成立的两家小额贷款公司对其平台客户进行服务。线下商务的机会与互联网结合在了一起，让互联网成为线下交易的前台。

民间借贷金融机构有其本身的局限性，在发展的过程中会发生许多问题，无论是小贷公司还是 P2P 网络借贷，其信用风险、经营风险、市场风险等都亟待解决。因此，关于行业立法显得尤为重要。

三　民间借贷金融行业立法

目前，在我国的法律体系中，尚无一部法律、法规或者其他规范性文件对于民间借贷的法律地位作出明确的规定，缺乏关于民间借贷交易主体与其他参与各方权利、义务的明确法律规范。但一些部门法和司法解释从不同角度分别对民间借贷进行了调整，如下：

法律部门	法律规范名称	主要条款
宪法	《宪法》	第十三条：公民的合法私有财产不受侵犯。国家依照法律保护公民的私有财产权和继承权。
刑法	《刑法》	第一百七十六条：非法吸收公众存款或变相吸收公众存款罪；
		第一百七十九条：擅自发行股票、公司企业债券罪；
		第一百九十二条：集资诈骗罪；
		第二百二十二条：虚假广告罪；（以上罪名均为非法民间借贷主要涉及的刑事责任）
民法	《民法通则》	第九十条：合法的借贷关系受法律保护
	《合同法》	第十二章，借贷合同中的各个条款，例如：第二百一十一条：自然人之间的借贷合同对支付利息没有约定或约定不明确的，视为不支付利息。自然人之间的借款合同约定支付利息的，借款的利率不得违反国家有关限制借款利率的规定。
	《关于如何处理公民与企业之间借贷行为效力问题的批复》	规定了公民与非金融企业之间的借贷合同属于民间借贷，只要双方意思表示真实即可认定有效。
	《关于人民法院审理借贷案件的规定》	第六条规定了民间借贷利率不得超过银行同类贷款利率四倍的规定。

续表

法律部门	法律规范名称	主要条款
行政法	《非法金融机构和非法金融业务活动取缔办法》	第四条第一款规定了三种非法民间融资活动：非法集资非法吸收公共存款、非法放贷等；第二款对非法吸收公共存款和变相吸收公共存款，作了明确的规定。

如上表所示，不同主体从不同的角度调整出和规范民间借贷的法律法规，在很大程度上增加了法律的不协调性，甚至导致法律的冲突。这种"政出多门"的状况也导致了执法的标准不一，增加了执法的难度。因此，就目前我国民间借贷混乱的局面，迫切需要一部专门的法律规范，对于促进民间借贷健康发展、中小企业顺利融资将发挥积极作用。

我国可以借鉴国外的有利经验，制定专门法律，明确民间借贷应有的法律地位，对民间借贷主体、利率、合同形式等方面作出系统且明确的规定，从而用法律的手段规范和保护符合经济发展的民间借贷行为，保护合法民间借贷双方的权益，引导民间借贷走上正常的运行轨道。

首先，需要明确民间借贷的合法地位。长期以来，我国法律对待民间借贷的态度上存在冲突，而在具体适用法律的过程中，为维护国家对金融的垄断地位，政府对民间借贷倾向于否定的态度，并采取严厉的措施禁止和打击民间借贷行为。但是事实情况上来看，民间借贷不仅没有消失，反而越来越主流，越来越普遍，问题也越来越多。因此，尽快承认民间借贷的合法地位显得尤为迫切。

其次，明确民间借贷的主体。我国法律在关于民间借贷主体方面的规定是混乱和相互冲突的，因此在制定专门规范民间借贷的法律法规时应当对这个问题进行明确和梳理。目前最大的问题在于企业之间的借贷，也就是常说的企业资金拆借，明确为我国法律所禁止。1996年《最高人民法院关于对企业借贷合同借款方逾期不归还借款的应如何处理问题的批复》第一条规定："企业借贷合同违反有关金融法规，属于无效合同。" 1996年颁布的《贷款通则》第61条规定："企业之间不得违反国家规定办理借贷或变相借贷融资业务。"但一直以来我国企业之间的借贷从来就没有停止过，这些禁止性的法律规定是否合理，是一个值得推敲的问题，而且相关法律制定的时间久远，与当今时代的发展是否适应还有待讨论和研究。

再次，确定合理的民间借贷利率水平。民间借贷利率是民间借贷的核心问题，利率的高低与否直接决定了民间借贷的合法与非法。目前我国法律规定民间借贷的利率不得超过银行同期贷款利率的 4 倍，否则超过部分不受法律保护。就目前调查来说，实际上法律规定与现实状况不符，因此改革的呼声也越来越高。

最后，需要规范民间借贷合同的形式。针对在民间借贷纠纷案件中存在的没有书面合同或者书面合同不规范等问题，加大了法院取证和审理的难度，最终会损害当事人的合法权益。因此，民间借贷合同采取必要的要式合同，并且具备借贷双方当事人、借款数额、借款期限和借款利率等内容。对于发生纠纷的案件，按照借贷合同的相关规定处理，避免了很多风险。

目前我国民间资本实力雄厚，民间借贷活跃，如何利用该资金造福国家和社会，可以借鉴他国的经验，应以宽容的态度对待民间借贷，在保证国家整体经济健康运行的情况下给民间借贷松绑，运用法律制度引导和规范民间借贷，充分发挥其积极作用，为推动经济社会发展做出更大贡献。

第二节　民间借贷行业监管的框架设计与机制建设

一　民间借贷机构形式与业务模式的法定化

现实中，正规金融机构和非正规金融机构并存于民间借贷市场之中，并且，非正规金融机构在近年民间借贷风暴的席卷下，被动式地被推到了"合法化、规范化"的历史进程中，民间借贷市场中出现了小额贷款公司、P2P 网络借贷、典当行等相对正式的组织形态，这些新型的非正规金融机构正日益充斥着民间借贷市场，成为金融行业一道异样的风景线。为此，规范民间借贷机构形式与业务经营模式，将其纳入正常的、法定的发展运行轨道是至关重要的。

(一) 民间借贷机构形式的法定化

民间借贷的发展模式并非一成不变，而必将以一种多元化的方式发展。另外，金融权益的认知和重视对于金融垄断改革下的非正规金融机构的多元化发展、民间借贷的规范化、金融风险的控制有着极为重要的影响。[①] 当下，在金融权益保护的要求与金融资本逐利的需求下，发起人则会选择最大获利的金融机构经营模式，主要表现有小额贷款公司、P2P网络借贷、典当行、私募投资基金等模式，如此种种的经营模式均缺乏成为独立市场主体的统一标准。为了推进金融市场的正常有序发展，对民间借贷机构的政策倾斜和法律规制是极其必要的：首先，在政策上予以倾斜，适度放低民间借贷机构的金融业准入门槛，为其进入金融市场提供一个平等的准入机会和竞争平台。其次，批准设立负责管理民间借贷机构登记成立的机关，并且设立相对精简的、准予登记的条件。最后，建立与完善风险防控机制与信息搜集和披露制度的法律规范。

(二) 民间借贷机构业务模式的法定化

实践操作中，由于民间借贷机构组织样态的多元化，它们在业务模式上也存在着一定的差异性。但是，民间借贷机构在业务交易方面基本都会涉及借贷主体、借贷利率、借贷合同等的重要事项，而这三个方面迫切需要实现规范化：首先，明确民间借贷的主体。当下，我国有关民间借贷主体的规范仅见于一些禁止性的法律规定，如1996年颁布的《贷款通则》第六十一条规定"企业之间不得违反国家规定办理借贷或变相借贷融资业务"，如此，为了有效规范民间借贷主体，我国需要制定专门的民间借贷法律规范，如《民间借贷法》。其次，围绕民间借贷所具有的资金流入流出的本质，保证借贷业务的顺利开展，确定合理的民间借贷利率水平是必要的。民间借贷利率是民间借贷的核心问题。目前，我国法律规定民间借贷的利率不得超过银行同期贷款利率的四倍。实践中，由于民间借贷中存在着资金状况、贷款期限、抵押品、信用度、风险情况等诸多不确定因素，单纯地以人民银行基准利率为标准的四倍计算法

---

① See Jan A. Kregel: Is this the Minsky Moment for Reform of Financial Regulation?, Levy Economics Institute Working Paper No. 586.

具有一定的操作上的局限性，因此迫切需要改革，创立周全诸多不确定因素的浮动式贷款利率，以更好地实现交易主体的利益。最后，规范民间借贷合同的形式。我国民间借贷是建立在信用基础之上的，这种信用的保障离不开一定的规范形式。民间借贷纠纷案件中存在着没有书面合同或者书面合同不规范等问题，这不仅潜存着损害当事人合法权利的风险，而且会加大国家对民间借贷管控的难度。为此，我国应该制定相应的法律规范，明确民间借贷是否采用书面合同，采用何种合同形式，合同的订立需要具备借贷双方当事人、借款数额、借款期限和借款利率等内容，确保民间借贷信用的形式保障的实现。

二 借贷业务与人员的规范化监管

民间借贷行业的发展离不开借贷机构的陈设和借贷业务的办理与人员的参与。实现对民间借贷业务与人员的规范化监管，这对整个金融业的发展和金融市场的稳定至关重要。

（一）对民间借贷业务的规范化监管

基于业务本身具有的客观性和确定性标准，实践中，国家一方面可以通过对民间借贷行业的立法来加以适当的规制。另一方面，积极引入民间借贷与正规借贷的竞争机制。通过该种竞争机制，民间借贷可以在具备自身优势（灵活性、便捷性、高效性）的前提下，通过自我调控的方式，有特色地借鉴正规借贷的业务规范性，提升自己的业务水平。

（二）对民间借贷参与者的规范化监管

对投资者的规范化监管：首先，基于民间借贷所采取的机构形式的多元化和借贷关系的契约性，对债权人的监管可以借助相关法律法规，如《公司法》、《合同法》等。其次，投资者应该树立个人与社会相统一的价值理念，培养和提高个人的社会责任意识，将自己的投资收益行为与整个金融行业，乃至整个社会相联系，严于律己。最后，公权力介入，通过司法途径对投资者的违法犯罪行为予以惩戒。

对中介人员的规范化监管。民间借贷规范化过程中，涉及诸多亟须梳理和调控的环节，各环节之间的联结将有益于民间借贷行业的长期发展。其中，民间借贷中介机构的规范化是民间借贷发展中不可或缺的重要支撑。① 为此，加强对借贷中介机构的规范化监管，尤其是中介人员的监管是至关重要的：首先，国家制定专门的行业法律法规予以规制，如《民间借贷法》。其次，民间借贷机构根据自身组织形态的特殊性制定相应的机构章程来规范中介机构人员的行为，如硬性的可为和不得为规定、奖惩机制、责任追惩制等。最后，民间借贷机构可以定期开展商业伦理道德教育，提升中介人员的道德水平。

三　借贷机构运作的规范化

民间借贷机构通过准入、运行、退出的路径为民间借贷市场的持续发展不断注入新鲜血液。民间借贷行业的规范化不仅需要对独立的静态意义的民间借贷机构本身的相关事项予以规范和管控，而且需要对民间借贷机构作为借贷市场主体的动态运行予以规范。

（一）民间借贷机构准入的规范化

民间借贷机构，由于缺乏正规借贷机构的国家管控性，它的准入只具备政策上的引导，而缺乏具体的相应法律法规的依据。对于民间借贷机构的准入：首先，从整个金融市场的宏观利益出发，国家应该对民间借贷机构进入市场的资格制定相应的规则和法律规范，划定统一的准入标准，将不符合准入条件的申请主体拒之市场门外。其次，基于民间借贷的本土特色，以及投资者身份的差异性，国家应在制定统一的民间借贷机构准入标准的前提下，综合考虑借贷机构自身的独特性，给予民间借贷机构准入相对自主的空间，这就要求国家结合地方的特殊性，将立法权予以适度层级下放，充分激发民间借贷市场的活力。

（二）民间借贷机构运行的规范化

对民间借贷机构运行的规范需要从两个主要的关系着手：首先，民间借贷机构本身所关涉的借贷双方的利益关系。借贷双方利益的实现主要是通过民间借贷中介机构的业务进展来实现的。对中介机构的规范，一方面通过国家立法和行业自律来实现；另一方面，借贷双方可以对中

---

① Greg Nini: The Value of Financial Intermediaries: Empirical Evidence from Syndicated Loans to Emerging Market Borrowers, FRB International Finance Discussion Paper No. 820.

介机构予以监督,具体表现有终结备案制度的完善和借贷信息披露的强化。其次,民间借贷机构与正规借贷机构的关系。实践中,借助并购重组方式进入正规金融机构成为开放民间资本以来重大的政策及法律性举措。但是,基于民间资本具有的非规范性、短期逐利性、投资盲目性、产品低端性、资金分散性等特点,其在并购中衍生出更多的风险。并购形势具有客观性,其巨大的风险性需要得到政策和法律的监管。国家可以划定一个宏观的民间借贷机构并入正规金融机构的资格标准,对民间借贷机构在正规金融机构中的独立性予以明确,并且对民间借贷机构的退出作出具体的程序性规定,以减少民间借贷机构对正规金融机构以及整个金融市场正常运营的震荡性影响。

（三）民间借贷机构退出的规范化

从长远的金融利益考虑,为了维护金融市场的稳定和金融业的可持续发展,对于民间借贷机构退出金融市场,公权力介入是极其必要的,国家有必要制定相应的法律规范对民间借贷机构的退出予以调控和规范。实践中,国家可以制定《个人破产法》,以此来调节和规范资本权益人、债权人之间的债权债务关系。对于其中恶意逃债的行为,国家可以结合民事责任、刑事责任以及行政责任予以惩戒。对于联结借贷双方的中介机构的退出而言,国家可以通过《刑法》、《关于人民法院审理借贷案件的规定》、《破产法》、《合伙企业法》、《合同法》、《关于如何处理公民与企业之间借贷行为效力问题的批复》等予以规范和处理。

四 隐性风险的法律防控

基于民间借贷本身具有的灵活性、便捷性和高效性等特点,民间借贷机构内在的经营和外在金融市场的流动存在着诸多潜在的风险:

（一）恶性高利贷现象频现

高利贷是民间借贷内的一种形式,利弊皆存,但是已经达成共识的是,高利贷这种民间借贷形式的弊端过大、危害过多,常常引发极难控制的连锁型区域性金融风险。当下,高利贷的规模不断膨胀,我国农村民间高利贷已高达8000亿元至1.4万亿元,仅浙江东南地区就有3000多亿元。① 高利贷规模庞大衍生出诸多的现实危害，尤其是对经济状况困难的小微型商事企业和农村经济困难的普通农民家庭，危害极大。宏观上，恶性高利贷对金融秩序，乃至市场经济秩序也造成一定的危害，最终影响整个社会的稳定。为此，严厉打击恶性借贷行为极其必要。一方面，国家可以通过政策和法律法规予以导引和规范，另一方面通过不断创新和拓展民间资本的投资模式和道路来疏导高利贷资本的渠道。

（二）民间资本参与金融机构并购的风险

民间资本进入金融市场的路径之一就是依赖于正规金融机构。但不容忽视的是，短期逐利性并未因此而改变，且在这种"依赖"正规金融机构的环境下有可能得到强化，则并购重组中的道德风险、关联交易风险、恶意收购、贷款注资、抽逃资本行为等风险都在扩大的趋势。② 为此，对于民间资本参与金融机构并购的情况，国家应出台相关的政策法规对民间资本并入与抽离于正规金融机构作出相关的引导和规范，将民间资本的并购纳入法治的轨道，以促进金融市场的健康有序发展。

（三）恶性借贷引发的暴力讨债现象

社会上，以高利转借资本的情况很多，对于资本的利息计算，民间流传着"利滚利"的说法，这种利息计算方法将原本非法的高利贷推向恶性借贷的极致，非法利息的攀升幅度明显超过资本可以增加借款者利益的收益幅度，最终造成借款者与贷款者之间显失公平、矛盾重重的局面，引发了诸多的暴力讨债事件，严重妨碍社会的和谐稳定。为此，国家可以设立关于民间恶性借贷的举报机制，尽力遏制恶性借贷的发生。另外，对于发生的暴力讨债现象，国家要加大惩罚力度，严厉打击影响社会安定的不稳定因素。

---

① 转引自廖天虎《论我国农村高利贷的法律规制路径：兼及我国农村金融体制的完善》，载《农村经济》2011年第8期。

② 虽然，《关于高风险农村信用社并购重组的指导意见》"三十条"中明确要严控文中所提及的并购重组风险，但民间资本的短期逐利性绝非政策和规则能够短期规制的，只有整体金融诚信环境得到渐进地强化，才能从理念及制度上调控民间资本的短期逐利风险。

本章小结

本章主要探讨了民间借贷立法变革与民间借贷行业监管的框架设计、机制建设问题。对于民间借贷立法变革的方面，一者从宏观的民间借贷经济、民间借贷金融行业的立法特点及变革进程进行阐述，一者对微观的民间借贷机构组织形态进行分析和规范，如小贷公司、P2P网络借贷。对于民间借贷行业监管的框架设计与机制建设方面，该章主要从民间借贷机构形式与业务模式的法定化、借贷业务与人员的规范化、借贷机构运作（准入、运行、退出）的规范化以及隐性风险的法律防控四个具体的层面进行阐述。实践中，加强对民间借贷行业的监管将是一项长期而艰巨的任务。在积极推进依法治国的社会形势下，完善金融行业的既有法制、加强民间借贷行业的立法将是推动金融行业，乃至整个社会主义市场经济发展最理性的举措。

第七章

结 论

民间借贷是否开放、如何开放、怎样监管、以何种形态呈现在金融市场中，均是当下及未来相当长时期内困扰立法机关的问题。这种困境的出现，核心问题在于从政府到市场、从监管者到金融消费者均对民间借贷的信用存有怀疑，疑惑是对民间借贷整体信用环境的不信任，更是对个体民间借贷机构的不信任，其衍生出的诸多不信任摧毁了民间借贷赖以"阳光化"的基础。反思和重释民间借贷的信用构成要素和结构体系将给予民间借贷新的信用内涵和生命力。本书因循理论构建、问题分析、对策提出的逻辑思路，分别从概念界定、理论基础、市场治理、风险监管、制度设计几方面展开论述，并得到如下结论：

第一，信用问题是民间借贷问题产生的本源。民间借贷诸多风险源均有一个共同性的深层次诱因，即民间借贷信用的困局问题。在金融体制深化改革中，民间借贷信用处于被忽视的位置，无论是政府、社会和市场均将关注点集中在对于正规金融信用体系的建设和维系上。因此，在信用体系重塑的过程中，必须务实性的回应金融信用缺失的因由。

第二，契约理论及激励理论是民间借贷规则的理论基础。在金融体制变革背景下，政策和法律都在探讨如何规范民间借贷机构的组织和风险控制，其涉及各利益主体之间的权益分配和保护，其实质是一种契约性利益的维护。在国家允许的框架下缔结契约、履行契约、维护契约、控制契约风险，显然，从金融契约的视角能够更多的观察到民间借贷金融机构风险的根源和规范风险的对策。以激励性规则的设计为导向，整体性建构民间借贷法律规范框架是发展的趋向。在这一进程中，法律所应关注的是激励型规则、管理型规则、惩罚型规则之间的界限和其合理配置。

第三,建设有效地外部市场治理机制。在民间借贷外部市场治理过程中,应注重互联网借贷风险和金融消费者权益的保护。网络民意对民间借贷立法等发挥着"双刃剑"的作用,在对立法发挥正面、积极作用的同时,也不可避免地衍生出很多负面的效应。对于网络民意的采纳,必须以出台网络法律制度来强制性规范,否则在任意性选择的环境中极难形成对民意的反馈或采纳。此外,新兴的网络小额信贷,存在诸多业务和治理的不确定性及风险性,需要规范。在加强网络小额信贷行业自律、建立监管平台、强化信贷员和业务审核、确定治理机制这四个重要环节中,治理机制的确立和改进是核心和基础。同时,构建和谐金融消费者法律体系,也是完善民间借贷市场治理机制的重要环节,从强化金融机构责任、建立投资者保护协会及基金能够促进民间借贷市场的健康稳步发展。

第四,建设有效地内部市场治理机制。中介结构存在的潜在道德、商业伦理等风险,已严重影响民间借贷市场的正常运行。完善"看门人"制度规范与国家监管机制,明确中介机构的功能和责任,可以对民间借贷的准入制度、风险预警机制、违规处理和借贷信息给予充分的规范化和信息化,同时对作为个体的公司的规范化有着重要的作用。

第五,强化民间借贷市场风险监管。对于系统性金融风险的监管,需要在防范金融机构自身的经营、财务及清算中的财产分配道德性风险的基础上,着重防范投资金融机构的经济个体的财务风险,以免造成逃债性金融投资风险。同时,市场中债权人形态迥异,需要构建统一有效的监管体系。民间资本并购及退出机制应关注运行环节的风险监管机制、投资者权益保险制度、金融机构不良资产回收等问题的处理。因此,民间借贷市场的法制化建设,应以各类监管对策为基础,最终提出细化的民间借贷监管制度的立法建议。

第六,树立正确的法律监管理念。由于金融业垄断多存在于市场经济改革尚未完成,社会和市场仍然处于强势性政府控制的国家资本主义之中。金融垄断状态在缺失法治的市场经济与改革尚未完成的国家资本主义中也将一直持续下去，间接性地对金融体制做部分调整，或有所选择地开通几条民间借贷发展渠道，只能从"心理与情感"上暂时缓解市场对金融的渴求，而于解决实际问题意义不明显。各种"表象"的变革未能触及实质性问题，均不能碰触到金融业垄断的根源。长远看，金融垄断改革势不可当，而金融垄断改革后，金融业的开放需要正确从业理念和政治理念来引导，更需要适当的市场业务定位和严格的借贷风险预控措施。

　　第七，民间借贷市场法律规范的设计。民间借贷行业的兴盛对于整个金融市场的发展是一把双刃剑。一方面，多样的民间借贷机构林立，这不仅活跃了整个金融市场，为金融市场的发展输入新鲜血液，而且促进了整个社会资本的流动，为社会创造了更多的财富。但是，另一方面，由于民间借贷行业缺乏外在的国家管控和法律规范，以及内在的正规的运行规则，它的凸显使金融市场的健康稳定发展潜存着诸多的风险，如恶性借贷行为、借贷机构并购风险、暴力讨债等。为此，亟须建立和加强相应的管控和规范机制。在未来的发展期内，加强民间借贷行业立法是最为首要的。

参考文献

一 图书类文献
(一) 中文图书

1. 王建、向松祚等：《中国金融困境与突破：25 位著名经济学家对当前金融问题的思考》，中国经济出版社 2012 年版。
2. 尹伊君：《社会变迁的法律解释》，商务印书馆 2010 年版。
3. 孙国峰：《中国金融改革的近距离思考》，中国经济出版社 2012 年版。
4. 孙健、王东：《金融霸权与大国崛起》，新世界出版社 2008 年版。
5. 应勇：《金融法治前沿》（2011 年卷），法律出版社 2011 年版。
6. 王曙光：《草根金融》，中国发展出版社 2008 年版。
7. 武志：《中国地方金融体制的改革与重构》，东北财经大学出版社 2006 年版。
8. 罗培新：《公司法的合同解释》，北京大学出版社 2005 年版。
9. 吴承明：《市场、近代化、经济史论》，云南大学出版社 1996 年版。
10. 邢会强：《金融法院（庭）比较研究》，法律出版社 2012 年版。
11. 徐志频：《当商帮已成浮云》，福建教育出版社 2012 年版。
12. 王泽鉴：《人格权法》，北京大学出版社 2013 年简体字第一版。
13. 曾康霖：《二元金融与区域金融》，中国金融出版社 2008 年版。
14. 余保福：《商业银行关联贷款研究》，载李昌麒主编《经济法论坛》第 4 卷，群众出版社 2007 年版。
15. 王小兰、赵弘：《突破融资瓶颈》，社会科学文献出版社 2006 年版。
16. 胡必亮、刘强、李晖：《农村金融与村庄发展》，商务印书馆 2006

年版。

17. 王曙光：《经济转型中的金融制度演进》，北京大学出版社2007年版。
18. 陈向聪：《中国私募基金立法问题研究》，人民出版社2009年版。
19. 韩俊等：《中国农村金融调查》，上海远东出版社2009年版。
20. 邹东涛主编：《中国经济发展和体制改革报告：中国改革开放30年》，社会科学文献出版社2008年版。
21. 张为华：《美国消费者保护法》，中国法制出版社2000年版。
22. 陈志武：《金融的逻辑》，国际文化出版公司2009年版。
23. 张建华等：《中国农村多层次信贷市场问题研究》，经济管理出版社2009年版。
24. 黄达：《金融学》，中国人民大学出版社2003年版。
25. 陈蓉：《我国民间借贷研究文献综述与评论》，载李昌麒主编《经济法论坛（第四卷）》，群众出版社2006年版。
26. 史纪良：《银行监管比较研究》，中国金融出版社2005年版。
27. 徐忠、张雪春、沈明高、程恩江：《中国贫困地区农村金融发展研究》，中国金融出版社2009年版。
28. 姜旭朝：《中国民间金融研究》，山东人民出版社1996年版。
29. 林钟雄等：《防止地下金融活动问题之研究》，"行政院"研究发展考核委员会编印，1991年。
30. 吕世伦、文正邦：《法哲学论》，中国人民大学出版社2001年版。
31. 刘少军：《法边际均衡论》，中国政法大学出版社2007年版。
32. 何勤华、李秀清、陈颐：《新中国民法典草案总览》，法律出版社2003年版。
33. 史晋川等：《中小金融机构与中小企业发展研究：以浙江温州、台州地区为例》，浙江大学出版社2003年版。
34. 赵宝云：《西方五国宪法通论》，中国人民公安大学出版社1994年版。
35. 徐国栋：《民法基本原则解释》（增订本），中国政法大学出版社2001年版。
36. 李昌麒：《寻求经济法真谛之路》，法律出版社2003年版。
37. 刘民权：《中国农村金融市场研究》，中国人民大学出版社2006年版。

38. 洪葭管：《中国金融史》，西南财经大学出版社 2001 年版。
39. 林毅夫、蔡日方、李周：《中国的奇迹：发展战略与经济改革》，上海三联书店、上海人民出版社 1994 年版。
40. 李曙光：《转型法律学——市场经济的法律解释》，中国政法大学出版社 2004 年版。
41. 张文显：《法哲学范畴研究》，中国政法大学出版社 2001 年版。
42. 卓泽渊：《法理学》，法律出版社 2002 年版。
43. 海思：《金融的幻象》，中国发展出版社 2010 年版。
44. 罗培新：《公司法的法律经济学研究》，北京大学出版社 2008 年版。
45. 王东光：《股东退出法律制度研究》，北京大学出版社 2010 年版。
46. 白建军：《法律实证研究方法》，北京大学出版社 2008 年版。
47. 林毅夫：《解读中国经济》，北京大学出版社 2012 年版。
48. 汪全胜：《法律绩效评估机制论》，北京大学出版社 2010 年版。
49. 牛凯龙、张薄洋：《金融抑制、金融改革与"三农"发展》，中国财政经济出版社 2011 年版。
50. 胡宗仁：《典当业法律制度研究》，中国政法大学出版社 2012 年版。
51. 黄韬：《"金融抑制"与中国金融法治的逻辑》，法律出版社 2012 年版。
52. 刘明祥：《金融犯罪的全球考察》，中国人民大学出版社 2008 年版。
53. 刘祚祥：《社区信用与农村金融发展：基本理论、田野经验与实证分析》，中国经济出版社 2012 年版。
54. 高晓燕：《基于供给视角的农村金融改革研究》，中国金融出版社 2012 年版。
55. 国务院农村综合改革工作小组办公室课题组：《建立现代农村金融制度问题研究》，中国财政经济出版社 2011 年版。
56. 高尚全、傅治平、李一鸣等：《创新政府：政府转型与民生难题破解》，人民出版社 2012 年版。

(二) 外文译著

1. [德] 莱因贝格：《动机心理学》，王晚蕾译，上海社会科学院出版社 2012 年版。

2. ［法］雅克·马里旦：《自然法理论与实践的反思》，鞠成伟译，中国法制出版社 2009 年版。

3. ［英］哈耶克：《自由秩序原理》，上海三联书店 1997 年版。

4. ［美］约翰·C. 科菲：《看门人机制：市场中介与公司治理》，黄辉译，北京大学出版社 2011 年版。

5. ［英］霍布斯：《利维坦》，商务印书馆 2010 年版。

6. ［英］边沁：《道德与立法原理导论》，时殷弘译，商务印刷出版社 2005 年版。

7. ［美］理查德·T. 德·乔治：《经济伦理学》，李布译，北京大学出版社 2008 年版。

8. ［美］雷蒙德·W. 戈德史密斯：《金融结构与金融发展》，上海人民出版社 1995 年版。

9. ［美］R. I. 麦金农：《经济发展中的货币与资本》，卢聪译，上海人民出版社 1988 年版。

10. ［美］布鲁姆等：《银行金融服务业务的管制案例与资料》，李杏杏等译，法律出版社 2006 年版。

11. ［法］米歇尔·福柯：《规训与惩罚》，刘白成、杨远婴译，生活·读书·新知三联书店 2003 年版。

12. ［美］罗纳德·麦金农：《经济发展中的货币与资本》，上海三联书店 1988 年版。

13. ［美］爱德华·肖：《经济发展中的金融深化》，上海三联书店 1988 年版。

14. ［英］伯林：《两种自由概念》，陈晓林译，载刘军宁、王焱、贺卫方：《市场逻辑与国家观念》，《公共论丛》（第 1 辑），北京三联书店 1995 年版。

15. ［英］弗里德利希·冯·哈耶克：《自由秩序原理》，邓正来译，北京三联书店 1997 年版。

16. ［美］唐纳德·布莱克：《法律的运作行为》，唐越、苏力译，中国政法大学出版社 1994 年版。

17. ［美］罗伯特·C. 埃里克森：《无需法律的秩序——邻人如何解决纠

纷》，苏力译，中国政法大学出版社 2003 年版。

18. ［德］ A. 考夫曼等主编：《当代法哲学和法律理论导论》，郑永流译，法律出版社 2002 年版。

19. ［美］ 卡多佐：《司法过程的性质》，苏力译，商务印书馆 1998 年版。

20. ［美］ 悉尼·霍默、理查德·西勒：《利率史》（第 4 版），肖新明、曹建海译，中信出版社 2010 年版。

21. ［美］ 理查德·波斯纳：《道德和法律理论的疑问》，苏力译，中国政法大学出版社 2001 年版。

22. ［美］ 罗纳德·I. 麦金农：《经济市场化的次序——向市场过渡时期的金融控制》，周庭煌等译：上海人民出版社 1997 年版。

23. ［美］ 科斯：《企业、市场和法律》，盛洪等译，上海三联书店 1990 年版。

24. ［美］ 理查德·A. 波斯纳：《法律的经济分析》，蒋兆康译，法律出版社 2010 年版。

25. ［美］ 科斯、哈特、斯蒂格利茨等：《契约经济学》，李风圣译，经济科学出版社 2003 年版。

26. ［法］ 孟德斯鸠：《论法的精神》，张雁深译，商务印书馆 2012 年版。

27. ［美］ 凯斯·R. 桑斯坦：《行为法律经济学》，涂永前等译，北京大学出版社 2006 年版。

28. ［美］ E. 博登海默：《法理学：法律哲学与法律方法》，邓正来译，中国政法大学出版社 2010 年版。

29. ［英］ F. A. 冯·哈耶克：《个人主义与经济秩序》，邓正来译，三联书店出版社 2003 年版。

30. ［美］ 约翰·C. 科菲：《看门人机制：市场中介与公司治理》，黄辉、王长河等译，北京大学出版社 2011 年版。

二 论文类文献

1. 王煜宇：《新型农村金融服务主体与发展定位：解析村镇银行》，载《改革》2012 年第 4 期。

2. 柴瑞娟：《民间资本控股村镇银行：逻辑证成与法律规制》，载《法学评论》2012 年第 6 期。

3. 刘波、刘亦文：《我国村镇银行风险控制研究》，载《经济纵横》2012 年第 5 期。

4. 王建安：《论村镇银行法人治理结构的问题与对策》，载《宏观经济研究》2010 年第 6 期。

5. 王忻怡：《民间金融与中小企业融资困局研究》，载《求索》2012 年第 9 期。

6. 车丽华：《我国非正规金融现状与规制的法律思考》，载《求索》2011 年第 10 期。

7. 陈茂国：《中小企业直接融资法律制度探究》，载《江汉论坛》2011 年第 2 期。

8. 钟凯：《中小企业融资问题的法经济学思考——兼论金融危机背景下的中国金融改革》，载《清华法学》2010 年第 1 期。

9. 池丽旭、庄新田：《投资者的非理性行为偏差与止损策略——处置效应、参考价格角度的实证研究》，载《管理科学学报》2011 年第 10 期。

10. 张广兴：《中国法学研究之转型》，载《法学研究》2011 年第 5 期。

11. 曾颜璋：《社会良法体系构建的道德效应》，载《求索》2010 年第 11 期。

12. 劳伦斯·E. 米切尔，施天涛，袁田：《反思金融主义：一个历史的视角》，载《清华法学》2012 年第 4 期。

13. 舒瑶芝：《多元"法律"构成与法学研究多元化》，载《法学研究》2012 年第 5 期。

14. 蒋红珍：《从"知的需要"到"知的权利"：政府信息依申请公开制度的困境及其超越》，载《政法论坛》2012 年第 6 期。

15. 张学文：《乡村司法策略的日常运作和现实考量》，载《政法论坛》2012 年第 6 期。

16. 徐文新：《专家、利益集团与公共参与》，载《法律科学》2012 年第 3 期。

17. 张剑源：《寻求接纳：法律与信任关系的另一种诠释》，载《法律科学》2012年第2期。

18. 张金梅：《从温州"金融试验区"的建立看中国金融改革》，载《经济研究导刊》2012年第31期。

19. 程金华、李学尧：《法律变迁的结构性制约——国家、市场与社会互动中的中国律师职业》，载《中国社会科学》2012年第7期。

20. 陈小君、高飞、耿卓：《我国农村集体经济有效实现法律制度的实证考察》，载《法商研究》2012年第6期。

21. 徐昕：《司法过程的性质》，载《清华法学》2010年第2期。

22. 冯果、李安安：《民生金融法的语境、范畴与制度》，载《政治与法律》2012年第8期。

23. 席涛：《立法评估：评估什么和如何评估（上）——以中国立法评估为例》，载《政法论坛》2012年第5期。

24. 孙晓东：《立法后评估的一般指标体系分析》，载《上海交通大学学报》（哲学社会科学版）2012年第5期。

25. 凌斌：《从法民关系思考中国法治》，载《法学研究》2012年第6期。

26. 徐涤宇：《法律文化视野下中国民法实证研究的展开》，载《法学研究》2012年第1期。

27. 刘伟：《论民间高利贷的司法犯罪化的不合理性》，载《法学》2011年第9期。

28. 尹晨、严法善、王明栋：《从低水平非均衡走向高水平均衡——论中国农村金融改革与发展》，载《复旦学报》（社会科学版）2012年第3期。

29. 巴曙松、叶聃：《从制度变迁看温州金融改革》，载《中国金融》2012年第9期。

30. 徐光东：《产权、法律与中国经济改革》，载《政法论坛》2010年第1期。

31. 褚保金、莫媛：《金融市场分割下的县域农村资本流动》，载《中国农村经济》2011年第1期。

32. 赵万一：《中国农民权利的制度重构及其实现途径》，载《中国法学》2012年第3期。

33. 高晓燕、孙晓靓：《我国村镇银行可持续发展研究》，载《财经问题研究》2011 年第 6 期。
34. 高传华：《村镇银行制约因素与发展路径选择》，载《中国国情国力》2012 年第 5 期。
35. 青维富：《变革社会中的法律：以社会文化事实为分析点》，载《政法论坛》2011 年第 3 期。
36. 黎四奇：《后危机时代"太大而不能倒"金融机构监管法律问题研究》，载《中国法学》2012 年第 5 期。
37. 吴卫军：《金融检察介入金融监管的实践与探索》，载《法学》2012 年第 5 期。
38. 席涛：《法律、监管与市场》，载《政法论坛》2011 年第 3 期。
39. 周黎明、史晋川、叶宏伟：《我国典当业的特点及性质变迁》，载《浙江学刊》2012 年第 1 期。
40. 王裕明：《明清徽商典当资本的经营效益》，载《安徽大学学报》（哲学社会科学版）2011 年第 6 期。
41. 邢会强：《金融危机治乱循环与金融法的改进路径——金融法中"三足定理"的提出》，载《法学评论》2010 年第 5 期。
42. 周黎明、史晋川、王争：《融资成本、融资替代与中国典当业的盈利波动——经验证据及理论解释》，载《金融研究》2012 年第 3 期。
43. 陶小军：《从典当历史看当今典当业存在的问题》，载《江苏社会科学》2011 年第 1 期。
44. 闫彦明：《典当行业建立分级管理制度的国际借鉴》，载《商业研究》2012 年第 9 期。
45. 何颖：《论金融消费者保护的立法原则》，载《法学》2010 年第 2 期。
46. 仇娟东、何风隽、艾永梅：《金融抑制、金融约束、金融自由化与金融深化的互动关系探讨》，载《现代财经（天津财经大学学报）》2011 年第 6 期。
47. 尹希果、许岩：《中国金融抑制问题的政治经济学》，载《当代经济科学》2011 年第 5 期。
48. 徐孟洲、杨晖：《金融功能异化的金融法矫治》，载《法学家》2010

年第 5 期。

49. 朱慈蕴：《论金融中介机构的社会责任——从应对和防范危机的长效机制出发》，载《清华法学》2010 年第 1 期。

50. 孔萍萍：《探讨民间借贷市场的发展与对策》，载《现代商业》2010 年第 20 期。

三 外文文献资料

1. William Keeton. The role of community banks in the U. S. economy. Federal Reserve Bank of Kansas City in its journal Economic Review, 2003 (2): 15 – 43.

2. Borys Grochulski. Optimal personal bankruptcy design under moral hazard. Review of Economic Dynamics, 2010 (13): 350 – 378.

3. Samuel Kobina Annim. Microfinance Efficiency: Trade – Offs and Complementarities between the Objectives of Microfinance Institutions and Their Performance Perspectives. European Journal of Development Research, Vol. 24, Issue 5, pp. 788 – 807, 2012.

4. Michelle J. White. Corporate and Personal Bankruptcy Law. Law and Social Science, 2011 (7).

5. Rajmund MIRDALA, Financial Deepening And Economic Growth In The European Transition Economies, Journal of Applied Economic Sciences, 2012, Vol. 6, No. 6, pp. 177 – 194.

6. Ryu Fukui; Gilberto Llanto, Rural Finance and Microfinance Development in Transition Countries in Southeast and East Asia, 2006, No. 1.

7. Calum G. Turvey, Microfinance, Rural Finance, and Development: Multiple Products for Multiple Challenges: Discussion, Am. J. Agr. Econ. 2011, Vol. 93, No. 2, pp. 415 – 417.

8. Getaneh Gobezie, Sustainable Rural Finance: Prospects, Challenges and Implications, International NGO Journal, 2009, Vol. 37, No. 2, pp. 132 – 136.

9. Robert W. Johnson, Pawnbroking in the U. S. S.: A Profile of Cusromers,

Georgetown University Washingron D. C. , 1998, pp. 10 - 14.

10. Jeffrey N. Gordon and Christopher Muller: Confronting Financial Crisis: Dodd - Frank's Dangers and the Case for a Systemic Emergency Insurance Fund , Columbia Law and Economics Working Paper No. 374.

11. Antonis Antoniadis: Debt Crisis as a Global Emergency: The European Economic Constitution and Other Greek Fables, European Ombudsman, September 1, 2010.

12. Kostas Koufopoulos and Aristotelis Boukouras: Frictions to Political Competition and Financial Openness, University of Warwick, 11 Aug 2008.

13. Gerwin A. W. Griffioen: Technical Analysis in Financial Markets , Faculty of Economics and Business (FEB) , 20 Jul. 2004.

14. Ramiro Tovar Landa: Efficiency in Financial Regulation and Reform of Supervisory Authorities: A Survey in the APEC Region, ITAM Working Paper.